U0646614

21世纪体育系列教材 · 西南区体育教材教法研究会教材编审委员会审定

社会体育指导员培训教程

SHEHUI TIYU ZHIDAOYUAN PEIXUN JIAOCHENG

主　编　申丽琼　万　宇

副主编　罗佳银　郭亚飞　赵亚玲　郑小凤　欧云海　谈　剑

参　编　梁　健　唐　波　陈　辉　刘南平　张　朋　张　纲　施鹭玺
　　　　陈　洁　董云红　普春云　王晓虎　翁润洁　杨光会

北京师范大学出版集团
BEIJING NORMAL UNIVERSITY PUBLISHING GROUP
北京师范大学出版社

图书在版编目（CIP）数据

社会体育指导员培训教程/申丽琼等主编. —北京：北京师范大学出版社，2012.1（2025.1重印）

ISBN 978-7-303-13575-2

Ⅰ.①社…　Ⅱ.①申…　Ⅲ.①全民体育—体育工作者—技术培训—教材　Ⅳ.①G812.4

中国版本图书馆 CIP 数据核字（2011）第 209975 号

出版发行：北京师范大学出版社 https：//www.bnupg.com
　　　　　北京市西城区新街口外大街 12-3 号
　　　　　邮政编码：100088

印　　刷：北京虎彩文化传播有限公司
经　　销：全国新华书店
开　　本：730 mm×980 mm　1/16
印　　张：18
字　　数：330 千字
版　　次：2012 年 1 月第 1 版
印　　次：2025 年 1 月第 8 次印刷
定　　价：32.00 元

策划编辑：周光明　　　　　责任编辑：周光明
美术编辑：高　霞　　　　　装帧设计：高　霞
责任校对：李　菡　　　　　责任印制：赵　龙

于贵和（贵州大学）

邱　勇（贵州大学）

谭　黔（遵义师范学院）

李建荣（毕节学院）

雷　斌（贵州电子职院）

周　跃（云南昭通师专）

肖谋远（西南民族大学）

王　平（铜仁学院）

黄平波（凯里学院）

党云辉（思茅师专）

李　黔（六盘水师专）

张　龙（六盘水师专）

杨庆辞（保山师专）

薛　斌（云南师范大学商学院）

左文泉（云南师范大学）

余　兵（贵州财经学院）

张兴毅（兴义民族师范学院）

李　英（西藏民族学院）

何德超（遵义师范学院）

颜　庆（遵义师范学院）

教材编审委员会

主　任　孟　刚（兼）（贵州师范大学）

副主任　王洪祥（兼）（昆明学院）

　　　　郭　颂（兼）（贵州民族学院）

　　　　姚　鑫（兼）（贵州师范大学）

　　　　陈雪红（兼）（楚雄师范学院）

　　　　吕金江（兼）（曲靖师范学院）

　　　　于贵和（兼）（贵州大学）

　　　　梁　健（兼）（红河学院）

前言

　　本书是根据国家体育总局颁发的《社会体育指导员管理办法》和《社会体育指导员国家职业标准》以及对各级各类社会体育指导员条件与职责的规定，结合广大社会体育工作者的实际状况编写的。通过对本书的学习，准备申报相应等级社会体育指导员的申请者，能够进一步加深国家关于开展社会体育工作的各项法律法规及方针政策的理解，提高工作的主动性和自觉性；丰富、充实社会体育的基础理论知识，提高社会体育工作的业务能力；加强思想道德教育；达到《办法》中相应等级社会体育指导员在理论知识和技能方面的基本要求。

　　本教材强调内容的实用性、实效性，力求培训教材的灵活性、规范性。本教材由西南区体育教材教法研究会策划出版的系列教材之一。

　　本教材统稿由申丽琼、万宇完成。参编人员如下：申丽琼（红河学院），万宇（红河学院），郭亚飞（红河学院），罗佳银（红河学院）赵亚玲（红河学院），谈剑（红河学院），郑小凤（红河学院），欧云海（红河学院），梁健（红河学院），唐波（红河学院），陈辉（红河学院），刘南平（红河学院），张朋（红河学院），张纲（红河学院），施鹭玺（红河学院），陈洁（红河学院），董云江（德宏州芒市民族中学），普春云（红河州体育局群体科）王晓虎（红河学院），翁润洁（红河学院），杨光会（云南师范大学）。

　　本教材的编写得到了各方面的鼓励和支持，以及多名专家的指导，在此，我们一并表示衷心的感谢。对于在本教材中未一一列明的被引用者的姓名和论著的出处，我们在此表示歉意，同样表示感谢，并敬请与编者联系。

西南区体育教材教法研究会（社会体育
指导员培训教程）编写小组

目录

Contents

社·会·体·育·指·导·员·培·训·教·程

第一章　社会体育指导员概述

内容提要

本章主要介绍了社会体育指导员应具备的条件与素质；社会体育指导员的工作职责及从事社会体育指导工作的主要方式。

第一节　社会体育指导员的条件与素质

社会体育指导员是指在群众性体育活动中从事运动技能传授，科学健身指导和组织管理工作的人员。社会体育指导员是我国《体育法》规定的社会体育工作人员，其资格得到国家认可，具有一定的法律地位，是在群体性体育活动中从事运动技能传授、科学健身指导和组织管理工作的人员。社会体育指导员对社会体育活动进行指导，引导群众通过体育活动，形成健康、科学、文明的生活方式。社会体育指导员分为志愿性和职业性两种形式。社会体育指导员必须在思想道德、工作能力、指导资历方面具备重要条件。

一、思想道德表现条件

社会体育指导员必须拥护中国共产党的领导，热爱社会主义祖国，遵守法律与社会公德，热心社会体育事业，积极从事社会体育工作。社会体育指导员要具有正确的政治方向和较高的思想觉悟；有较强的法制观念和良好道德修养；有高度的事业心、责任感和扎实的工作作风。

二、工作能力条件

要求社会指导员在具有一定的文化知识的基础上，应掌握政策理论知识、基础理论知识、组织管理知识、锻炼指导知识、科学研究知识等专业理论知识。达到指导低等级社会体育指导员和进行科学研究的能力要求，包括组织管理能力、锻炼指导能力、科学研究能力和指导低等级社会体育指导员的能力以及其他有关的能力。还要有良好的身体素质和心理素质，动作协调能力，具有较强的示范、讲解与语言表达能力。

三、指导资历条件

二级及其以上的社会体育指导员一般必须达到从事下一等级社会体育指导工作的起码年限要求。但为鼓励更多的体育专业人才参加社会体育工作，也有例外，取得高等体育专业学历的人员或具有专业技术职务的体育教师、非在职教练员从事社会体育指导工作，申请授予技术等级称号可不受年限规定的限制；突出的社会体育指导员可以破格晋升。《社会体育指导员技术等级制度》分别对各级社会体育指导员提出了具体要求。

（一）三级社会体育指导员的要求

1. 了解体育锻炼和比赛的一般知识，初步掌握某项体育活动的技能传授方法，能够承担基本的锻炼指导工作；

2. 了解社会体育工作的一般知识，初步掌握社会体育组织管理的方法，能够根据计划组织实施基层组织的社会体育活动。

（二）二级社会体育指导员的要求

1. 从事三级社会体育指导员工作二年以上；

2. 基本掌握体育锻炼和比赛的理论与方法，能够承担某项体育活动的技能传授和锻炼指导工作并取得比较明显的成效；

3. 基本掌握社会体育组织管理的理论与方法，熟悉社会体育工作的特点，能够承担基层组织社会体育活动的计划、实施和总结工作并取得明显的成绩；

4. 具有指导三级社会体育指导员的能力。

（三）一级社会体育指导员的要求

1. 从事二级社会体育指导员工作三年以上；

2. 掌握体育锻炼和比赛的理论与方法，能够承担某项体育活动较高水平的技能传授和锻炼指导工作并取得比较突出的成效；

3. 掌握社会体育组织管理的理论与方法，具有一定的实践经验和较强的组织能力，能够指导基层社会体育组织的工作并取得比较突出的成绩；

4. 具有指导二级社会体育指导员的能力，能够进行社会体育的科学研究。

（四）国家级社会体育指导员的要求

1. 从事一级社会体育指导员工作五年以上；

2. 较系统地掌握体育锻炼和比赛的理论与方法，在某项体育活动的技能传授和锻炼指导中取得显著成效，或在发展民族、民间传统体育活动中具有特殊技能和突出成就；

3. 较系统地掌握社会体育组织管理的理论与方法，具有丰富的实践经验，能够承担国家或省、自治区、直辖市和全国行业、系统的社会体育活动的组织工作，或在全国性社会体育工作评比中获得先进个人称号；

4. 具有指导一级社会体育指导员的能力，在社会体育的科学研究中取得一定的成果。

（五）社会体育指导员从事社会体育指导工作的要求

1. 经常从事社会体育指导工作，热心为群众健身服务；

2. 遵守国家的法律、法规、规章，遵守职业道德、社会公德；

3. 坚持因地制宜的原则，有计划地、合理地安排指导工作，对接受指导者的安全和身心健康负责；

4. 严禁进行封建迷信、帮会、赌博、色情或其他危害人民群众身心健康的活动；

5. 参加体育主管部门对社会体育指导员组织的学习培训和活动，努力增强业务能力，不断提高科学指导水平。

第二节　社会体育指导员技术等级制度

1986 年，《国家体委关于体育体制改革的决定》中，正式提出了试行评定"社会体育指导员"称号的问题。1993 年 12 月 4 日，国家体委以第 19 号令发布了《社会体育指导员技术等级制度》，自 1994 年 6 月 1 日起施行。《社会体育指导员技术等级制度》是进行社会体育工作管理的一项具体法规制度。《社会体育指导员技术等级制度》作为我国的一项基本体育制度，是面向广大体育工作者的非职务性的资格认定制度。它不同于教练员等专业技术职务制度，而类似于运动员、裁判员等技术等级称号。该法规的制定和颁行，是新时期我国体育改革发展中一项较早的制度创新，是推动群众体育社会化、科学化和法治化发展的重大工作举措。特别是它出台不久相继颁布的《中华人民共和国体育法》和《全民健身计划纲要》，都对这项制度的施行赋予了重要的地位，规定国家实行社会体育指导员技术等级制度，明确社会体育指导员对社会体育活动的指导职责，要求加强社会体育骨干队伍建设，从而使社会体育指导员制度成为我国一项重要的体育工作制度和纳入国家体育法治轨道的重要法规制度。加强社会体育指导员队伍的建设，充分发挥社会体育指导员的作用，成为我国推行全民健身计划、发展群众体育事业的重要工作内容。在许多群众体育方面的政策法规文件中都对实施该制度提出了要求。随着这一制度的逐步实施，我国有组织的社会体育指导员队伍从无到有，不断壮大，人员素质和工作水平日益提高，已经成为开展社会体育工作的重要骨干力量，在全民健身活动中产生了广泛而积极的影响，发挥着不可替代的重要作用。《社会体育指导员技术等级制度》是适应和满足社会体育改革与发展多方面需要的产物，其对推动社会体育的进一步发展有着重要的意义。

一、《社会体育指导员技术等级制度》的内容

社会体育指导员技术等级称号分为：三级社会体育指导员、二级社会体育指导员、一级社会体育指导员、国家级社会体育指导员。

二、社会体育指导员技术等级的基本要求

经过业务培训，考核合格，并具备相关条件，均可提出申请。其工作要求为：三级社会体育指导员必须了解体育锻炼和比赛的一般知识，初步掌握某项体育活动的技能传授方法，能够承担基本的锻炼指导工作；二级指导员从事三级社会体育指导员工作二年以上；一级指导员从事二级指导员工作三年以上；国家指导员从事一级社会体育指导员工作五年以上。但也有例外，为鼓励更多的体育专业人才参加社会体育工作。取得高等体育专业学历的人员或具有专业技术职务的体育教师、非在职教练员，从事社会体育指导工作，申请授予技术等级称号可不受年限规定的限制；突出的社会体育指导员可以破格晋升。但是，如果连续两年不从事社会体育工作，则不得申请高一等级社会体育指导员技术等级称号。

三、社会体育指导员技术等级称呼的申请审批

（一）向体育活动指导地的县（区）体育行政部门或被委托的组织提出申请。

（二）提交由申请者本人和本单位或体育组织分别填写申请书和推荐书，以及相应级别的社会体育指导员业务培训合格证书。

（三）申请晋级者还需提交原等级证书。受理的申请要交由各级体育行政部门和被委托的组织分别设立评审委员会进行评审。评审委员必须有不少于全体委员三分之二以上人数到会，采取无记名投票表决方式，经与会二分之一以上人数同意方为通过。

（四）上报社会体育指导员培训班培训资料。各省、自治区、直辖市举办的一级、二级、三级社会体育指导员培训班培训资料汇总后上报国家体育总局社会体育指导中心备案；培训班培训资料包括：培训班计划、举办培训班的通知、教学参考资料、任课教师情况（包括单位、姓名、年龄、性别、职

务或职称）、学员情况（包括姓名、性别、年龄、民族、职业、文化程度、从事社会体育工作时间等）、培训工作总结以及其他有关资料。

（五）技术等级称号的批准授予。评审后，由有关体育行政部门和国家体委分别行使三级、二级、一级和国家级的社会体育指导员技术等级称号的批准授予权。在收到申请材料三个月内做出是否批授的决定并予以公布。对未予批准的询问和申诉应当予以答复。

四、社会体育指导员的注册办理

《管理办法》规定了对社会体育指导员进行注册的要求。首次注册，通过国家体育总局社会体育指导员信息管理系统进入。注册路径为：体育管理在线——体育指导员——指导员入口——首次申请——填写相关信息——创建成功。

第三节　社会体育指导员技术等级培训对象、方式与内容

符合《社会体育指导员技术等级制度》中有关社会体育指导员的基本条件，具备申报相应等级的具体条件，经履行正式申报手续，均可参加相应等级的培训。社会体育指导员采用集中培训与自学、统一考试相结合的培训方式。集中培训面授教学的时数，国家级不少于50学时，约占其培训总学时数的70%；一级不少于40学时，约占其培训总学时的50%；二级不少于30学时，约占其培训总学时数的30%；三级不少于20学时，约占其培训总学时数的15%。

一、各级社会体育指导员培训的内容

根据《社会体育指导员技术等级制度》和现行社会体育指导员工作的实际情况，社会体育指导员一般应具有与社会体育指导员工作相适应的体育人文社会知识、运动人体科学知识、体育健身方法知识、现实性强、有特色的自设内容知识等。

表1.1　社会体育指导员集中培训内容与时数比例

序号	教学内容	集中培训			
		三级（%）	二级（%）	一级（%）	国家级（%）
1	体育人文社会知识	20	25	30	30
2	运动人体科学知识	30	30	30	20
3	体育健身方法知识	30	25	20	20
4	自设教材内容	20	20	20	30
5	合计	100	100	100	100
备注	三级社会体育指导员自学的时数约占85%；二级社会体育指导员自学的时数约占70%；一级社会体育指导员自学的时数约占50%；国家级社会体育指导员自学的时数约占30%。				

二、各级社会体育指导员培训专题

为了提高培训工作的实效性，发挥培训基地和培训站点的特色和优势，培训专题采用规定内容、选择内容和自设内容三种，其中一级、二级、三级社会体育指导员的培训，其规定内容占60%、选择内容占20%、自设内容20%；国家级社会体育指导员的培训，其规定内容占50%、选择内容占20%、自设内容占30%。

表1.2　各级社会体育指导员培训专题

类别	编号	教学专题	三级	二级	一级	国家级
体育人文社会知识	1	体育概述	◆			
	2	社会体育指导员概述	◆			
	3	社会体育法规制度	●			
	4	社会体育管理的原则、职能与方法		●		
	5	基层体育活动的方法与组织		◆		
	6	社会体育的基本形态			●	
	7	社会体育指导员的培训与考核			◆	
	8	社会体育工作的规划			◆	
	9	社会体育产业的经营与开发				◆
	10	我国社会体育的改革与发展				●
	11	社会体育科学研究的基本方法				◆

类别	编号	教 学 专 题	三级	二级	一级	国家级
运动人体科学知识	12	人体运动科学知识	◆			
	13	身体锻炼的心理效益	●			
	14	身体素质的生理学基础及锻炼	●			
	15	体育教学与训练的医务监督	◆			
	16	人体的测量与评价		●		
	17	运动中常见损伤的防护与救治		◆		
	18	运动、营养与体重控制		◆		
	19	运动性疲劳与身体机能恢复			●	
	20	普通人群体育锻炼标准			◆	
	21	国民体质测定标准				◆
	22	运动处方				◆
体育健身方法知识	23	练习指导过程	◆			
	24	常用身体练习方法	◆			
	25	常用体育健身器械	●			
	26	常用健身项目和手段		◆		
	27	民间与传统体育的健身手段		●		
	28	休闲体育与家庭体育		◆		
	29	不同人群的体育健身			◆	
	30	残疾人的健身锻炼			●	
	31	中外体育健身方法及其发展趋势				●
自设内容	32	自定专题一	▲	▲	▲	▲
	33	自定专题二	▲	▲	▲	▲
总计			12	10	9	8
备注		◆：规定内容；　●：选择内容；　▲：自设内容				

三、各级社会体育指导员培训专题讲授要点

(一) 体育人文社会知识

1. 社会体育：包括社会体育的基本形态、特点与作用，社会体育在社会发展中的地位、意义，我国社会体育的改革与发展。

2. 社会体育指导员：包括《社会体育指导员技术等级制度》，社会体育指导员所应具备的素质与修养，社会体育指导员的培训与考核。

3. 社会体育法规制度：包括我国社会体育的现行法规制度以及在社会体育工作中常用的法律知识。

4. 社会体育管理：包括社会体育管理的原则、职能与方法，基层体育活动的方法与组织，社会体育产业的经营与开发，社会体育工作规划的原则、内容、写法和要求等。

5. 社会体育科学研究的基本方法：包括在社会体育工作中开展科学研究的基本方法、科研论文的写法及其所需的基本统计方法。

（二）运动人体科学知识

1. 人体运动科学知识：包括身体素质的生理学基础及锻炼，体育锻炼的生理卫生常识；体育锻炼对增强体质的作用，科学锻炼的方法，以及急救常识和常见慢性病的体育锻炼原则；运动、营养与体重控制。

2. 身体锻炼的心理效益：包括体育锻炼的心理机制、心理特点和心理保健。

3. 运动医学：包括体育教学与训练的医务监督，运动性疲劳与身体技能恢复，运动中常见的损伤防护与救治，康复体育等。

4. 普通人群体育锻炼标准：包括普通人群体育锻炼标准和一般测试方法等。

5. 国民体质测定标准：包括国民体质测定标准和一般测试方法等。

6. 运动处方：包括运动处方的内容、制定方法、步骤等基本知识。

（三）体育健身方法知识

1. 体育健身方法：包括练习指导过程，常用身体练习方法，常用健身项目和手段，常用体育健身器械，中外体育健身方法及其发展趋势，以及体育技能教学过程中的基本环节、阶段与特点以及教学中应注意的基本问题。

2. 休闲体育：包括休闲体育与家庭体育的理论与实践问题。

3. 终身体育：包括不同人群的体育健身，残疾人的健身锻炼等。

（四）自设内容

可根据培训基地和培训站点的特色和优势，根据培训学员的实际需求和社会体育指导实践的要求进行自主性内容设定。对自设内容的要求是：实用性强、时代感鲜明、有特色的专题，以满足培训学员的实际工作需求。加强技能类内容的比重。

建议1：在三级社会体育指导员的培训中学习至少一套《广播体操》；

建议2：在二级社会体育指导员的培训中学习至少一套《健身操》。

四、培训原则与要求

（一）培训原则

1. 实用性原则。根据各级社会体育指导员的实际需要，解决学员应知应会的问题。

2. 实效性原则。注重理论知识与实践相结合，加强能力培养，克服纯学术性教学的倾向。

3. 灵活性原则。形式多样，方法灵活，除采用课堂讲授外，可适当采用参观考察、研讨以及利用声像教学等方式，使学员开阔思路和眼界。

4. 规范性原则。认真执行本大纲，突出培训工作的规范性和科学性；加强教学管理，严格考核纪律和考勤制度，提高培训工作的质量。

5. 自主性学习原则。要充分注意对学员的自主性学习情况和效果了解和掌握，培训学员的基本技术和技能的学习、掌握主要是在自学的过程中完成的。在集中培训时，有可能的条件下要考查学员的运动技术和技能的掌握情况。

6. 培训与调研相结合原则。在培训过程中，应对有关培训内容和效果进行调查研究；也可对实施《制度》和《全民健身计划纲要》的情况开展调查研究。

（二）培训要求

1. 承担国家级和一级社会体育指导员的培训任务，以体育院校为主；任课教师应具有副教授以上职称，还可聘请有丰富实践经验的体育行政部门领导和经验丰富的相关专家担任。二级和三级社会体育指导员辅导教师，由当地主管部门聘请一级以上社会体育指导员和符合条件的体育教师、体育工作者担任。

2. 承担培训任务的教师要了解培训的教学要求和学员特点，统一教学思想，编写必要的教学参考资料，做好培训的各项准备工作。培训中应注意学员的反馈意见，及时改进教学。

3. 根据本大纲制定各地国家级和一级社会体育指导员培训计划。培训班计划应包括以下几部分：前言；目的与任务；培训对象与人数；培训时间与地点；培训内容与时数；考核与结业；专题讲授要点和有关注意事项。

5. 培训教学方法应灵活多样，提倡开放式教学、启发式教学、讨论式教学等，不提倡"满堂灌"和"一言堂"。提倡国家级培训基地为学员开设学术讲座，开拓学员的视野、丰富学员的知识。

6. 加强指导类社会体育指导员的培训。在进行集中理论知识培训之前，要求学员在自学部分要强化运动技术技能的学习和掌握，各级社会体育指导员至少应掌握1～2项运动技术和技能。

五、考核与结业

（一）国家级和一级社会体育指导员采用考查与考试相结合的方式进行考核。考查形式有：作业、专题报告等；考试采用闭卷考试。其中考查占40%，考试占60%。总成绩评定和考查、考试成绩均采用百分制，成绩分为优秀、良好、及格、不及格四级。

（二）二级和三级社会体育指导员的考核，由各省自治区、直辖市体育行政部门按国家体委规定的考试大纲进行统一闭卷考试，成绩为百分制。

（三）各专题考核成绩合格，且缺课不超过培训时间的10%，发给培训合格证书，作为晋升高一级社会体育指导员资格的证明。

第四节　社会体育指导员的工作职责及工作方式

一、社会体育指导员的工作职责

社会体育指导员工作的目的和任务是通过宣传和普及体育健身知识、传授体育健身技能、组织开展群众体育活动，来提高群众的体育健身意识，普及科学文化，促进健康生活的形成，提高全民的体质健康水平，进而推动经济发展、社会和谐与国家综合国力的提升。社会体育指导员工作是负责指导健身活动，宣传科学健身知识。在公共体育场馆按照项目要求，配备相应的社会体育指导员指导体育健身活动；从事有偿体育健身指导服务的人员必须取得体育行政部门颁发的执行资格证书、经营性体育健身服务单位，应该配备持有资格证书的体育健身指导员；无资格证书的人员，不得从事有偿的体育健身指导服务；持有资格证书的体育健身指导人员，不得超越资格证书确定的项目范围进行有偿服务，应明确具体职责：

（一）社会体育指导员在传授体育健身技能时的主要职责要求是：

1. 社会体育指导员自身要有科学健身的理念，具有某一体育项目较为规范娴熟的动作技能，掌握传授、运用和安排这些动作技能进行健身锻炼的知识、方法与能力。

2. 要向健身群众进行清晰的讲解、标准的示范和结合实际的具体指导，帮助被指导者结合自身实际掌握体育健身项目的技能及其健身方法，纠正在掌握动作和锻炼方法上可能出现的各种问题和错误。

3. 要满腔热情、耐心细致、因人制宜、因材施教地运用宜于健身群众接受的传授方法和手段。

4. 要注意避免在传授和练习动作技能的过程中可能出现的各种伤害事故，做好必要的防范和保护，加强安全管理。

（二）社会体育指导员在组织体育健身活动时的主要职责要求是：

1. 要明确开展各项体育健身活动的目的意义和活动特点，掌握开展不同体育健身活动的环节、方法与程序。

2. 要精心做好活动的计划、设计和安排，有周密的活动组织方案。

3. 要组织健身群众开展体育项目的动作技能和健身方法的传授、教学和演练活动。积极开展各种健身培训、交流、展示和群众性体育竞赛活动。

4. 要丰富活动的内容、形式和方法、调动健身群众的积极性和参与热情，活动要针对不同人群的特点，切实让健身群众在各种活动中享受健身的快乐和效果。

5. 要做好整个活动过程的组织、协调、引导和控制工作，提高活动组织的规范性和程序性。

6. 要加强活动的安全管理，做好对可能出现的问题的防范和预案，及时处理好活动中出现的有关问题。

（三）社会体育指导员在宣传科学健身知识和推广科学健身方法中的主要职责要求是：

1. 要树立体育健身的科学信念，加强科学健身理论和知识的学习，提高科学健身的理论知识水平，具有针对各类健身群众传播科学健身文化的能力。

2. 坚决 和防止以健身为名的封建迷信或伪科学的意识观念影响和干扰全民健身活动的正常开展。

3. 要有把握科学健身方法的能力，能够掌握和清楚地说明科学健身方法的规律、原理和特点，并通过适宜的方式帮助健身群众了解和应用。

4. 要善于总结提炼并将自己科学健身的切实体验和科学健身的经验进行介绍和推广。要勇于进行科学健身方法的探索和创新。

5. 要注意从实际出发和强化针对性原则，帮助健身群众选择好适合自己的科学健身方法。

6. 要以自己对科学健身知识和方法的正确理解与掌握为基础，与时俱进地加强学习，提高自己科学健身的素养和能力，保证解答内容的正确性和先进性。切实发挥好咨询解答体育健身问题对推动全民健身活动开展的应有作用。

二、社会体育指导员的工作方式

社会体育指导员是全民健身活动中的重要力量。社会体育指导员工作是在一定组织中开展活动的，这些组织包括社区基层体育健身组织、单位内的和被委派的三种。

1. 社区基层体育健身组织活动：包括各类形式、多种项目、不同规模和名称的群众性体育健身团队，分别叫作体育（辅）指导站、体育活动（站）点、晨（晚）练活动（站）点、体育（文化）活动室（站）、某个项目的健身活动团队及健身俱乐部。

工作要点：根据群众的健身需要，选择群众愿意参加的体育活动项目进行健身指导；广泛动员和吸引健身群众参加组织开展的各种体育健身活动，善于发现和培养健身活动骨干和积极分子；做好科学健身的宣传和技能方法的传授，加强活动的安全管理；加强与所在社区组织、体育管理等部门的联系，为体育健身活动组织的发展和活动开展创造有利条件。

2. 单位内的健身体育指导：机关、团队、企业事业单位中的广大职工群众是我国现代化建设的主力军，是开展群众性体育活动的重要力量。单位内的健身活动包括工前操、工间操、保健操、小型多样的体育健身、竞赛活动和运动会。

工作要点：要充分认识到单位体育活动是企事业单位文化和精神文明建设的重要内容，应积极争取得到单位领导和相关部门的大力支持和关注；要运用各种形式对职工进行科学健身活动；结合单位工作需要和职工健身需求，利用工间前、工间和业余时间，利用单位的各种体育文化设施开展适宜职工健身的丰富多彩的体育活动。

3. 被委派的体育健身指导：随着全民健身事业的发展和社会体育指导工作的开展社会体育指导服务的需求逐步增多，被指派开展体育健身指导的工作方式也更加普遍和多样，在全民健身服务与促进中发挥的作用也会更大。

工作要点：要以高度的事业心和责任感维护全民健身工作大局；主动接受派遣单位对体育健身指导工作的领导和指导；熟悉群众对体育健身的需求，认真调查和研究；以饱满的工作热情和高水平的工作能力，做好健身宣传和健身指导服务的各项工作，充分发挥积极作用，帮助当地或单位做好社会体育指导员队伍建设。

>>> 练习与思考

1. 社会体育指导员的基本含义是什么？
2. 社会体育指导员应具备的素质、条件是什么？
3. 社会体育指导员工作的目的和任务是什么？
4. 社会体育指导员的工作职责和基本方式是什么？
5. 社会体育指导员技术等级称号分为几级？分级的条件是什么？
6. 如何对社会体育指导员进行培训？社会体育指导员培训的原则是什么？

第二章 社会体育指导员的社会责任

内容提要

> 本章深入介绍了社会体育指导员的社会责任，其体现在三个方面：一是社会体育指导员在社会发展中的责任；二是社会体育指导员在发展社会体育中的责任；三是社会体育指导员的岗位责任。

第一节 社会体育指导员在社会发展中的责任

在全民健身志愿服务中，社会体育指导员是主力军，可以直接提高全民身体健康素质，推动群众公共体育服务的发展，繁荣我国体育文化，与此同时，促进我国的社会发展。所以，社会体育指导员应当认清当前的社会责任，承担起自身重要的使命。

一、社会体育指导员对全民身体健康素质的积极作用

身体健康素质是国民素质的重要内容，无论是对于个人、群体还是整个民族，都是不可缺少的素质，而且身体健康素质是基础，是保证我们身体健康、生活幸福的前提。

社会体育指导员作为全民健身志愿服务的工作者，为我们广大群众普及科学健身知识、传授体育健身技能、组织开展群众体育健身活动中发挥了重要作用。帮助人们形成健康的体育观念和健康观念，促进人们形成科学健康文明的生活方式，所以说社会体育指导员的工作是一项提高人们健康素质的工作。社会体育指导员是一个庞大的群体，遍布城乡社区各个角落，根据《社会体育指导员发展规划（2011—2015）》，我国社会体育指导员已经突破100万，城市每一千人至少拥有一名社会体育指导员，农村每两千人至少拥有一名社会体育指导员，如此庞大的群体从事与我们身体健康密切相关的工作，可以提高我们的身体健康素质，推动全民健身事业的发展。

二、社会体育指导员在公共体育服务的贡献

体育被认为是增强体质，防治疾病的重要手段，所以国家重视体育的发

展。法规制度中也规定参与体育运动是公民的一项基本权利，政府具有向人们提供公共体育产品的义务。由此可知，体育属于公共服务事业，是需要政府提供资源和制度保证，供给满足提高人们身体素质和身体健康需要的公共产品。所以，国家指出提供体育公共服务是体育行政部门的重要职责，要加强发展体育公共服务。国家体育总局对建立体育公共服务体系采取了一系列措施，保障公共服务体系逐步建立。

社会体育指导员的志愿服务工作是全民健身公共服务的一部分，是政府人力、物力、财力匮乏的情况下，创新的服务方式。政府调动社会志愿工作者参与到体育公共服务中来，充分发挥他们的服务能力和特长，能够有效弥补我国当前健身信息传播者、健身指导者、服务组织者缺乏的情况，提高体育公共服务水平。社会体育指导员是政府提供体育公共服务的人才资源和得力助手，是向公众传递科学的健身方法、健身技能的工作队伍，是连接政府体育公共服务的桥梁和纽带，承担着全民健身公共服务的重要职责。

三、社会体育指导员对体育文化的影响

体育是一种文化形态，是文化的组成部分。体育的健身功能、教育功能、经济功能、政治功能等，已经从多方面表现出文化价值和文化作用，特别是体育所表现出来的影响力、凝聚力和感召力，已经成为文化的载体和文化传播的窗口，是文化软实力的重要体现。体育所带来的健美享受、审美意识、坚忍不拔的精神也是体育文化的重要体现，丰富文化的内容。

促进体育文化的大发展大繁荣，是体育工作者义不容辞的责任，社会体育指导员也不例外。社会体育指导员从事的全民健身服务，传播崇高的体育价值理念，如科学的健身知识、正确的锻炼方法、科学的保健知识等，有助于人们建立健康文明的生活方式。通过志愿服务，传播无私奉献的志愿精神；通过技术指导和教学帮助，传授科学健身的知识和方法；通过群众体育活动的组织，促进人们情感交流和健康传递。正是因为社会体育指导员工作传递的科学健康的价值观念，具有丰富的文化价值，在体育文化的发展中发挥积极的作用。

第二节　社会体育指导员在发展社会体育中的责任

社会体育指导员作为全民健身的宣传者、体育场地的维护者、科学健身的指导者、群众活动的组织者、健康生活方式的引领者，促进了全民健身事业的持续发展，为社会体育的发展贡献了重要力量。

一、承担全民健身事业持续发展的责任

我国竞技体育实行举国体制，在资源占有上有优势，所以在短短几十年间，我国是竞技体育已经成为世界体育强国。而全民健身事业发展比较薄弱，虽然近些年也得到一定发展，但与竞技体育相比则相差甚远。随着人们体育需求的日益扩大，政府提供的体育公共服务已经不能满足人们的需要了，场地设施匮乏、健身指导水平低、体育信息服务滞后，体育人口也远远低于发达国家。为了扭转这种局面，就要实行群众体育和竞技体育协调发展。全民健身事业的持续发展，必须以增强人民体质、提高人们身体素质为根本任务，保障全民健身的基础设施建设、稳定的经费投入和吸引人才从事全民健身事业。其中的人才资源就包括社会体育指导员，为全民健身事业的宣传、技能传授和体育活动组织服务等，为全民健身事业的发展贡献了一份力量。为了提高志愿服务的质量，将会逐步建立全民健身志愿服务体系和长效机制，推动全民健身事业的可持续发展。

二、社会体育指导员要为发展社会体育贡献力量

社会体育是指普通民众余暇时间自愿参加的，以强身、健体、娱乐、休闲、社交等为目的的，内容广泛、形式多样的体育活动。要使我国群众体育和竞技体育协调发展，就应该大力发展社会体育，而我国社会体育在农村和城市之间、东部地区和西部地区之间发展不平衡，发展社会体育，就要坚持以人为本，在关注人们身体健康的基础上，协调社会体育各系统均衡发展。社会体育指导员为社会体育的发展注入了新的生机与活力，能够满足广大群众的健身需求，在群众体育指导、方法传授中具有重要的意义，弘扬志愿服务精神。

在发展社会体育过程中，我国正在建立和形成健身指导以社会体育指导员为主体，吸引教练员、优秀运动员、体育教师、体育科研工作者、体育专业学生和社会热心人士广泛参与到全民健身志愿服务队伍，解决社会体育发展面临的健身指导人群缺乏的问题。社会体育指导员服务已成为我国发展社会体育的重要内容。

第三节　社会体育指导员的岗位责任

为了我国社会体育事业的繁荣发展，要求每一位社会体育指导员都要不断提高自身的科学文化素养和道德文明水准，充分理解和努力发挥自己从事全民健身志愿服务的影响力，为发展和繁荣先进的体育健身做出贡献。不断

提高自身的专业素质，明确社会体育指导员在健身咨询宣传中、传授健身技能中、组织管理中的责任，按照岗位的要求，发展和完善自身的服务水平。

一、社会体育指导员的岗位道德规范

社会体育指导员要遵守法律和社会公德，热爱我国的体育事业，积极从事社会体育指导工作。社会体育指导员要有正确的政治方向和较高的思想觉悟；有较强的法治观念和良好道德修养；有高度的事业心、责任感和扎实的工作作风。

二、社会体育指导员在健身咨询宣传中的岗位责任

社会体育指导员能够承担健身咨询责任，掌握基本的理论知识，能够介绍健身项目，了解技术指导和健身活动的作用。具备一定的科学健身的常识，在指导中进行介绍和宣传，宣传体育健身理念，帮助人们树立科学健康文明的生活方式。理清身体健康与心理健康的关系，身体健康是心理健康的基础，在传播知识过程中同时关注健身人群的身体和心理。掌握健身医务监督、常见运动损伤的预防和救护、健身器材的使用及安全防护等知识和方法，防止体育锻炼中意外事故的发生。学习运动营养知识，叮嘱锻炼人群运动后合理搭配饮食，均衡饮养。掌握人体测量与评价、国家体育锻炼标准、国民体质监测与测定的知识和方法，能够正确评价健身人群的身体素质，提供合理锻炼标准。

三、社会体育指导员在传授健身技能中的岗位责任

社会体育指导员应当掌握常用体育健身原理，如体育健身方法常识及其术语、体育健身方案的制定与实施、体育健身方法的选择与调控、体育健身效果评价、健身项目的创新、开发与推广；轻松应对不同人群的体育健身指导，如老年人、妇女、青少年儿童、职工体育、家庭体育、残疾人；灵活运用体育健身方法，如常用身体练习的方法及其术语、常用体育健身器械及其方法、康复体育方法介绍、民间体育与民族体育方法介绍、时尚休闲体育项目介绍等。

四、社会体育指导员在组织管理中的岗位责任

社会体育指导员的组织管理岗位责任主要是：健身组织的管理、健身活动的管理和社会体育指导员的组织管理。社会体育指导员健身组织管理有：体育健身团队、俱乐部的管理；体育健身站点的管理、社区健身中心管理；项目协会、人群协会的管理。健身活动的管理有：健身场地与器材管理、各类竞赛活动管理、制定日常健身计划、中长期工作计划、体育专题研讨会、

健身展示与表演、活动交流与观摩、全民健身活动现状调查与分析。社会体育指导员的组织管理有：社会体育指导员的组织建设、社会体育指导员组织的基本模式、培训工作管理、业务学习与进修、行为激励方式等。

>>> **练习与思考**

1. 社会体育指导员与体育文化有何关系？
2. 为什么说全民健身事业的持续发展离不开社会体育指导员？
3. 社会体育指导员的道德规范有哪些？
4. 社会体育指导员在组织管理中承担的责任有哪些？

第三章　社会体育的内涵

内容提要

通过学习，明确社会体育概念及结构；了解社会体育的本质及历史的演变；掌握社会体育、群众体育、大众体育的定义。

第一节　社会体育的概念

一、社会体育及其相关概念

社会体育（commune physical culture）是指公民自愿参加的，以增进人的身心健康为主要目的的，内容丰富、形式灵活多样的群众性体育活动，也是体育的有机组成部分。社会体育能增强人的体质，增进人的健康，延长人的寿命，满足人民群众的健身、健美、消遣、娱乐、休闲、保健、医疗、康复、社交等多方面的需要，以业余、自愿为原则。国家鼓励公民参加社会体育活动，因为社会体育是社会主义精神文明建设的内容之一。

为了揭示体育这种复杂社会现象的发展规律，促进体育事业的健康发展，研究者从不同视角对体育进行分类。如：从文化学角度可分为体育教育、竞技运动、全民健身等。从方法论的角度可分为体育教学、运动训练与竞赛、身体锻炼与娱乐等。从管理学角度又可分为社会体育、学校体育、军队体育、竞技体育等。仅就社会体育而言，如按地缘分，有：地方民间体育、民族体育等；按目的分，有：健身体育、娱乐体育、健美体育、保健体育等，其中保健体育又可划分为医疗体育、矫治体育；按参加的人群可分为，有：婴幼儿体育、老年人体育、妇女体育、残疾人体育等；按组织方式分，有：职工体育、社区体育、竞技体育、农民体育、家庭体育等。

把体育分成社会体育、学校体育、竞技体育、军队体育等几个部分是管理学常用的分类方法。这种分类方法能较清晰地区别社会不同领域的体育活动，有利于管理和培养专业人才。其实，组成体育整体的这几个部分在目的、管理方法、组织形式、负荷要求以及形式内容等方面既有共同点，也存在很大的差异。

竞技体育（sports）的主要目标是创造优异的运动成绩，其内容、方法、手段与管理都以创造优异的运动成绩为目的。主要由教练员承担起具体的训练任务。

学校体育（school physical）以体育教学作为学校教育的组成部分，其过程、内容、方法、手段、标准，国家都做出严格的规定；每个学生必须完成体育教学大纲规定的内容，并经过考核达到规定的要求。学校有一支建制完整、经过专业学校培育的体育师资队伍。

军队体育（army physical culture）是军事教育、训练的内容之一。军队体育训练严格按照军事训练大纲进行，其内容和要求既有体育活动的一般性，又有服务于军事要求的特殊性。从事军队体育训练和管理的是教官。

社会体育是竞技体育、学校体育和军队体育以外的广阔领域。因此，决定了社会体育人员构成的多层次性、目的动机的多样性、内容形式的灵活性、组织管理的松散性等基本特点。从事社会体育组织管理和健身指导的是社会体育指导员（师）。

在我国长期沿用、约定俗成的"群众体育"（mass physical culture）一词是相对"竞技体育"而言的，与国际用语对应的是"大众体育"（sports for all）。我国目前贯彻执行的"奥运争光计划"和"全民健身计划"协调发展的战略方针，就是以这一分类为理论基础的。从这个意义上讲，"群众体育"与"社会体育"相互包容。"社会体育"的提法侧重具体的管理和研究，而"群众体育"有政治寓意，属意识形态范畴用语。我国从新中国成立以来一直沿用"群众体育"词组，突出我国社会主义的性质，也体现出我们党、国家和政府对人民大众的群众性体育活动的重视。

二、社会体育的历史与现状

社会体育有着悠久的发展历史。从人类原始社会的部落，就开始出现了雏形的社会体育。在历史发展的各个社会形态中，都有不同形式的社会体育存在。人类体育的历史，实际上就是一部社会体育的发展史。远古时代，人类为了生存，成群结队地生活在一起，用原始的石器顽强地同大自然抗争。为了猎取食物，为了自卫，他们投掷、攀登、奔跑、跳跃、涉水……这些原始的自我活动，便是体育的雏形。这种大多以集体形式参加的不自觉的身体运动，是典型的"群体"运动。后来产生了文字，人类能对自己的活动进行记录、总结，于是，生产工具发展了，并产生了武器。人类在同大自然的斗争和内部的争夺中，懂得了除工具（武器）之外，人体自身条件是决定性的因素。于是，便有了对自身进行锻炼的自觉的活动。随着社会的发展，这种自身锻炼的活动，被总结和整理成系统的方法，用于强身健体。战争时期，用于军事训练；和平时期，则用于娱乐，并贯穿于教育之中。例如古希腊的角斗士训练；古印度的"瑜伽术"；中国古代的武术、孔子的"六艺"、马王堆汉墓出土的"导引图"、华佗的"五禽戏"，以及宫廷和市巷间出现的"蹴鞠"等。此时，人们的身体锻炼活动，已经成为自觉的有目的活动了，人类已经懂得以运动为基本手段，利用阳光、空气、水等自然因素，结合卫生措施，锻炼自己的身体，从而增进健康，增强体质。在整个有记载的历史时期里，体育在人类文明发展的过程中发挥了极其重要的作用。

我们今天所说的社会体育是 20 世纪第二次世界大战以后更为突出的社会现象，特别是进入 60、70 年代以来，发达资本主义国家的社会体育事业发生了深刻的变化。于竞技体育高度发展的同时，在国民体育方面掀起了一个被称为"第二奥林匹克运动"的社会体育热潮，大有与竞技体育并驾齐驱之势。体育进入了千家万户，成了人们日常生活中的一个极有社会意义的组成部分，在提高生产力水平、稳定社会、促进社会健康等方面起到了积极作用。有人称这是"我们时代最主要的社会现象之一，是国家的一项重要的社会政治任务"。

（一）国外社会体育蓬勃发展的经济和社会背景

1."文明病"的蔓延求助于社会体育

在工业发达国家，随着机械化、电气化和自动化程度的提高、现代化交通工具的普及，以及信息技术的发展，人们从事各种体力劳动的机会和时间大大减少。由于社会人口中从事脑力劳动的人数达到或超过了一半；家务劳动社会化和家用电器的普遍使用，人们用于家务劳动的时间也大大缩短；工业发达国家施行了高工资、高物价、高消费的分配政策和家畜、家禽工厂化生产以及冷藏设备的普及，使得工业发达国家居民的工作特点、食物数量和膳食结构发生了重大的变化。这一变化是发达国家心脏病、糖尿病、高血压、肥胖症、恶性肿瘤成为常见病、多发病和高发病的一个主要原因。这些被称为"文明病"的慢性瘟疫，其范围之广、危害之烈，令人触目惊心。有的国家 1/3 的中年男子，1/4 的中年女子受到心肌梗塞的威胁。美国 20％的人超正常体重，因心血管系统疾病而死亡的人数占总死亡人数的 50％以上。联邦德国体重超重的人高达 38％。面对这些严重的恶果，为了给身体内营养物质的高积蓄，寻找一条高消耗的出路，不得不求助于体育活动，以达到消耗热量、减轻肥胖、保护心脏的目的。而这一做法确实起到了积极的作用，如美国由于开展了社会体育，20 世纪 70 年代冠心病的发病率比 40 年代下降了

8.7％，死亡率下降了 7％，80 年代后仍在持续下降。这就更加激发了人们参加社会体育活动的热情。

2. 社会体育是一种高尚健康的消遣娱乐手段

工业发达国家由于实行了小时工资制、五日工作制、弹性工作制和定期轮休制等制度，职工余暇时间普遍延长。在日本，工资照发的例假每年共 148 天；联邦德国职工每天平均的业余活动时间由 1969 年的 5.6 小时增加到 1982 年的 8.7 小时，其中可自由支配的时间，由 1971 年的 4.3 小时上升到 5.5 小时；美国每人每年的工作时间，比 20 世纪初减少 1/5 到 1/4。大量的余暇时间为社会体育的发展提供了必要的时间保证，也需要用大量的体育活动来充实人们余暇时间的各种消遣娱乐活动。50 年代后，各国娱乐市场和行业相继形成，体育娱乐行业十分兴旺发达。发展较晚的日本，其体育娱乐行业的产值已达到十大产业的第六位，联邦德国 1981 年用于社会体育（包括观赏在内）的社会总时间为 106 亿小时，每人平均 300 小时，占业余时间的 10％，估计到 1990 年将增至 118 亿小时。据调查，这个国家有 67％的人参加以体育活动为主要内容的各种娱乐消遣活动。

当前的社会体育热潮被称为"健康革命"，这场"健康革命"所具有的一个鲜明特征是它包含着强烈的娱乐因素。据第七届国际社会体育会议的材料表明，社会体育正从以长跑为主、内容和形式比较单调的活动，向内容丰富多彩的游戏、舞蹈、娱乐和体育节的方向发展。这类活动寓体育锻炼于游戏之中，同时还能增加人与人之间的接触与交往，具有更大的社会吸引力和社会作用。

3. 人口构成老龄化是社会体育兴起的一个重要原因

20 世纪四五十年代后，发达资本主义世界人口增长趋于缓慢，出生率大大下降，又由于医疗水平的提高，平均死亡年龄上升，老年人在社会上的比重越来越大，出现了社会老龄化的现象。在联邦德国、英国、比利时、法国平均每 6～7 人中就有一位 65 岁以上的老人；在日本，40 岁以上的中老年人占总人口的 1/3；中国 60 岁以上人口已达到 10％，北京、上海等大城市比例更高，已达到了联合国规定的"老龄人口社会"；1900 年威胁美国人健康的主要死亡原因是传染病，而进入六七十年代以后，依次让位给老年人的常见病、多发病，如心脏病、恶性肿瘤和脑卒中等。于是，老年人问题就成了一个突出的社会问题，它直接影响着家庭和社会的稳定。老年人自身也对保持健康和延长寿命十分关注。因此，老年生物学、老年医学、老年社会学和老年体育应运而生。在现代社会中，随着人口平均寿命的延长，许多学者正在论证延长人的工作年限、推迟退休年龄的必要性和可行性。老年人是一支推动社会和经济发展的重要力量。

4.社会体育与人口的都市化倾向和就业的脑力劳动化倾向关系密切

工业化必然伴随着都市化的出现。大量人口集中到城市，城市人口高度密集。社会体育表现出更加强烈的市场经济的特征。同时，由于人和人的社会距离缩短，大规模社会体育活动的出现成为可能。如几百人的横渡海峡，几千人的自行车越野，上万人的马拉松比赛，几十万人从事的健身、健美活动，几百万人参加的体育协会，都不再是什么奇迹。而且大型体育设施和居民居住社区的体育场所的建立也成为一种必然的社会要求。由于科学技术的发展，从事非物质生产的人员持续增加。在各行各业中，从事脑力劳动的人数在全部就业人口中接近或超过半数，长时间伏案工作所造成的"运动不足""肌肉饥饿"影响人体健康，这已经成为普遍的社会问题。因此，社会体育具有了为知识分子阶层服务的特殊意义，知识分子成为社会体育的主要参加者，体育活动成为脑力劳动者投资的必不可少的补充。

5.社会体育是人力资本的一种投资形式

由于科学技术的发展，发达国家和许多发展中国家的投资重点已由不可再生的物质资源消耗，转向对人力资源的开发和人力资本的投资，包括教育、技术培训、保健和体育等。美国著名经济学家舒尔茨在论证人力资本投资时，把"延长公民的寿命和增进他们的体质"的保健措施列为人力资本投资的首位。他认为这些保健措施"不仅提高了劳动力的数量，也能提高人力资源的质量"。因此，在一些国家除国家做体育投资外，各企业部门也采取各种措施鼓励职工进行体育锻炼，并投资兴建体育馆和健身房，购置租赁海滨浴场和高山滑雪场等供职工参加体育活动。很多企业还把体育训练作为招收青年新职工的一种人才投资形式。日本为了培养工人的情操和修养、磨炼耐性和体力，组织新工人到山清水秀的山寺中去打禅、讲课、锻炼身体，进行行军野外生活。同时也作为培养"团队精神"，塑造"企业文化"，提高内部凝聚力的重要管理手段。

（二）我国社会体育发展的社会背景和现状

新中国成立以来，社会体育大致经历了开基创业、波浪发展、十年挫折、恢复发展和全面发展五个阶段。社会体育在旧中国遗留下来的薄弱基础上，得到迅速的发展。在半个世纪的发展历程中，我国社会体育取得了引人注目的成就。社会体育已发展成为一个具有较大规模的独立的社会体系。改革开放十年以来，社会体育又有了全面的发展，达到了新的广度和深度：城市体育发展较快，职工体育呈现出新气象，社区体育蓬勃开展，小城镇体育活跃，乡村体育也出现了新的势头，中老年体育、妇女体育、幼儿体育、残疾人体育、家庭体育、民族体育、民间体育都蓬勃开展起来。

在理论上，人们习惯以参与体育的主体和所追求的体育基本价值为分类依据，将体育划为竞技体育、学校体育和群众体育三部分。群众体育当然也可称之为社会体育或民众体育，但在新中国体育事业创立的初始时期，似乎"群众体育"的概念，在表达参与体育的社会人群范围上，更能体现人民民主专政国家的特点和人们的认识习惯，所以选择了"群众体育"而不是什么其他的概念。近半个世纪的如流岁月，耳濡目染，"群众体育"的概念早已深深地印入每个体育工作者的头脑中。

20 世纪 80 年代初，"社会体育"用语在我国开始被启用。几经论证，多数学者认为：作为概念，"社会体育"亦即"群众体育"。80 年代末，社会体育在各种传媒中的使用频率逐渐增高，除用于一般性新闻报道外，以其称谓机构建制，如社会体育处、社会体育中心、社会体育指导员……还以其称谓学科方向和范畴如社会体育专业，社会体育人才……

社会存在是概念形成的前提，社会发展是概念内涵变动的依据。尽管早在 20 世纪 40 年代末，社会体育这一概念就被一些国家使用；但是 80 年代以来随着我国的改革开放，社会体育这一概念被广泛使用。这种引用绝非全盘照搬的引进、人云亦云的猎奇，而是融入了自己的理解和认同。如，目前我国广泛开展的社区文化、企业文化、广场文化、看台文化、楼群文化、家庭文化的研究，都表现出对社会体育认识的深化和趋同。尽管这种研究还比较模糊、理解尚欠深刻，但也正是人们在政治狂热之后，对"人本主义"的回归才加深对研究"社会体育"的价值和意义的认识。因为，人们在社会现实中逐渐意识到，以固有的对群众体育的解释，很难准确地表达出那些群众体育的新发展、新变化。这些发展和变化表现在以下方面：

1. 群众体育的组织管理：从单纯的政府行为到社会共同行为

群众体育的组织与管理，基本由政府职能部门（各级体委）负责，由政府出人出钱来组织群众体育活动，这是几十年形成的格局。如今，这种旧的格局正在发生着变化，除以政府行为参与群众体育的组织管理外，社会各界，无论是企业、社团乃至个人都允许和鼓励组织各种体育活动。由"一家办"向"大家办"转变的格局逐步形成。目前，由企业、社团举办的面向社会的大型群众体育活动，以及以个人名义组织的体育活动和俱乐部等组织形式也屡见不鲜。尽管他们的初衷不尽相同，但繁荣群众体育的客观效果却是一致的。社会行为在群众体育中的作用和体育社会化的趋势愈来愈明显。

2. 群众体育的运作形式：从公益型到经营型

在我国体育事业曾长期被当做上层建筑、意识形态领域的内容列入政府工作计划，因此一直被视为是一种福利型、公益型活动，按"条块分割"统筹管理。其中，群众体育部分更是如此。加之计划经济占主导地位，市场经济体制尚未形成，从事面向广大群众的、自负盈亏的体育经营活动，不仅不现实，也是不可思议的。如今，以市场为导向、服务于广大消费者的，以体育健身、休闲、娱乐为主的经营实体，正随着我国市场经济体制的改革和运行机制的逐步完善而蓬勃发展。2001 年年初，为贯彻落实国家"十五发展规划"，国家体育总局提出在全国范围建立"体育服务体系"。可以预计以市场为导向的社会化体育经营型实体将会得到更长足的发展，体育消费也将作为一个新的消费增长点在国民经济发展中占有一席之地。

3. 群众体育的目标：从单一目标到目标丛

"发展体育运动，增强人民体质"，这是我国体育事业的根本目的，更是群众体育的根本目的。多年来，我们在群众体育工作中一直是以健身价值为直接目标。对体育的娱乐、消遣、增进人际交往等社会功能没有给予更多的关注和开发利用。实际上人们参加体育活动，并非首先想到的都是健身问题，相当部分的人追求的是娱乐和消遣，即是为了丰富生活。近十多年来，改革开放的社会环境，使这种质朴的要求愈来愈得到充分的流露，亦得到各方面的认同和重视。群众体育已从以往的健身为主的单一目标，向娱乐、消遣、健身、交际并举的多目标发展。如花样翻新的趣味运动会、推陈出新的街头舞蹈、大秧歌无不是群众体育目标多元变化的产物。

4. 群众体育的手段和内容：从"三原色"到五彩纷呈

做操、打球、跑步、打太极拳等群众体育固有的手段，简单易行，无须更多条件，对健康的功效也自不待言。遗憾的是它们并非对所有人都有吸引力，单调、枯燥的内容往往使其健身功效大打折扣。这十多年来，群众体育内容"三原色"的状况得到了根本的改变，每天映入眼帘的，既有古老的中华武术气功，也有从西方引进的在思想禁锢时期被鞭笞批判斥之为表现颓废没落生活方式的迪斯科，以及台球、健美操之类，更有中西合璧，新创造出来的多种手段，不一而足。如果将原来群众的手段比作"三原色"，则当今我国群众体育已呈五彩缤纷之势。

5. 群众体育的参加者：以中青年为主体到老、中、青并重，从正常人到特殊人

从理论上说，群众体育的参加者应是社会各色人群。但以往 20 世纪 80 年代前的几十年来，由于社会发展水平和人员行政隶属关系等方面的原因，

群众体育活动基本都是以行政手段组织实施的，参加者当然以在职人员为主，体现了以 18～50 岁为主体的年龄特征。如今这种格局已成了历史。我国人均寿命的延长和离退休制度的实行，使老年人在群众体育队伍中的比例迅速上升，在某些大城市中老年人在经常参加体育锻炼者中已高达 39.2％，在群众体育中已占相当地位。相比较而言，出现了"青少年为重点、中青年为难点、老年人为热点"的新格局。"青少年为重点"是《全民健身计划纲要》中的明确规定；"老年人为热点"是一种自然形成的客观状态。"中青年为难点"形成的原因是多方面的：其一，市场经济大潮中有劳动能力的 18～50 岁年龄阶段的群体是主力军，他们在生产劳动、经济活动、社会应酬中占去了大部分时间，因此无暇旁顾；其二，中年人往往主观上认为自己身体健康，还没有把体育锻炼提到日程上来，其实这部分人是主要的"亚健康"群体；其三，以计划经济为主体的国营企事业单位条块分割的行政管理体制被打破以后，新的、适应多种经济体制并存、能有效协调和管理职工体育活动的体育协会、社团组织网络尚未形成，又缺乏有效的管理运行机制，因此出现了群体管理上的空白区和薄弱环节。此外，在市场经济的引导下，残疾人体育、康复体育、体育旅游等满足人们不同需求的体育活动领域也不断出现，并逐步细化。

6. 群众体育参加者的心态：由被动参与到主动投入

以往群众体育的开展尽管始终贯彻"业余自愿"原则，但往往是在号召、提倡的同时施以一定力度的行政影响。就连一些群众体育先进单位，也常常以工间操出席率作为发放全额奖金的依据，参加运动会要考勤、要补助费。参加者的被动心态可见一斑。如今随着闲暇时间的增多，生活质量的提高，社会时尚的进步，参加体育活动的心态已由"要我参加"到"我要参加"。经营性体育场所有增无减，中老年人参加气功班、青年人参加健美班，自掏腰包心甘情愿，被动参加体育活动者已不多见。单纯依赖国家办社会体育的体系正在发生变化，"花钱买健康"的观念逐步形成，社会体育费用正由福利型向福利型和消费型相结合的方向转变。

我国改革开放政策的实施和社会主义市场经济体制的建立，为社会体育的进一步发展提供了新的历史机遇。由国家调控、依托社会、充满生机的新型社会体育管理体制和良性循环的运行机制正在形成，社会体育的功能正在拓展。从而使社会体育组织以多种形式发展，社会体育的活动内容丰富多彩，满足个性发展的需要。社会体育功能和价值取向引起了体育观念的改变。以体育的生活化、普遍化、科学化、社会化、产业化、法治化、网络化特点构成了我国社会体育发展的走向。

三、社会体育在体育中的地位

社会体育是一种涉及面很广的社会现象，它既和政治、文化、科学、教育、宣传、医疗卫生、城市建设、社会保险等领域和行业密切联系，又涉及社会各阶层、各职业和不同年龄、性别的具体对象的切身利益，因此大众化和社会化就成了社会体育的两个重要特点。

所谓大众化，就是把只被社会上少数人所占有的、作为特权的活动，扩展到社会各个阶层，使之成为多数人的文化活动的普及过程。从历史纵向的演进过程来看，体育曾是作为统治阶级的特权文化形成的；体育的大众化是从工业革命开始，即从近代资产阶级扩大到无产阶级大众。进入 20 世纪以后，国际上的体育大众化又呈现出新的发展趋势，很多国家都以参加国际竞技体育活动为契机，推动体育的振兴。即以少数有才能的体育精英为先行，以竞技体育为主导，推进体育的大众化。20 世纪中叶以后，随着国际政治、经济的发展，人们逐步认识到发展体育的必要性，也为体育的大众化提供了可能性。

体育的大众化，伴随而来的就是体育的社会化。即由过去的国家办体育、教育机构办体育，推演到整个社会各行各业，各种社会群众组织、社区、家庭等独立开展体育活动。

远古时代的萌芽状态的体育雏形，由于学校体育、竞技体育的出现，而使体育走向分化，出现了以增进健康、增强体质为目的的大众化体育。学校体育、竞技体育是现代文明的产物，是以掌握体育的基本知识、技能或以创造运动成绩为目的的体育活动。学校体育起到了增强人的体育意识和体育价值观念的教育作用。竞技体育促进了运动技术、技能的发展，激发了人们关注体育的热情。也由于竞赛的胜负所产生的特殊作用和社会影响，使竞技体育被不同的政治集团加以利用，但客观上推进了体育的发展。

由此可见，学校体育、竞技体育、社会体育之间存在着辩证关系，构成了有机的统一整体。社会体育是学校体育、竞技体育的基础，没有全社会成员广泛参加的社会体育，便没有学校体育和竞技体育。

尽管竞技体育在某个时期吸引着人们的注意力，但就时间而论，它毕竟是短暂的、阶段性的；就人口动员面而言，它是少数的、有限制的；就作用而言，它是单方面的。而社会体育，不仅在社会体育中参加人数多，耗用社会总时间长，而且在人类的整个生活中，也是容量最大、吸引力最强、涉及范围极广的一项社会活动。

首先，在当今世界上，没有任何一种文化形态可以在人民的参与程度上能和社会体育相比，它可以汇纳各个人种和民族，涵盖所有阶层和人群，包含不同年龄和性别。没有一个街巷和村落不留下社会体育的痕迹，没有一个社会细胞不渗透进社会体育的营养液。可以说凡是有人群的地方，都存在着不同发展程度和形态的社会体育。相比较而言，在活动空间上和参与人群的广泛程度上，高水平竞技体育和学校体育都有一定的局限性。

其次，社会体育贯穿于每个人的一生，是终身体育的主要组成部分。就每个生命个体而言，无论是学生或是运动员，最终都要回归社会体育。这是人生历程中花费时间最多的一种体育参与方式。同时，由于社会体育的参与对象广泛，要求参加者保持经常性的体育活动，所以它所耗用的社会总时间是现今世界任何文化活动所不能比拟的。

最后，社会体育是体育的主体，有着广阔的发展前景。社会物质财富的不断增加、余暇时间的延长、体育的价值观念的转变，使人们参加社会体育活动的条件得到改善，参与度也在提高，社会体育的发展规模在不断扩大。近几十年世界各国社会体育发展的进程证明了社会体育具有广泛的群众基础和旺盛的生命力，前景广阔。

第二节　社会体育的结构与功能

一、社会体育的结构与组成要素

（一）社会体育的结构

体育是一个开放的、复杂的系统，它具有清晰的结构特征，这种结构是体育作为系统出现、存在的前提和主要形式。社会体育的结构，是指构成社会体育的内在的各种因素的相互联系、相互制约、相互作用的相对稳定的方式。现代体育是一个由多层次子系统构成的母系统，大致可以划分为七个子系统：群众体育系统、竞技体育系统、学校体育系统、体育科研系统、体育宣传出版系统、体育场馆系统、体育服务系统。

体育各子系统之间相互联系、相互制约。每个子系统又可分为许多环节、诸多要素，并且相对独立、自成体系，同时又受制于整体。体育自身的各个环节，是一个相互联系、相互作用、相互渗透、相互制约的有机整体。体育有多种多样的结构形式，其中最基本的有三种，即学校体育、竞技体育、社会体育。三者又各具有自身的相互区别的结构，因而三者各具有相对独立性的特点。三者之所以相互区别，不在于内容而在于结构，在于构成社会体育的各个要素相互联系、相互作用的方式不同。

社会体育围绕它的根本任务是增强体质、增进健康、促进"两个文明"

的发展，由若干子系统以一定的结构形式相互联系构成了一个有机的整体。这个整体就其根本性质而言，是一个物质的系统——社会系统；就其规模而言，可以说是一个庞大的组织系统。构成这个系统的各个子系统又可分解为若干个环节或要素，各个子系统都在一定程度上具有相对的独立性，有各自不同的功能。

1. 社会体育的结构具有它自身的特性

首先，社会体育结构的整体性。因为社会体育是现代社会生活整体的组成部分，直接体现了体育的本质属性和发展方向。社会体育中的各个组成部分是一个有机联系的整体，不同性别、年龄、职业的人群以及不同动机的参与者，都是社会体育活动的主体，缺少他们参与的社会体育是不完整的结构。同时，社会体育内部的联系以及与外界环境进行的物质、能量、信息交换的过程，也要通过社会体育的结构整体来实现。

其次，社会体育结构的稳定性。现代社会体育结构由职工体育、中老年体育、妇女体育、幼儿体育、残疾人体育、家庭体育、民族体育、民间体育等构成。社会体育各个部分密切联系和相互制约，体现社会体育结构所具有的稳定性。但是，社会体育结构的稳定性相对于竞技体育和学校体育的结构而言则较为松散。社会体育作为一个开放性的系统，与内外环境都有着稳定的联系，并不断地与外部环境进行稳定的物质、能量和信息交换。

再次，社会体育结构的层次性。现代社会体育的结构层次是复杂的，这种结构的层次性可分为社会体育的深层结构和表层结构。所谓深层结构，包括社会体育的性质结构、功能结构、知识结构、智力结构、智能结构、技术结构、人才结构等；所谓表层结构，包括社会体育的组织结构、项目结构、等级结构、年龄结构、类别结构、管理结构等。

最后，社会体育的动态性。社会体育结构的动态性是与结构的稳定性相对而言的，整体性是发展的，层次性是变动的。也就是说，结构的动态性是绝对的、普遍的，因而是客观的。社会体育作为人类特有的社会现象，它所具有的结构不仅随着自身的运动而变化，而且随着人类的发展和社会的发展而变动。社会体育结构动态性，使社会体育自身形成了过去、现在和未来的纵向发展序列，使社会体育的规模、速度、程度在不断变化和发展的过程中，呈现了纷繁复杂、多姿多彩的局面。

2. 社会体育的结构类型

根据不同的需要、依据不同的标准、基于不同的角度，社会体育结构可以分为不同的类型。在实践中采用哪种分类，一般应以解决的实际问题和任务来确定。

从宏观角度来分析，社会体育社会结构可以分为具体结构和分析结构。具体结构指的是我们经常接触到的民间体育、婴幼儿体育、老年人体育、妇女体育、残疾人体育、职工体育、农民体育、家庭体育等。它是有形的，可以使我们了解到体育并不是一种孤立的社会现象，它同社会生活的各个方面都有密切的联系。分析结构指的是许多具体结构的社会方式的总和，它是从一些专门的制度中抽象出来的，属于理性的产物。分析结构可以从纵横两个方面来研究，从纵的方面可以分析不同历史时期人们的体育价值观、态度、活动方式等；从横的方面可以分析不同职业、学历等人们的体育价值观、态度、活动方式的影响。这种结构分类主要是分析社会的政治、经济及文化对体育的影响和渗透。

从组成形式来划分，体育社会结构可以分为封闭结构和松散结构。封闭结构主要是指具有严密纪律的组织和团体，如体育俱乐部、体协等。松散结构主要是指群众自发组织的、没有用章程来约束其参与者的结构，如有些自发组织起来的业余篮球队、球迷协会、晨练辅导站等。

从功能作用来划分，体育社会结构又可以分为决策、执行、协调、保障等组织结构。在这方面它同其他社会系统都是相同的，属于管理系统结构。

社会体育体系是一个松散结构，主要是由参与者构成的多样化以及参与动机、目的不同而决定的。因此，应坚持小型多样、自愿参加的原则。个人与个人之间、组织和组织之间是平行的、平等的；相互之间开展的竞赛交流活动，不以争胜负论输赢为主要目的，主要体现它的娱乐性和群众性的特点。

社会体育结构合理与否，影响着社会体育的发展规模和速度。结构的合理性决定了结构的性质和功能。合理程度越高，社会体育系统的各有机部分越能促使其组织化、有序化过程，越能更好地实现结构的整体性的最优目标。社会体育的结构是一个多角度、多层次的，反映不同时期对体育的认识和理解。因此，当我国加快体育的社会化进程时，研究社会体育结构的合理性，建立与社会主义市场经济相适应的组织网络化体系是十分必要的。

（二）社会体育组成要素

体育是人类社会发展到一定阶段才开始出现的一种较高层次的社会需要，也是人类生命活动最基本的生存需要获得保证之后，方能产生的社会行为。因此，体育的发展同社会经济和文化发展有极为密切的关系，是由社会物质生产和精神生产发展的水平所决定的。构成社会体育的基本要素有人、财、物、时间、空间、信息等。

1. 人的要素

体育是社会发展的进程中，在一定条件下产生出来的社会行为。社会活动产生的原因在于人的需要。人的需要是自然性需要同社会性需要的有机结合。在人类发展的低级层次时，自然性需要居于主要位置；而发展到较高层次时，社会性需要便居于主要位置。恩格斯把人的需要分为生存、享受和发展三个层次。美国心理学者马斯洛在1954年提出了人的需要的五个层次：（1）生理需要，如饥饿、口渴等；（2）安全需要，如安全感、稳定性等；（3）社交需要，如感情、集体生活等；（4）尊重需要，如威信、自尊等；（5）自我实现的需要，如抱负、理想等。这两种对需要的层次分析都表明，人的最基本的需要是生存、生理的自然需要；只有这种基本需要得到相当程度的满足之后才能发展高层次的需要。人的体育需要，即增强体质、增进健康的需要，显然是社会发展的高层次的享受和发展的需要。没有人的体育需要，也就不会产生和满足这种高层次需要的社会体育。

2. 时间要素

通常，人们习惯用时间来度量生存活动的过程。按照昼夜的生存活动周期，可以把人一天的全部时间支出分为工作（学习）时间和业余时间。工作（学习）时间是为生产和扩大再生产社会生活的物质和精神条件所必需的那一部分时间。业余时间的组成比较复杂，它包括了与工作有关联（如上下班路途往返）的时间，满足生理需要（睡眠、吃饭）的时间、家务劳动时间和余暇时间。

余暇时间，亦称自由时间。指在一昼夜的全部时间结构里划出一切必要时间后所剩余的那部分个人"可以自由支配的时间"，这种时间不能直接被生产劳动所吸收，而是用于娱乐和休息。然而这部分时间在人类创造精神文明方面起着重要的作用。而余暇时间的长短和支配余暇时间的质量直接影响到人们的生活方式。我们在经历了每周48小时工作制向每周40小时工作制转化之后，已经深切地体会到余暇时间对体育生活方式的变化和体育生活质量的提高的重大影响。

余暇时间是人们参加体育活动的前提条件。从这个意义上说，余暇是文明生活赖以产生的社会基础，没有余暇将失去文化创新的条件，但绝不是说余暇就等于文明。生活文明与社会成员的消遣方式、文化风俗、传统习惯有极其密切的关系。余暇也可能给社会带来许多负面的影响，如无所事事、颓废堕落、奢侈、赌博等。

3. 空间要素

地理位置与自然环境，是体育生存与发展的一个十分重要的条件。不同的地理位置和自然环境，孕育出不同的体育文化、体育活动方式。"人定胜天"，只在有限的时空之内成立，大众化的群众性体育活动还要因时、因地、因条件、因自然环境而制宜。经纬度、地貌、地形、植被、海拔高度、土壤、气候、水域分布等都是直接影响社会体育发展的客观条件。生活在条件各异的自然环境之中的不同人群，尽管能动地致力于改造着环境，但是就总的格局来看，社会体育仍时时受着自然条件的制约，由此产生不同内容、不同形式、不同规模、不同要求的体育活动，极大地丰富了人类文化。

自然环境对体育的发展可以起到推进或阻滞作用。从宏观的层次上看，适宜的地理位置和自然环境，是人类赖以生存和发展的物质基础。体育也是一样需要有一定的自然环境为先决条件，这种客观存在的逻辑关系就规定了在地理位置较差、自然环境恶劣、物质生产水平较低的地域，体育的形成和发展受到一定的限制。

在现代社会中，体育的存在与发展除了需要一定的自然环境和人文环境外，还需要一定的特殊物质条件。如令人目不暇接、光彩夺目的运动服装；可供从幼儿到老人从事体育锻炼的各种运动器材；依自然条件为基础修建的设备齐全的海滨浴场；能容纳数万人的体育场；以及种类繁多的体育出版物和转瞬之间就能把体育新闻传送到世界的每一个角落的广播电视系统等，为人们的体育文化生活开辟了新的天地，才能最大限度地把人们联系在一起推动社会体育发展。

4. 物的要素

体育不直接参与社会物质生产，它以对人提供劳务体现自身存在的价值。然而，体育的存在却需要以一定的社会物质条件为基础。这一点体育与同样作为社会文化现象的艺术、宗教在自身存在的条件上有着很大的差别。很难想象人们在饥肠辘辘、食不果腹、衣不遮体、居无定所、失业危机的情况下能产生参加体育活动、寻求快慰的念头。

体育是一种消费，参加体育活动者就是消费者，特别的社会体育的发展以一定的物质基础为前提。如身体锻炼消耗需要补充；运动时所需要的服装鞋帽；购置家庭健身器材；运动场地设施兴建等都需要社会有足够的物质资料作为基础。居民区的公共体育设施、对外开放的公用体育场馆和学校体育设施以及其他空间（如街道、公园、水域附近、森林等）都是社会体育活动的场所。据调查认为，服务于大众的体育活动场所与家庭的距离一般不要超过15分钟路程。目前，我国这类场地设施情况比较落后，"有70.6％的城乡居民还是在自家庭院、公路街道、住宅空地、场院等非正规体育场所锻炼身体"，人均公共文体活动设施面积大大低于日本、德国等发达国家的平均水平，远远不能满足社会体育发展日益增长的要求。因此，发展必须多渠道筹措资金，加大对社区体育场地设施的投入。

5. 财的要素

"财"即货币的简称，是市场产品及利益交换的凭证，其实质是物质财富占有的表现形式。因此，除上述"物的要素"提及的一系列物质产品需要"财"的支撑外，现在人们接受体育劳务所必须支付的费用也是"财"的一种主要表现形式。如接受体育健身指导的指导费、运动医生开具"运动处方"的诊治费、健身健美的培训费、参加单项体育俱乐部的会员费、场地器材的租赁费、陪玩、陪练的陪同费等。个人的消费行为以及"花钱买健康"的思想理念，已经逐步成为社会的共识。但是，应当指出体育的这种消费占国民经济生产总值的比例还十分有限。其原因是多方面的，既有消费能力问题，也有消费观念问题。世界一些发达国家的体育产业已经成为支柱产业，我国体育市场还要有一个发展和培育的过程。为落实国家"十五"发展规划，国家体育总局明确提出"十五"工作把建立"体育服务体系"作为重点，探讨体育成为新的经济增长点的必要性和可行性。

6. 信息要素

构成社会体育要素的信息是一个较宽泛的概念，任何科普性的体育知识、推广性的经验交流、街头巷尾的热点话题、报道性的体育新闻都是信息的表现形式；管理意义上的信息是指为有目的、有意识组织起来的，用以引导社会体育工作发展、扩大社会体育影响的宣传资料、政策文献等。

7. 管理要素

社会体育管理，是指为了实现社会体育的系统目标而进行的确定目标、组织实施、评估效果等一系列综合活动。这种管理活动的综合性表现在对具体活动的组织、协调、监督、指导方面，有效地发挥上述六种要素的整体效益。如对信息的筛选和引导、对社群组织及活动的监督和协调、加强财与物合理使用的预算和审查等。抵制不健康思想的渗透，防止邪教组织、帮会团体泛滥，利用有限的财物和时间追求最佳效益。

在我国，体育事业是在国家领导下，依靠社会团体、基层组织和个人的积极性，有组织、有计划地开展的。因此，有组织的领导、有意识的管理是十分必要的。

二、社会体育的功能

随着生产力的发展、社会的进步，人类对客观世界的认识以及相关知识的快速更新，人们需要的层次也在不断地提高。特别是近年来，随着体育科学的发展，体育自身的规律及其与其他各种社会现象之间的关系不断地被揭示，体育的功能也在进一步地被人们所认识、开发和利用。研究体育的功能可以使我们加深对体育的理解，进一步认识体育对社会发展、对人民生活的重大意义，从而更有效、更自觉地发挥体育的作用，为我国社会主义现代化建设服务，为人民服务。

体育的功能取决于体育本身的特点和社会的需要，主要体现在两个方面：促进社会的物质文明建设和精神文明建设。体育属于人类的文化范畴，它本身就是精神文明发展的组成部分，尽管在体育产生的初期及以后的一个相当长的时期中，人们更多地注重和强调了体育对增强人的体质的生物学作用。然而，随着现代社会的发展，体育在精神方面、文化方面的价值在实践中越来越明显地表现出来，并被人们所认识。因此，我们应当把体育看作一个有机的整体、一个多功能、多目标的系统，并且把这个系统置于社会大系统之中，在研究体育本身的特点及其与外部联系和变化的过程中，来认识和探讨体育的功能。

体育的功能除了反映体育本质的强身健体自然属性的功能之外，其社会效应主要表现在娱乐功能、促进个体社会化功能、社会感情功能、教育功能、政治功能几个方面。

（一）健身功能

体育的健身功能是通过经常性的、科学合理的身体锻炼的效果表现出来的。它要求人直接参与有意识、有目的的，旨在增进健康的身体活动，这是体育最本质的特点和功能。具体表现在以下几个方面：

1. 改善和提高中枢神经系统的工作能力，使人头脑清醒、思维敏捷

体育锻炼，特别是经常到大自然和空气新鲜的环境中去活动，有益于改善大脑的血液循环。因为体育运动能使人体内的胰岛素保持在正常水平，从而促进肝糖原储备，当大脑需要时分解释放进入血液循环系统，维持大脑长时间的正常工作。同时，还可以促使大脑皮层的兴奋性增强、抑制加深，兴奋和抑制更加集中；使神经过程的均衡性和灵活性加强，对体内外刺激的反应更加迅速、准确；提高大脑皮层的工作能力，改善中枢神经对各器官的调节，提高整个有机体的机能水平。

2. 促进有机体的生长发育，提高运动能力

体育运动能刺激骺软骨的增生，从而促进骨的生长；可以改善血液供应情况，增加肌肉内的营养物质，特别是蛋白质的含量，使肌纤维变粗，提高力量素质。

3. 促进人体内脏器官构造的改善和机能的提高

体育运动能使人体内能量消耗增加、代谢产物增多、新陈代谢旺盛、血

液循环加速。从而使血液循环系统、呼吸系统、消化系统、排泄系统等的机能都得到改善。

4. 调节人的心理，使人朝气蓬勃、充满活力

从事体育运动可以使人心情舒畅、精神愉快，调节人们的紧张情绪和不良心理状态，如消除意志的消沉、情绪的沮丧，并对抑郁症有较好的治疗效果。有紧张烦躁情绪的人，只要散步 15 分钟，就会使紧张的情绪松弛下来。

5. 可以提高人体的适应能力

体育运动除增强人的体质、提高免疫力，以及增强适应能力外，还能使人适应非正常体态的状况，如倒立、滚翻、悬空等，即目前逐步流行的"逆向运动"，从而提高人的生活适应能力。

6. 可以防病治病、延缓衰老、益寿延年

体育运动之所以能防病治病推迟衰老，除了它能增强体质、提高有机体自身的抵抗力外，近年来的科学研究证明体育运动可以提高免疫力。由于体育运动的影响，可使白细胞数量增加，使它们的活性增强，而白细胞可以吞噬病菌，增强机体的免疫功能。苏州医学院第一附属医院通过实验和研究证明，体育运动对老年人的体液免疫和细胞免疫机能都有一定的影响。它能提高老年人免疫机能，使免疫机能保持在正常人水平，因而可以防止疾病、延缓衰老、益寿延年。

总之，体育运动的健身功能已经得到了科学的证明。从人生命延续的纵向发展过程来看，体育锻炼更重要的作用在于没病防病，其机理研究是预防医学；有病治病则是临床医学。所以，体育锻炼更有积极意义。经常从事体育运动能使青少年生长发育健全、体型健美、姿态动作矫健；能使中年人身体健康、精力旺盛；能使老年人延缓老化过程，健康长寿。增强全民族体质是体育的本质功能，也是一个民族精神文明的重要标志之一。

（二）娱乐功能

现在人们的余暇时间增多了；如何善度余暇成了一个社会性问题。科学文明、丰富多彩、健康积极的余暇生活不仅可以使人们在繁忙的劳动之后获得积极性休息，而且还可以陶冶情操、愉快身心、培养高尚的生活情趣，加强人格道德修养。

人们通过参加体育运动，特别是参加那些自己喜爱和擅长的运动项目，会在身体完成各种复杂练习的过程中，产生一种成就感；在与同伴的默契配合中、在与对手的斗智过程中，产生交往、合作的满足感；在征服自然障碍的过程中产生的快感升华为自尊心、自信心、自豪感。同时，由于各种运动

项目的不同特点，能使人在实践中获得各种不同的情感体验。如垂钓可使人悠然自得，乐在其中；跑步能使人有条不紊，勇往直前；打球使人机智灵活、豁达合群；旅游则可以饱览名山大川、赏心悦目、心旷神怡。顾拜旦在他的名作《体育颂》中满腔热忱地歌颂了体育，他写道："啊，体育，你就是乐趣！想起你，内心充满欢喜；血液循环加剧；思路更加开阔；条理更加清晰。你可使忧伤的人散心解闷，你可使快乐的人，生活更加甜蜜！"的确，体育无愧是一种最积极、最健康的娱乐方式，它能使人善度余暇，身心健康。

（三）促进个体社会化功能

个体社会化是指由生物的人到社会的人的教化过程。体育对人的社会化作用主要表现在以下几个方面：

1. 教导基本生活技能

儿童的教育主要是在各种活动中完成。儿童在游戏和玩耍过程中可以学会走、跑、跳、投、攀登、爬越、搬运等最基本的活动技能，从而提高他们的基本活动能力。同时，儿童在游戏中通过"假装"和"拟成人"的各种活动，模仿各种社会角色的动作和行为，学会适应社会生活。

2. 传授文化科学知识

在现代生活中，通过传授体育科学知识，使人们享受人类所共同创造的体育文化财富和科学健康的生活方式，可以培养他们对体育活动的爱好、养成终生坚持体育锻炼的习惯。

3. 教导社会规范，发展人际关系

人与人间的互动是体育的基本特征。在体育活动中，特别是在对抗的竞赛中，个人之间、集体之间频繁地发生思想斗争和行动对抗，会不时地出现参加者的思想意识、行为品格的不同表现。如长跑中出现了"极点"时，是坚持下去还是半途而废；对方侵人犯规时，是大度置之，还是"以牙还牙"；集体配合缺乏默契而致比赛失利时，是相互鼓励还是互相抱怨；裁判员误判时、比赛胜利时，是谨慎从事，还是骄傲自大，对这些情况不同的人会做出不同的反应。如果我们因势利导就能进行适时的集体主义、赛场规范、人际关系的教育，其结果会牵移到社会的其他活动中。事实上，只要我们稍加注意就会发现，通过体育促进社会化的活动是无所不在、时时刻刻进行着的。所以，应该认识到体育是促进人社会化的一个重要手段和有效途径之一。

（四）社会感情功能

现代社会生活节奏快、工作压力大、脑力劳动多、体力劳动少，生活与

工作的环境公式化，使人们的心理浮躁、感情空虚。这是因为现代高科技生产缺少人与人间的互动和交往，忽略人们情感的交流；单调的工作使人感到寂寞、无聊、情绪不佳；而现代生活方式使家庭规模缩小，亲属间情感疏远，给人们带来许多情感困惑。这些是随科技现代化而来的社会问题。

体育运动是一种极富感情色彩的高尚活动。它是人们高级情感的产物，又是人类高级情感的发生器，它丰富着人类的情感宝库。在体育运动中，人们追求积极向上的荣誉感和相互交往的亲和感，并用"费厄泼赖"精神维系着伦理道德。因此可以说，体育活动能调节人的心理平衡、稳定情绪、抑制紧张、增强自信心、增加人的感情交流，承担着充实现代人高级情愫的功能。

体育运动的社会感情功能是其他社会活动所不可比拟的。奥运会、世界杯足球赛等，吸引众多人关注。相比之下其他任何文学、艺术、娱乐形式，任何世界名著、名曲、名剧，都不可能在同一时间获得如此众多的拥戴者。加上体育运动独具一格的活动性特点，可以使人们在身体活动的体验中，对自己的健康、生活和未来充满信心，从而使整个民族朝气蓬勃、生机盎然。在调节社会心理平衡方面，体育堪称是卓有成效的重要手段。

从辩证法的角度来看，一个系统内的各个组成部分之间既是互相联系、互相渗透，又是互相矛盾和对立的。因此，它的各种功能，既各有侧重又互相交叉，是一个有机的整体。同时必须明确，体育功能的实现是以正确的引导、合理的组织，用科学的方法有目的、有意识、有组织地去实践为条件的，否则适得其反。比如，健身功能并不是参加体育运动的必然结果。相反，违背科学原则的、盲目的锻炼，不仅对健康无益，而且有害；又如，不加强组织和正确的引导，邪教组织就会伺机渗透。这些情况的出现，对体育的科学化、社会化、组织网络化提出了的新问题。

>>> **练习与思考**

1. 什么是社会体育？并分析社会体育与学校体育、竞技体育的主要区别。

2. 改革开放以来我国社会体育发生了哪些变化？试分析产生变化的主要原因。

3. 试分析社会体育在体育中的地位和作用。

4. 社会体育的结构是指什么？研究社会体育的结构有什么意义？

5. 社会体育的组成要素有哪些？试举某一要素对社会体育的影响。

第四章 社会体育法规制度

内容提要

本章主要介绍了社会体育制度的发展及主要内容；社会体育的法律法规和社会体育工作的有关法规知识。

第一节 社会体育制度的发展及主要内容

新中国成立以来，体育法治建设越来越受到国家的重视，体育事业已逐步纳入社会主义法治管理轨道。为加强对体育法制工作的领导，国家体委于1987年成立了法规处，后又成立了政策法规司。我国体育法治建设进入了一个新的历史阶段。

一、广播体操、工间操制度

1951年，全国体总、教育部等发出《关于推选广播体操活动的联合通知》，逐步在全国建立起广播体操制度。1954年和1955年，国家体委及有关部门分别发出联合通知，先后推出了少年广播体操和儿童广播体操。到1989年，已经推出了7套成人广播体操，5套少年广播体操和7套儿童广播体操。1992年，国家体委等发出了《关于在幼儿园（大班）中施行幼儿广播体操的通知》，建立起幼儿广播体操制度。到2014年已经推广了10套成人广播体操，在新的条件下，广播体操制度更需要进一步探索和发展。

工间操制度 为改善干部健康状况，提高工作效率，1954年政务院发出了《关于在政府机关中开展工间操和其他体育运动的通知》，规定上午和下午的工作时间中各抽出十分钟做工间操，要求领导干部负责组织并带头，动员所有工作人员参加。随后，工间操制度在党政机关、事业单位及部分企业中广泛建立起来。一些单位还建立了班前操制度。1981年，国务院办公厅又重申了上述通知，要求坚持好工间操制度。

二、国家体育锻炼标准制度

1954年，中央体委经政务院批准发出通告，在全国实施劳动卫国体育制度。1958年，经国务院批准，国家体委颁发了《劳动卫国体育制度条例》，1964年改名为《青少年体育锻炼标准》，1975年正式称为《国家体育锻炼标准》，1990年经国家体委发布了《国家体育锻炼标准施行办法》。为了推动职工和军人的锻炼活动，国家制定了与《国家体育锻炼标准》配套的《全国职工健身七项标准》《中国人民解放军军人体育锻炼标准》。

《国家体育锻炼标准施行办法》在学校全面施行，机关、团体、事业单位和城市街道、农村乡镇可以根据条件施行。施行工作由体育行政部门会同教育等部门督促所属基层单位有计划、有组织地进行。卫生部门负责卫生医务监督工作。各地体育场馆应当创造条件，建立辅导站和测验点，为锻炼者提供方便。锻炼标准按年龄分为四个组别，19岁以上为成年组。共设跑、跳、投等五类测验项目，在一年内按测验累积总分确定达标的等级。

三、社会体育评比制度

争创体育先进县制度：1984年国家体委发出的《关于加强县体育工作的意见》中指出："为适应农村形势的发展，加强和改革县的体育工作，决定从1985年起，在全国范围内开展创体育先进县活动"，并同时制定了《体育先进县的标准和评选办法》，转年又发布了标准细则。1987年，国家体委发布了进一步修改的《全国体育先进县的标准和评选办法》。评选标准所括党政领导重视、体育机构健全、群体活动普及、业训成绩显著、竞赛形成制度、注意技术推广、搞好场地设施、推进体育社会化等八个方面。国家体委正与有关方面对评选标准与办法做进一步修订，以使这一制度更好地坚持下去。

群众体育工作评定制度：1989年，国家体委开始建立全国的群众体育工作综合评定制度，发布了《全国省、区、市群众体育工作评定办法》，1990年、1991年，分别下发了不断修改的《全国省（区、市）群众体育工作评定办法实施细则》。群众体育工作的评定标准包括综合、学校体育、业余训练、职工体育、农村与民族体育、协会体育活动等六个部分，由各地根据标准计算得分，国家体委采取适当形式进行抽查核定。对评定结果予以公布，分设全国群众体育工作先进奖和全国群众体育工作进步奖进行表彰和表扬。为适应社会主义市场经济条件下群众体育的改革与发展，群众体育工作评定制度也正在进行有关内容的修改。

四、社会体育指导员技术等级制度

1993年12月4日，国家体委以第19号令发布了《社会体育指导员技术等级制度》，自1994年6月1日起施行。《社会体育指导员技术等级制度》是进行社会体育工作管理的一项具体法规制度。

第二节　社会体育的法律法规

社会体育工作作为一项重要的社会事务，在《中华人民共和国宪法》和《中华人民共和国体育法》的指导下，也迈向了法制化的轨道，已形成一套相对完整的法律法规体系对其进行规范和管理。

一、《中华人民共和国体育法》

1995 年 8 月 29 日中华人民共和国第八届人民代表大会常委会第十五次会议通过《中华人民共和国体育法》（以下称《体育法》）。《体育法》引领着我国体育事业的发展方向和体育工作的法治化、规范化管理的进程。

《体育法》第一章"总则"，明确了社会体育在体育事业发展全局中的基础性和根本性地位，即"国家发展体育事业，开展群众性的体育活动，提高全民族身体素质。体育工作坚持以开展全民健身活动为基础，实行普及与提高相结合，促进各类体育协调发展。"《体育法》第二章把"社会体育"对社会体育的发展原则、全民健身计划、社会体育指导员、社会体育的组织和管理主体及其义务作了原则性的规定。

《体育法》规定了地方各级人民政府应当为公民参加社会体育活动创造必要的条件，支持、扶助群众性体育活动的开展；规定了公共体育设施应当向社会开放，方便群众开展体育活动，对学生、老年人、残疾人实行优惠办法，提高体育设施的利用率。《体育法》的公布标志着我国体育事业全面步入法制化轨道，这是我国体育法规建设的转折点，体现了我国体育事业及法规建设将进入新的发展阶段。

二、《全民健身计划纲要》

1995 年 6 月 20 日，由国务院颁布的《全民健身计划纲要》，是国家发展社会事业的一项重大决策，其中体现了我国发展体育事业的一贯方针，对我国群众体育改革和发展提出了新思路，确立了 20 世纪末至 2010 年我国群众体育发展的方向和奋斗目标，是新时期群众体育发展的纲领性文件。

三、《全民健身条例》

2009 年 8 月，国务院又审时度势地制定出台了《全民健身条例》，它是我国第一部系统的全面的、专业性的全民健身行政法规，为全民健身事业转入法治化发展轨道做了充分的法律准备。《全民健身条例》围绕公民健身权利和全民健身工程两个中心，从全民健身事业的领导、全民健身计划的制定和实施、全民健身活动的开展、全民健身活动的保障工作和法律任务等方面对全民健身活动作了详细规定。

四、《公共文化体育设施条例》

2003 年 6 月国务院通过了《公共文化体育设施条例》，该条例对公共体育设施建设和管理作了指导性规定：国家应当有计划地建设公共体育设施；鼓励机关、学校等单位内部的体育设施向公众开放；国务院和县级以上地方人民政府的体育行政主管部门负责公共体育设施的监督管理；新建、改建、扩建居民住宅区，应当规划和建设相应的体育设施；公共体育设施管理单位应当完善服务条件，建立、健全服务规范；公共体育设施管理单位应当建立、健全安全管理制度，保障公共体育设施功能的有效发挥，确保公众安全等。社会体育活动在一定的场地（场馆）和设施的支持下，正朝着规模化、多样化、科学化的方向发展。

五、《社会体育指导员管理办法》

2011 年 10 月，国家体育总局颁布了《社会体育指导员管理办法》（以下简称《办法》）。该《办法》分总则、组织管理、培训教育、申请审批、注册办法、工作保障、服务规范、奖励处罚、附则、共 9 章 43 条，同时附有社会体育指导员技术等级标准，自 2011 年 11 月 9 日起施行。1993 年 12 月 4 日原国家体委颁发的《社会体育指导员技术等级制度》予以废止。

该《办法》把社会体育指导员技术等级分为 4 个等级：三级、二级、一级、国家级。并分别对各级社会体育指导员的申请资格条件提出了具体的要求，同时还对社会体育指导员技术等级的申请、受理、审批程序及授予等级后所应从事的社会体育工作诸多管理事项进行了规范。

第三节　社会体育工作的有关法规知识

一、订立和履行体育技术合同的内容

社会体育指导员进行的社会体育指导工作，在某些必要的情况下，需要订立和履行体育技术合同。

（一）体育技术合同：是法人之间、公民之间、法人与公民之间就体育技术的开发、转让、咨询、服务所订立的，确立相互权利与义务关系的协议。

（二）体育技术合同的分类：分为体育技术开发合同、体育技术转让合同、体育技术咨询合同、体育技术服务合同。而后两类与社会体育指导工作有关。

1. 体育技术咨询合同：指当事人一方为另一方就特定体育项目或活动提

供可行性论证、技术预测、专题技术调查、分析评价报告所订立的合同。

2. 体育技术合同：指当事人一方以体育技术知识为另一方解决特定的体育技术问题所订立的合同。

二、体育技术合同的订立

（一）订立体育技术合同的原则：必须以遵守国家法规，有利于体育科技进步，加速体育技术的应用推广和自愿平等、互利有偿、诚实信用为原则。

（二）体育技术合同订立的形式：体育技术合同的订立必须采用书面形式。

（三）体育技术咨询合同和体育技术服务合同的内容主要包括：项目名称；咨询或服务的内容、方式和要求；履行期限、地点和方式；协作事项；验收、评价的标准和方法；报酬及其支付方式；违约金或损失赔偿额的计算方法；争议的解决办法等。

三、体育技术合同的履行与责任

（一）体育技术合同依法成立，即具有了法律效力，当事人应按照合同约定的内容全面履行各自的义务。

（二）除当事人通过协议同意或其他符合规定的特殊情况外，任何一方不得擅自变更或解除合同。

（三）当事人不履行或不完全履行约定的义务，应承担违反体育技术合同的责任。

四、体育社会团体的管理机关

体育社会团体的登记管理机关是民政部和县级以上地方各级民政部门，体育社团的业务活动要受体育行政部门的指导。成立全国性或地方性体育社团，要分别向民政部或其他办事机构所在地相应的民政部申请登记。体育社会团体的申请登记，主要了解申请登记的程序、内容及被批准的期限等。

五、保护体育消费者的合法权益

（一）保护体育消费者的法规依据

社会体育指导员在进行有偿性、经营性的指导活动中，指导对象就成为体育消费者，社会体育指导员同样面临保护体育消费者合法权益的问题。因此社会体育指导员应认真学习《中华人民共和国消费者权益保护法》遵守有关规定，依法保护好体育消费者的合法权益。

（二）社会体育指导员在经营性指导活动中应依法履行的主要任务

听取消费者的意见并接受监督，保证服务符合保障人身，财产安全的要求；向消费者提供服务的真实信息；标明真实名称和标记；按规定向消费者出具服务单据；保证在正确情况下服务应具有的质量、性能；按国家规定或消费者约定履行有关责任；不得以格式合同、通知、声明、店堂告示等方式作出对消费者不公平、不合理的规定或减免其损害责任；不得对消费者进行侮辱、诽谤或侵犯人身自由等。

（三）体育消费者与经营者发生消费权益争议时应依法解决的途径

与经营者协商和解，请求消费者协会调解；向有关行政部门申诉；提请仲裁机构仲裁；向人民法院提起诉讼。经营者的服务若损害了体育消费者的合法权益，应承担民事责任、行政责任甚至刑事责任。

六、体育场馆为消费者提供服务时应注意下面几个问题

（一）要摸清本地经营性体育场馆的基本情况。到工商部门查登记册；领取相应的营业执照；同时到民政部门了解。

（二）要根据有关法规，制定相应的指导性意见。

七、社会体育指导员从事经营性活动中应注意的事项

根据《社会体育指导员持证上岗》制度通知，社会体育指导员应办理相关手续。

（一）凡在本省行政区域从事社会体育指导活动的各类人员，均须到各地体育行政部门申请领取《上岗证》，方可从事社会体育指导工作。

（二）社会体育指导员必须持有《社会体育指导员培训合格证》和《社会体育指导员技术等级证书》，方可申请领取《上岗证》。免于参加培训的社会体育指导员凭相关证明和《社会体育指导员技术等级证书》直接申请领取《上岗证》。

（三）持有《上岗证》的社会体育指导员必须从事与申报项目和等级相符的指导员工作，并接受有关部门的监督和检查。

（四）持有《上岗证》的社会体育指导员必须参加地、州、市、县（区、市）体育行政部门组织的社会体育指导活动和业务培训，并作为年度审验的参照条件。

（五）持有《上岗证》的社会体育指导员必须参加年度检查审验注册工作，并向相应的主管部门提供年度工作报告。

（六）持有《上岗证》的社会体育指导员在从事指导活动时，必须到各地体育主管部门进行申报后，按相关规定办理有关手续。

（七）各级社会体育指导员在从事指导活动中，必须佩戴《上岗证》，并携带等级证章，以备检查。

（八）持有《上岗证》的各级社会体育指导员跨地区迁移时，应按有关管理权限办理迁出、迁入登记手续。若临时跨地区从事指导活动时，应到当地体育行政部门注册登记。

八、地方性社会体育法规

社会体育行政法规内容广泛，是在全国范围内具体实施宪法和法律，高于其他规范性文件。在不同宪法、法律、行政法规和本省、自治区的地方性相抵触的前提下，经报省、自治区的人民代表大会常务委员会批准，可以制定地方性法规，与体育法律、行政法规相比，地方性社会法规有以下特点：

（一）地方性社会体育法规不得与宪法、法律、行政法规相抵触，具有从属性。

（二）地方性社会体育法规只在本行政区域内有效，具有区域性。

（三）地方性社会体育法规是根据本地的具体情况和实际需要制定的，它在调整对象、权利义务等方面规定得更为具体，具有更强的操作性。

九、社会体育指导员应当具备社会体育法律意识

法律意识是社会意识的一种特殊形式，是人们关于法律现象的思想、观点、知识和心理的总称。体育法规的建立离不开体育法律意识的作用，体育法律意识是整个法律意识的组成部分，它反映了人们对体育法律知识的了解、对依法治体的信任程度、对体育法律的评价等，同时，体育法律意识又对我国体育法律的制定以及实施起着重要的作用。社会体育指导员应当懂得法的作用，懂得为什么必须依法治国，为什么必须依法治体，为什么必须依法办事；社会体育指导员应当严格遵守法律，依法行事；依法维护自己的权利，尊重他人的权利；严格履行自己的义务，监督有关方面履行义务；社会体育指导员应当具有的社会体育法律知识：

（一）具有法的基本知识，掌握什么是法、权利和义务。

（二）具有比较系统、全面的体育法规的知识，特别是与社会体育指导员社会指导工作直接相关与社会体育指导员自身权利、义务直接相关的体育法律知识。

（三）具有一些重要法律如民法、行政法、刑法的一般常识，这与体育法规也是相互联系的。

>>> 练习与思考

1. 《中华人民共和国体育法》是哪年颁布的？具体规定是什么？
2. 《全民健身条例》是哪年颁布的？具体规定是什么？
3. 《全民健身计划》是哪年颁布的？具体规定是什么？
4. 《社会体育指导员管理办法》是哪年颁布的？共有几章？多少条？
5. 《社会体育指导员技术等级制度》是哪年废止的？
6. 简述社会体育指导员从事经营活动时应注意的问题。

第五章 社会体育管理的原则、职能与方法

内容提要

　　本章主要介绍社会体育管理的基本概念和特点，社会体育管理的原则、职能和方法。学习的主要任务是：认识社会体育管理的本质特征，把握社会体育管理的基本概念；了解社会体育管理的主要特点；认识社会体育管理的特殊性；把握社会体育管理的基本原则；了解社会体育管理的基本职能；掌握社会体育管理的基本方法；使学员能应用现代管理的科学知识于社会体育工作管理中。认识和把握社会体育管理基本规律，提高学员社会体育工作管理的能力。

第一节 社会体育管理的概念和特点

一、社会体育管理的概念

　　社会体育管理是为实现社会体育管理目标而进行的对于社会体育资源的组织协调活动。

　　（1）社会体育管理是为了实现社会体育目标而进行的一种活动。社会体育管理是为增强人民体质、提高全民素质和生活质量这一目标实现而进行的一种活动。

　　（2）伴随着这一根本目标，社会体育管理的任务还包括实现它的效益目标，即以最高效益达到增强人民体质的目的。以尽可能少的资源投入获得尽可能多的成果产出，是效益目标的主要内容。

　　（3）社会体育所投入的主要资源，或称做要素，实际也就是社会体育管理的主要兑现对象，是与社会体育活动有关的人力、物力、财力以及时间、信息资源。社会体育管理的主要内容，就是对这些资源进行科学有效的协调，从而保证社会体育工作和谐有序地高效地进行。

　　（4）社会体育管理的协调活动，包括计划、组织与控制等三个基本环节，也称为三项主要管理职能。

二、社会体育管理的主要特点

管理目标的多样性；管理系统的复杂性；管理边界的模糊性。

第二节　社会体育管理的原则

社会体育管理者在实践中，常常面临着一对尖锐的矛盾，这就是社会体育复杂性和管理的科学之间的矛盾。愈是复杂的条件，愈是困难的环境，就愈是要求高度科学化的管理，管理者所面临的考验也就愈严峻。处于这一矛盾之中，管理者所应注意的首要问题，就是遵循社会体育管理的基本规律，按照社会体育管理的基本原则认识问题和解决问题。社会体育管理的基本原则是从大量的社会体育实践中概括出来的，是根据社会体育管理的特点提出的。它既不违背管理的一般原则，又具有它自身有别于一般管理原则的特点。

一、整分合原则

社会体育管理目标的多样性，使得管理者难以准确地确定目标，而应用整分合原则，可以使复杂多样的目标条理化、系统化构成科学的目标体系。就社会体育的管理目标而言，整分合原则包含三项内容：

（1）对系统的总体目标进行总体的本质把握是构筑目标体系的基础，是整个目标体系的纲领。社会体育根本目标就是增强人民体质，提高全民素质和生活质量。离开了这一根本目标，片面追求其他目标，就背离了社会体育的本质。高层次的社会体育管理者，对这一点尤其要保持清醒的认识。

（2）将总体目标科学地分解为一个个分目标。从组织系统的角度，可以把组织的总体目标分解为下属各个单位的目标；从管理要素的角度，可以把总体目标分解为人事目标、财务目标和物资配置目标。根据各个单位的目标，可以进行明确的分工，实现各项工作的规范化，并建立责任制和一系列的奖惩制度。

（3）进行总体组织综合，实现系统的总体目标。分工不是管理运动的终结，分工后的各个环节，可能在时间和空间、数量和质量等方面脱节。因而需要严密的组织，有力的协调，实现科学有效的综合。这样一个总体—分解—综合的过程，就反映了整分合原则的主要含义。在按照整分原则实施管理时，要注意两个要点。其一，分解是管理目标的分解，而不是管理职能和职权的分解。任何一个承担任务的组织或个人，必须对所承担的工作具有计划、组织、控制等全面职能。如果一个组织或个人只享有单一的或不完全的职能，就不可能对实现自己的目标承担完全的责任。其二，承担任务的组织或个人，应享有必需的人、财、物上的自主权，实现责、权、利的一致。

二、区别性原则

由于社会体育管理系统存在复杂性，因此，社会环境的差异，参与人员的差异以及活动的差异，无不对社会体育产生着巨大的影响。在这样的条件下，在社会体育管理工作中要特别注意贯彻区别性原则。区别性原则具体地体现在以下几个方面：

（1）注意社会环境条件的区别

我国是一个正在迅速发展、迅速变革的国家。发展和变革不可避免地导致了社会环境的不平衡。在一些沿海地区已经接近中等发达国家的同时，一些内陆省份还未能彻底解决温饱问题，这就造成了社会体育管理环境的千差万别和管理因素的错综复杂。因此，在社会体育管理中，必须贯彻区别性原则。无论在制定发展目标，实施组织管理，还是在进行资源配置时，都应仔细研究当时当地的具体条件，切忌生搬硬套特定模式。

（2）注意活动内容和形式的区别

由于参与社会体育活动的人们有着千差万别的体育需求，社会体育的内容也是千姿百态的。社会体育的活动应当是小型的、多样化的，以便适应不同群体的需要，使社会体育活动能为多数人所接受，并长期地坚持下去。目前，娱乐体育正在体育领域内迅速崛起，娱乐体育的形式较之常规的运动项目更加灵活。然而，娱乐并不是社会体育的唯一功能，一些以健身、健美等其他功能为主的体育活动仍应保持并继续发展下去。社会体育管理者应该对各种活动的内容、形式以及功能加以区别，并促进它们的协调发展。

（3）参与人员的区别

社会体育参与人员的构成极为复杂，对于不同年龄、性别、职业、不同文化和社会背景以及参与体育活动的不同动机等都要有所区别。在组织活动时，切忌行政命令、一刀切。否则会有损参与人员的积极性，最终导致社会体育工作的失败。

三、合作性原则

由于社会体育管理系统具有边界模糊的特点，使它既迫切需要和社会各界密切配合，又易于和其他社会系统发生矛盾。在这样的条件下，社会体育的管理必须遵循合作性的原则，即由负责体育的部门和其他部门合作、协调，这样才有可能处理好社会体育中的各种关系，才能充分利用社会有限的体育资源。由于社会体育是由各个不同的社会系统参与共同组织管理的，不同的社会部门往往从自己本部门或本系统的立场出发，代表着不同的利益要求。

因此，如何协调各部门的行为，尽量减少与缓和它们之间的利益冲突，强化它们之间的联系与合作，增强各部门对社会体育的社会整体利益的认识，使它们从宏观上把握社会体育整体，明确社会体育的总目标是十分重要的。在实现总体目标的同时，尽可能地照顾到各社会部门自己的目标和局部利益。在市场经济条件下，社会合作不能只讲义务，还应从互利的角度探索合作的具体形式，加强社会各系统在社会体育中的联系。这就需要找到不同的社会部门与社会体育的利益结合点，使他们意识到对社会体育的投入与实现自己的组织目标之间的关系。由于一个社会的社会体育服务对象是全社会成员，是由各社会系统参与管理的，社会的经济和社会发展的水平越高，对社会体育的的投入会越多，参与越积极及社会体育的发展水平也相应得到提高。因此，合作性原则也决定了社会体育的发展必须与社会的整体经济与社会发展水平相适应，与社会环境保持一致。

四、激励性原则

社会体育管理体制的社会性，主要以社会体育组织和指导的方式进行管理，因而不可能采用学校体育和运动训练中各种行政指令的方式要求人们进行体育活动。参加社会体育是以完全自觉、自愿为前提的，人们是否参加体育活动，取决于他们对于体育的认识和兴趣。因此，在社会体育组织管理的诸多环节中，如何启发人们内在的体育动机，使"让我参与"变为"我要参与"，成为一个非常突出的管理问题。激励性原则就是要求社会体育管理者通过激发群众的体育动机，将人们吸引到社会体育活动中来。贯彻激励性原则可以采用以下三种方式：

（1）竞争激励

社会体育本质上不是以竞技成绩为目标的体育，但是通过引入各种形式的竞争，可以满足人们好胜心与高成就的愿望，从而提高了人们的参与兴趣。在实行竞争激励时，可以组织各种饶有兴味的比赛，也可以进行各种内容的评比。

（2）集体荣誉激励

在组织竞赛或评比时，如果采取群体对抗的方式，往往可以取得更好的效果。这是因为人类有一种群体意识，通过激发人们的责任感和集体荣誉感，可以调动人们参与体育活动的积极性。

（3）榜样激励

通过树立样板、典型示范等方式提供人们学习的榜样，运用榜样的力量激励人们积极地参与体育活动，并在活动中取得良好的效果。

五、弹性原则

弹性原则是指管理中要留有余地，使管理工作具有伸缩自如的弹性。人们常常认为，科学的管理必须是丝丝入扣、分毫不差的。然而，在管理实践中，尤其是在社会体育管理实践中，这种要求是不切实际的。这是因为：第一，社会体育管理是复杂的，管理者不可能考虑到所有的影响因素，因而，社会体育管理有较大的不可知性。第二，社会体育主要是对于人的管理，而人的思想和行为常常是难以定量的。在一些没有数量标准的情况下，自然不可能做到精确无误的管理。因此，在这种条件下，管理工作就必须留有余地，以适应各种可能发生的变化。弹性原则可以应用于各个管理环节。尤其是在制订计划时，应该注意目标要定得切合实际，不可过高；计划的时限不可过长，过长则可能由于环境的变化而丧失计划的意义。

第三节　社会体育管理的基本职能

一、计划职能

社会体育管理中的计划只能是管理者对人们未来社会体育实践进行决策的活动，这种决策活动的任务就是制订人们体育实践活动的管理计划。

制订社会体育管理计划的基本程序：群众的体育需求调查—对内外的调查—研究环境认识矛盾—分析问题—制定对策—计划的论证修改和审批—计划。

二、组织职能

目标的协调和人力的配置是管理者进行组织职能活动的主要任务。

（1）目标任务化；

（2）分配任务，授予权利；

（3）分工部门和确定管理制度。

三、控制职能

控制职能是对管理者和被管理者双方工作的检查、评定和调节。

第四节　社会体育管理的方法

一、行政方法

行政方法是指按照一定的职权范围用下达指令的方式直接指挥管理对象

的方法。是行政机关和行政工作人员，为了达成行政目标，从公共组织的内外部环境和管理对象的实际情况出发，在一定的公共行政管理思想和管理原则的指导下而采取的各种措施、手段、方法和技术等的总称。

行政方法的内容包括三个方面：

（1）基本手段

具体有行政指令手段、法律手段、经济手段和思想工作手段。这些手段是公共行政必须具备和经常使用的基本手段。

（2）行政程序

行政程序是指公共组织处理各种社会公共事务所必须遵循的时间顺序和步骤或环节，把办理每件事务按照时间的顺序，划分为前后衔接的若干环节或步骤的过程的行政行为。它不仅是公共组织主要的行政方法，而且在大多数国家都有相应的法律规定，所以，它也是一种规范行政行为的法律程序。

（3）技术方法

技术方法是指行政机关在处理公共事务的过程中运用各种基本手段时所采用的各种具体方法。

二、经济方法

经济方法是指使用经济的手段，利用经济利益的后果影响和控制被管理者的方法，是通过经济的手段来对组织和个人的经济利益进行调整。在体育管理中，管理者按照客观规律的要求和经济利益的原则，运用经济手段和经济作用，引导、控制和调节各方面的社会关系和经济利益，以实现管理目标。经济方法是通过调节管理双方的经济利益关系来间接地发挥作用，其作用的显现需要一定的时间间隔才能表现出来，遇到紧急问题时，更为有效的方法是行政方法。

三、法律方法

法律方法是指运用各种法律、法规有效规范和调节社会体育中各种关系的方法。法律方法具有强制性的特点，处理不当就不利于调动管理对象的积极性和主动性，在社会体育领域，各地情况不同，参与者各异，在管理中就需要采取不同的方式方法。法律能有效调节各种体育管理要素之间的关系。法律方法由于具有概况性和稳定性的特点，它能够把现有的各种管理关系固定下来，充分发挥管理的各种职能作用，促进管理的协调发展。

四、宣传方法

宣传方法是指通过宣传，使人们加强对体育的了解，自觉地投身到体育活动中来。

1. 什么是社会体育管理？社会体育管理的主要特点是什么？
2. 社会体育管理的主要原则是什么？
3. 社会体育管理计划职能的中心任务和步骤是什么？
4. 社会体育管理组织职能的中心任务和步骤是什么？
5. 进行社会体育管理时可以采取哪些主要方法？

社·会·体·育·指·导·员·培·训·教·程

第六章　基层体育活动的方法与组织

内容提要

　　本章阐述了基层体育活动竞赛组织工作的具体内容，介绍了基层体育活动常用竞赛编排工作的主要内容与方法。

第一节　基层体育活动的组织与实施

　　体育组织管理是遵循体育竞赛的规律，通过对竞赛项目、时间、人员、经费等条件的合理安排，以达到完成竞赛目的的工作过程。体育竞赛组织管理一般分为竞赛前的工作，竞赛进行中的工作和竞赛结束的工作。体育竞赛组织管理的成功与否将直接关系到竞赛能否顺利进行与能否达到举办竞赛的目的。

　　国家体育总局制定并发布了《关于设立正式开展的体育项目管理办法》，在设立体育项目和举行体育竞赛活动项目时要符合以下的条件：设立的体育项目必须是得到国际体育组织承认的或是在我国已经开展 3 年以上的；选择的竞赛项目可以是"正式开展的体育项目"，也可以是受到人们喜爱，有一定普及程度的"非正式开展的体育项目"；有完整的竞赛规则和裁判法；拥有一定数量的参赛者以及教练员、裁判员和管理人员队伍；竞赛经费（包括自筹经费）要能保证比赛的正常举办；是健康文明的、不含迷信色彩和有悖于人道的体育项目。

一、竞赛前的工作

（一）确定组织方案

　　本单位体育竞赛计划的安排和有关方面的竞争任务是确定组织方案的重要依据。

　　1. 竞赛的名称和任务

　　竞赛的名称和任务应根据竞赛的内容、性质、时间和规模来确定，同时要结合当时的形势和中心任务。现在有些比赛有赞助商赞助，在比赛冠名等方面要考虑到他们的利益。

2. 竞赛的规模和时间

竞赛项目和参赛者的多少直接关系到比赛场馆的需求和时间的长短。在比赛之前竞赛组织部门要根据竞赛项目的设立，对参赛的数目要有充分的预计，以便确定竞赛的天数。

3. 拟定竞赛的组织机构

拟定和建立竞赛的组织机构是体育竞赛组织工作的重要环节。机构设置要合理、精练，职能划分要明确，要保证竞赛任务的圆满完成。

各种竞赛的组织机构一般采用"组织委员会制"（简称：组委会）。组委会是在主办单位的领导下，由各方面代表组成，负责组织和领导竞赛的全部工作。组委会下设办公室、竞赛、新闻宣传、行政后勤、安全保卫等职能部门。

各职能部门的工作范围如下：

（1）组织委员会

组织委员会是竞赛组织工作的最高领导机构。其职能有：审议批准下设机构的负责人及人员名单（包括确定仲裁委员、裁判长等）；审议批准竞赛活动的各项实施方案以及裁决竞赛工作中出现的重大问题。

（2）办公室

办公室是竞赛工作的综合办事机构。其职能有：拟定竞赛有关文件，组织会议（包括开幕式、闭幕式），联络调控，文档管理以及接待等工作。

（3）竞赛处

竞赛处是竞赛组织工作的宣传机构。其职能有：制定竞赛规程、组织报名编排、比赛日程、编印秩序册以及比赛进行中的组织管理工作和比赛结束后的工作。

（4）新闻宣传处

新闻宣传处是竞赛组织工作的宣传机构。其职能有：准备宣传材料、组织新闻传播、召开新闻发布会、思想教育和环境的布置工作。一般规模小的竞赛活动或基层单位组织的竞赛可以将新闻宣传并入办公室。

（5）行政后勤处

行政后勤处是竞赛组织工作的保障机构。其职能有：进行财务管理，负责场地器材、食宿、卫生、交通等工作的实施。

（6）安全保卫处

安全保卫处的任务是负责竞赛工作中的安全工作。其职能有：制订安全保卫计划，维持赛场秩序和及时处理突发事件等工作。基层单位组织的竞赛可以将安全保卫并入后勤。

4. 经费预算

经费预算是执行经费开支的重要依据。各职能机构要根据本部门的需要，并本着勤俭节约的精神，对自己的每一项经费开支进行认真的预算，制订经济计划和严格管理的办法。经费预算可以留有一定的余地，以保证竞赛活动的顺利进行。

（二）制定竞赛规程

竞赛规程是根据竞赛计划而制定的有关体育竞赛的具体政策与规定。它是体育竞赛的指导性文件，也是竞赛组织者和参加者进行工作和比赛的法律性文件。因此，举行任何一项竞赛活动，首先必须制定竞赛规程。

1. 制定竞赛规程的依据

（1）依据体育竞赛计划

竞赛规程的内容要与竞赛计划的安排相适应。其内容可以根据现时的情况进行修正和补充，但不能脱离计划的安排。

（2）依据竞赛的目的和任务

竞赛规程的所有内容都是为了使竞赛活动得以顺利进行、圆满结束，都是为了使竞赛活动达到预期目的。

（3）依据竞赛的客观条件

竞赛规程的制定要充分考虑本次竞赛的经费开支、场地设施、社会基本单位的需求和参赛者等有关人员的实际情况，同时也要与国际、国内有关竞赛的规律和要求相结合。

2. 制定竞赛规程的原则

（1）完整性原则

竞赛规程是管理竞赛和参与竞赛的法律性文件，制定竞赛规程时必须注意其完整性。竞赛规程的条文要规范，条款要清楚。防止出现内容遗漏，条款没有说清楚的现象，以免给以后的竞赛工作带来麻烦。

（2）可行性原则

竞赛规程的内容既要考虑达到竞赛的目的，完成竞赛的任务，又要考虑到财力、人力、物力的开支，使用和时间的安排。同时竞赛项目的安排是否合理，运动员的技术水平等也都是其考虑的范围，既要考虑到竞赛内容的竞技性，又要考虑到竞赛内容的群众性和娱乐性。竞赛规程的制定要做到切实可行。

（3）公平性原则

竞赛规程是所有参与竞赛活动的人们共同遵守和执行的规范和准则，其内容应是大家在客观条件相同的前提下进行公平竞赛。竞赛规程在制定时要充分考虑到各方面的因素，保证公平竞争。规程一经确定竞赛各方面必须严格执行。如有的细节确实需要进行修正、补充，也必须经过组委会及竞赛部门审议批准后方可执行。

（4）连续性原则

竞赛过程中的时间安排、竞赛办法等内容，对于运动员训练周期的安排，运动水平的发挥都有着一定的关系。正规的、每年都要举行的比赛竞赛规程不要做大的改动，以保证规程的连续性；基层比赛的规程一般也不要有大的改动，以保证竞赛的群众性、连续性。

3. 竞赛规程的内容

竞赛规程一般由下面的内容组成，各单位在制定竞赛规程时可以根据各自的具体情况对其内容进行取舍和补充。

（1）竞赛名称

根据竞赛的任务、性质和内容确定竞赛名称。在竞赛的文件会标及宣传材料等方面，名称要统一。

（2）目的任务

根据竞赛活动的要求，简要说明举办竞赛的目的任务。

（3）主办单位和承办单位

注明主办单位和承办单位。

（4）时间和地点

竞赛的时间要明确比赛开始至比赛结束的年、月、日，如有的比赛安排有预赛、决赛，要分别写出预赛、决赛的开始和结束时间，写明举办比赛的具体位置。

（5）竞赛项目和组别

要明确竞赛设置的项目，如田径比赛设哪些项目以及所用器械的规格等。明确竞赛分哪些组别，各组设立哪些项目、要求等。

（6）参加办法

①参加单位人数和运动员资格

明确哪些单位可以参加比赛，规定各单位领队、教练、工作人员人数和运动员人数；规定运动员参赛的资格和标准。当前，社会性比赛、系统内比赛举办较多，对运动员参赛资格要求各不相同。特别是系统内、单位内的比赛，要对运动员的资格加以严格规定、审查，防止以假乱真，给比赛的结果造成混乱。

②报名，报到时间和报名规定

明确规定报名的开始与截止时间；规定报到的时间与报到须知。有的竞赛要明确比赛可以报几名运动员参加，每名运动员可以参加几项比赛的参赛规定。有些竞赛的抽签时间和地点也可以在这里注明。

③对服装、器材的要求

明确规定服装的套数、颜色、号码尺寸；比赛器材的规格标准等。

（7）竞赛办法

①确定比赛采用的规则。可以根据竞赛的不同性质对现行的规则做一定的修改和补充，但必须在竞赛规程中写清楚。

②确定竞赛采用的竞赛制度。如循环赛、淘汰赛或是混合赛。若比赛分段进行，要写清楚各段竞赛制度，两阶段比赛的衔接办法、成绩计算和名次排列。

③具体的编排原则和方法。如循环赛编排采用哪种轮转方法；淘汰赛设立几名种子，怎么确定种子等。

④明确计分方法和确定名次的方法。各种不同竞赛项目有不同的计分方法；接力、破纪录如何加倍积分；排列名次的方法以及积分相同时如何判定名次的方法；团体总分如何计算等。

⑤比赛中违反规定的处罚方法。如弃权的处理、违纪的扣分等。

（8）录取名次与奖励

规定竞赛录取名次和奖励办法。包括对团体奖、单项技术奖、道德风尚奖等奖励名额和各种奖项的奖励内容（奖杯、奖旗、奖状、奖章及奖金等）。

（9）裁判员

如需参赛单位选派裁判员的，要写明人数、等级及报到时间、学习时间。

（10）其他事项

对有关经费、交通、食宿等问题进行说明。

（11）未尽事宜，另行通知。为了方便今后对竞赛规程的修改和补充。

（12）规程解释权的归属单位。确定对竞赛规程如有疑问，由谁来进行解释。

（三）组织编排工作

1. 了解和熟悉情况

学习竞赛规程和竞赛规则。了解竞赛的内容、形式、时间安排、比赛单位、组别、项目、参赛办法、奖励及计分方法。并要掌握竞赛的场地器材情况和裁判员的人数、水平等情况。同时准备有关用具，绘制各种比赛用表。

2. 检查报名情况，审查报名资格

检查报名是否逾期，检查各单位报名是否符合竞赛规程的规定。正规比赛，报名截止时间一到，即不接受任何报名。群众性的、基层的体育竞赛则要注意检查有无漏报、错报的情况，一经发现，要尽快与报名单位取得联系，及时给以补报和改正，以便让更多的人参与竞赛活动。要严格审查运动员的参赛资格。若有疑问，及时了解清楚，尽快作出处理，以保证竞赛的顺利进行。

3. 统计各类参赛者的人数，填写竞赛表格和卡片

进行各项统计工作，如田径比赛需统计各单位参加人数，各项目的运动员人数和运动员兼项人数等。以便掌握情况，为编排工作做准备。按要求填写各种竞赛表格和卡片，卡片填写好经过核对后，按项目归类，以备编排时用。

4. 编排竞赛秩序和制定竞赛日程

（1）编排竞赛秩序

首先根据竞赛规程的规定和不同的竞赛项目及场地器材的情况，计算出比赛的需用时间。球类竞赛项目要计算场数和轮数；田径、游泳等竞赛项目则计算比赛单元、比赛场次。然后遵循各项竞赛的编排要求和编排方法将竞赛项目和参赛者安排到比赛的具体位置上，编排时通常采用抽签的方法把参赛者定位或分组定位。各体育竞赛项目的不同，其抽签的实施方法也各不相同。竞赛秩序编排后，还要确定具体的比赛时间、地点、道次等，并在此基础上制定出竞赛日程。

（2）编排和制定竞赛日程

要考虑到各参赛者竞赛时间、场地的机会均等；要考虑到比赛的密度、强度及休息时间的合理安排；要考虑到比赛的精彩程度。

（四）编印秩序册

竞赛秩序册是组织完成一次竞赛活动的综合性的完整文件。竞赛秩序册是竞赛的组织者组织管理比赛的依据，也是教练员、运动员、裁判员参加比赛的依据。既是比赛的时间表，项目安排表，又是比赛的成绩册。竞赛秩序册要在比赛开始前发给参赛者。

竞赛秩序册一般有以下内容：

（1）封面。封面内容有：比赛名称、时间、地点、主办单位、协办单位、赞助单位等。

（2）目录。按顺序排列秩序册的所有内容。

（3）竞赛规程和补充规定。是组织和参加竞赛的指导性文件。

（4）竞赛组织委员会成员名单和办事机构成员名单、仲裁委员会成员名单和裁判长、裁判员名单。

（5）各代表队名单。按有关规定顺序排列，内容有：队名、领队、教练和运动员名单。

（6）大会活动日程。包括运动员、裁判员报到的时间、训练的时间；组委会会议及裁判长、领队、教练员联席会议和有关抽签的安排；竞赛安排；比赛结束及离开时间；有关注意事项。

（7）竞赛日程。具体明确各个比赛项目、各场比赛的时间、地点、比赛队、服装要求等。

（8）各项竞赛分组。田径、游泳等竞赛项目需要分组分道。

（9）比赛成绩表。绘制各种成绩表格。根据比赛的结果进行填写。

（10）各类参赛人员统计表。

（11）比赛场地平面图。

（五）检查竞赛场地和器材

赛前必须对场地和器材进行细致的检查，发现有不符合竞赛标准的要及时解决。

（六）组织裁判员学习，安排赛前训练

竞赛前要组织裁判员学习，统一判罚尺度，保证严肃、认真、公正、准确地执行任务。

（七）组委会和联席会议召开组委会会议或裁判长、领队、教练员联席会议

由组委会成员介绍竞赛活动的组织工作情况；裁判长明确执行的规则及要求；听取意见和解决有关问题，如：更换运动员、运动员号码错误等；组织抽签，确定参赛者的分组定位。

二、竞赛进行中的工作

（一）全局一致、各方协调

竞赛活动是一项综合性工程，组织竞赛管理、宣传报道、后勤保障、医护保卫等工作缺一不可。竞赛的组织者要与竞赛的各个环节保持信息的畅通，

要深入赛场，掌握最新动态。加强各方面的协调配合。不断改进工作，保证对竞赛全局的控制。一旦出现问题，立刻进行解决，切实保证比赛的圆满完成。

（二）加强临场管理

临场管理是组织好体育竞赛的关键环节，它直接影响比赛的顺利进行。裁判员需要公正执法；运动员需要规范职业道德；工作人员需要做到热情服务。对临场比赛中的技术问题、对违反体育道德的现象、对不负责任的工作态度以及对场地器材、饮食卫生、安全保卫中可能出现的隐患和问题都要及时发现，尽快地给予解决。竞赛组织者要提倡、表彰精神文明，鼓励拼搏进取，同时对违规、违法的人或事要坚决、严肃处理，不得徇私，不得延误时间，不得影响比赛。

（三）完成成绩统计和处理工作

任何项目的竞赛都要对比赛的全过程及每个阶段的成绩做出准确的统计和记录，以此作为录取名次，决定比赛结果的依据。同时也便于成绩公告和汇编成成绩册。有的项目还要把上一阶段的比赛成绩作为下一阶段比赛编排分组的依据，必须尽快完成。成绩的统计和处理工作一定要做到准确、快捷。

（四）做好成绩公告

每项比赛结束后，各单项竞赛部门要将该项的比赛成绩尽快地交给大会竞赛部门，再由大会竞赛部门将各项成绩汇总，准确、快捷地印制、发送当日的成绩公告，使参加竞赛的单位、运动员和观众及时了解竞赛的进程和结果，以便进行分析研究、宣传报道。

三、竞赛结束的工作

（一）排定名次，做好颁奖工作

比赛结束，竞赛部门要尽快核对各项比赛的成绩，排定名次，交裁判长在闭幕式上宣布。要根据竞赛规程的规定提前准备好奖品及奖金，以便在闭幕式上进行颁奖。精神文明奖可在比赛进行中就开始评选，比赛结束时其评选活动也应结束，并和其他奖项同时颁发。

（二）印发竞赛成绩册

竞赛组织者要对比赛的成绩进行审查核对。准确无误后装订成册，尽快发给各参赛单位。

（三）做好总结工作

竞赛活动结束以后，竞赛有关部门要对竞赛工作做一个全面、认真的书面总结，肯定成绩，提出不足，提出建议。总结上交给主办单位。同时要将竞赛的各种文件、记录表格、原始成绩等一起归类存档，以便今后查阅和工作。

第二节　基层体育活动竞赛方法

体育竞赛方法是指从比赛的开始、比赛进行直至比赛结束的过程中，为合理比较参赛者的运动水平，公正排定参赛者的比赛名次所采取的组织和编排方式。这种组织编排及完成竞赛的方法，我们又称做竞赛制度，简称"赛制"。研究和掌握体育竞赛方法是竞赛组织者和竞赛参加者的需要；每一个体育工作者和热爱体育运动的人们也都应该熟悉和了解体育竞赛的方法。

一、体育竞赛方法的分类和原则

（一）体育竞赛方法的分类

在体育竞赛中常用的竞赛制度有：循环赛制、淘汰赛制、佩奇赛制、混合赛制和扩展赛制等。在组织竞赛时，组织者应根据比赛的目的和任务，以及参赛者数目、时间长短、场地条件及训练水平等实际情况来考虑选用哪一种赛制，以便使比赛顺利进行和圆满结束。

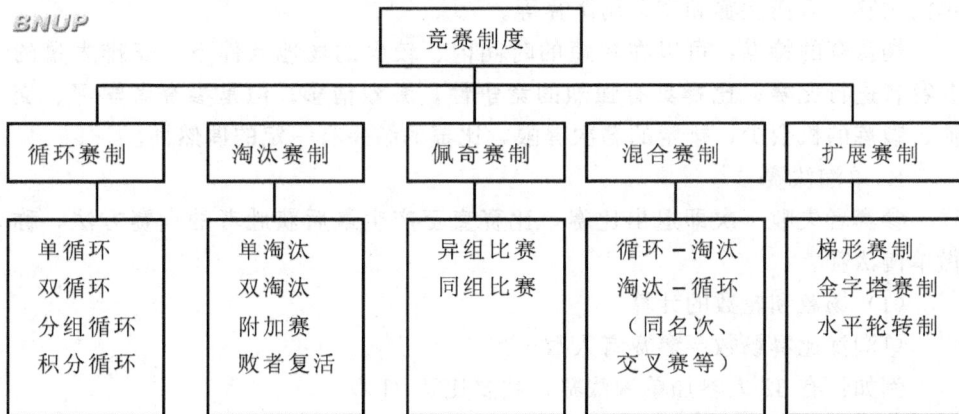

图 6.1

（二）体育竞赛方法的基本原则

1. 参赛者应该获得最大限度机会均等的条件

参赛者在竞赛中"机会均等的条件"包括两个方面的内容：一方面是通过竞赛规程的制定、竞赛制度的选择、科学合理抽签及编排等技术操作，尽量使参加竞赛的各方都能在机会均等、同等条件下进行比赛；另一方面是规则内容要适用于参赛的各方；同时，裁判员对各方的执法尺度也应是完全一致的。只有建立在符合规则基础上的一致才是公平合理，才是机会均等。当然，做到绝对的机会均等也是有困难的，但竞赛组织者要为参赛者提供最大限度的机会均等的条件。

2. 竞赛的结果应该基本符合参赛者的运动水平

一次竞赛的结果，参赛者成绩和名次的排列，应该基本符合参赛者的运动水平。这是进行体育竞赛基本的和必要的前提。运动水平高的参赛者获得最后的优胜，这是体育竞赛的正常结果，也是普遍的规律。机会均等原则也是对竞赛结果合理性的保证。当然，竞赛结果除了受技术水平影响以外。还受到心理、环境、临场发挥、裁判、观众等多方面因素的影响，也会出现意料不到的情况。

二、常用体育竞赛方法简介

（一）淘汰赛制

淘汰赛制是指所有参赛者按照预定的顺序进行比赛，胜者进入下一轮，负者退出比赛，直至产生最后一名获胜者（冠军）的竞赛办法。淘汰赛包括，单淘汰赛、双淘汰赛和交叉淘汰赛等。

淘汰赛的特点：可以在较短的时间内、较少的场地条件下，安排大量的参赛者进行比赛；比赛具有强烈的竞争性，激烈精彩；但是参赛者学习、交流、锻炼的机会少，排定的名次有限，比赛的结果有一定的偶然性。

1. 单淘汰赛

参赛者失败一次即退出比赛，比赛直至产生最后获胜者的竞赛方法，称做单淘汰赛。

（1）场数和轮数的计算

单淘汰比赛场数＝参赛者人数－1

例如：有32人参加单淘汰赛，共要比赛31场。

单淘汰的比赛轮数＝所选择的作为号码位置数2的乘方数的指数

单淘汰比赛的轮数与比赛中为参赛者选择的号码位置上有直接的关系。

不论参赛者有多少。其选择的号码位置数必须是 2 的乘方数，所选定的号码位置数是 2 的几次方，比赛轮数就是几轮。

例如：有 16 人参加比赛，选择的号码位置数是 16，16 是 2 的 4 次方，那么就有 4 轮比赛；有 32 人参加比赛，选择的号码位置数是 32，32 是 2 的 5 次方，那么就需要进行 5 轮比赛。

（2）选择号码位置数和分区

进行单淘汰比赛时，要给每个参赛者编上一个号码，安排一个比赛位置。单淘汰赛参赛者的号码位置数，必须是 2 的乘方数。常用的号码位置数是：$2^3=8$、$2^4=16$、$2^5=32$、$2^6=64$、$2^7=128$。例如：8 人参加比赛，8 恰好是 2 的乘方数，则选择 8 为号码位置数，每人 1 个号码，1 个位置，比赛 3 轮结束。

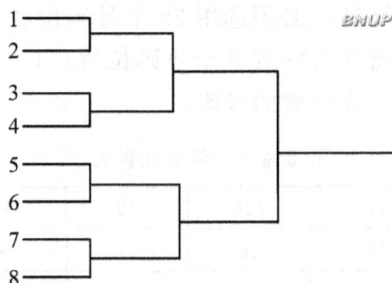

图 6.2　8 人单淘汰赛秩序表

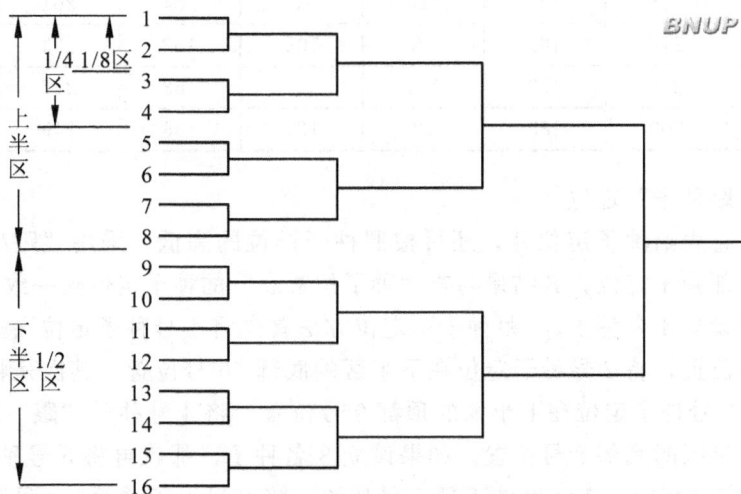

图 6.3　单淘汰赛分区

（3）种子定位

①查表定位

单淘汰比赛时，如果参赛者数恰好是 2 的乘方数，那就可以选择与参赛者数相同的数为号码位置数，使每个参赛者都有一个号码位置。两两相对进行比赛。但为了避免水平高的参赛者过早相遇、过早淘汰的不合理现象，在比赛前就必须设立"种子"，种子资格可依据上届比赛的成绩或实际的运动水平确定；种子的数目应根据参赛者数目的多少来决定，一般也是 2 的乘方数；种子的序号按照其运动水平的高低依次排定。种子要公平、合理地分布到比赛的各个区中去，种子的号码位置，可以查"种子位置表"确定。

"种子位置表"的查法：按比赛所设种子数目，从表中依次逐行由左向右取出小于或等于比赛号码位置数的号码，这些号码就是种子定位的号码。例如：有 120 人进行单淘汰赛，必须选用 128 个号码位置。若设 8 名种子，则可从表中依次取出小于或等于 128 的 8 个号码位置：1、128、65、66、33、96、97、32，这些就是种子所在位置的号码。

表 6.1　种子位置表

1	256	129	128	65	192	193	64
33	224	161	96	97	160	225	32
17	240	145	112	81	176	209	48
49	208	177	80	113	144	241	16
9	248	137	120	73	184	201	56
41	216	169	88	105	152	233	24
25	232	153	104	89	168	217	40
57	200	185	72	121	136	249	8

②"跟种子"定位

除了查表给种子定位外，还可按照种子排位的高低，采用"跟种子"的方法将全部种子定位，其结果与查"种子位置表"的种子定位是一致的。

如果设立 4 名种子，"跟种子"定位方法首先将 1 号种子定位在上半区的顶部 1 号位置，将 2 号种子定位在下半区的底部 16 号位置。其次是将 3 号种子"跟"2 号种子定位在下半区的顶都 9 号位置，将 4 号种子"跟"1 号种子定位在上半区的底部 8 号位置。如果设立 8 名种子，那就再将 5 号种子"跟"4 号种子定位在同一 1/4 区的下部 5 号位置，将 6 号种子"跟"3 号种子定位在同一 1/4 区的底部 12 号位置。将 7 号种子"跟"2 号种子定位在同一 1/4 区的顶部 13 号位置，将 8 号种子跟 1 号种子定位在同一 1/4 区下部 4 号位置。

若选择的号码位置数是"1、256，种子的数目再多一些，也可以按照跟种子"的规律进行种子定位。种子分级分批定位在实际运用中"跟种子"定位方法有一定的局限，一是种子的排序比较复杂，再是种子的定位过于死板。现在在实际运用中普遍采用在"跟种子"定位方法基础上发展起来的"种子分级分批"定位的方法。

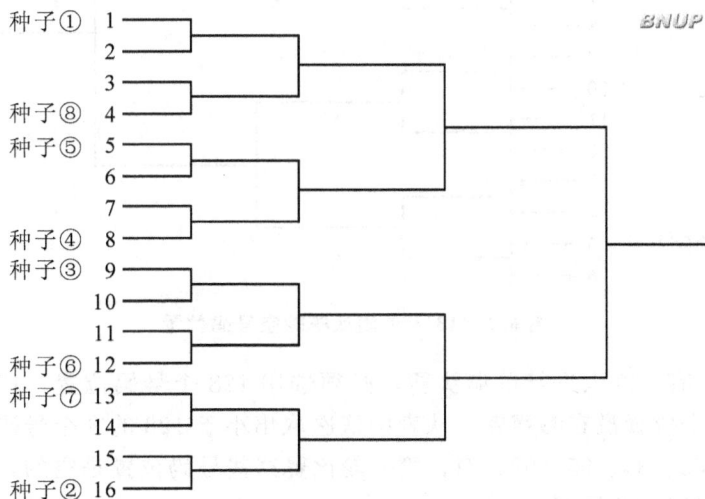

图 6.4 "跟种子"定位

"种子分级分批"定位时，1号种子和2号种子的号码位置不变，3号种子和4号种子则随机抽签定位在8号和9号位置上。5号、6号、7号、8号种子也是各自随机抽签定位在4号、5号、12号、13号位置上。这使得种子的定位更加合理、方便。

（4）轮空和抢号

①轮空

当选择的号码位置数大于实际参赛者数目时，就会多出一些号码，空着没有参赛者进入。这就出现了"轮空"。轮空就是指在第一轮的比赛中有的参赛者没有对手，休息一轮。例如：13人参加比赛，选择16为号码位置数，就会有3名参赛者在第一轮没有比赛，轮空号码的位置，可以查"轮空位置表"确定。

轮空数＝号码位置数－参赛者人数

"轮空位置表"的查法：选择最接近参赛者数的、较大的2的乘方数为号码位置数。并用该数减去参赛者数，得出的就是轮空数。然后按轮空数目，依次运行由左向右取出小于比赛号码位置数的号码，这些号码就是轮空的号

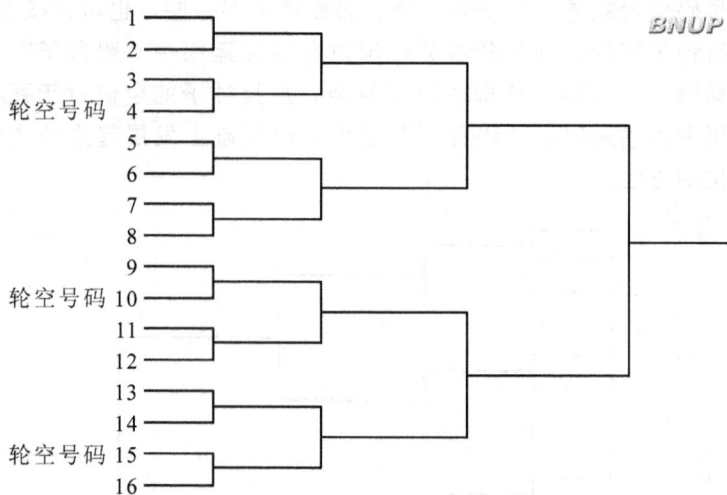

图 6.5　13 人单淘汰赛轮空号码位置

码。例如：有 120 人进行单淘汰赛，必须选用 128 个号码位置，128－120＝8，即有 8 个位置没有参赛者。从表中依次取出小于 128 的 8 个号码位置：2、127、66、63、34、95、98、31，第一轮比赛这些号码位置是空的，与之相邻的参赛者就第一轮轮空。

②抢号

当选择的号码位置数小于实际参赛者数目时。就出现了参赛者多、号码位置不够的情况，这样就需要在第一轮比赛前，安排一定场次的预选赛，将多出的参赛者淘汰，使实际参赛的人数与号码位置相符，使每人都有一个号码位置。这就出现了"抢号"。

例如：19 名参赛者选择 16 为号码位置数，有 3 名参赛者没有比赛的号码位置，就必须有 6 名参赛者先进行 3 场预选赛，争夺 3 个号码位置，负者淘汰，胜者"抢"得号码位置，进入正式比赛。"抢号"比赛不算入比赛轮次。

抢号场数＝参赛者数－号码位置数

抢号的位置就是轮空的位置。抢号位置也可以查轮空表获得。

2. 双淘汰赛

参赛者失败两次，即退出比赛，比赛直至产生最后获胜者的竞赛方法，称做双淘汰赛（又称双败淘汰赛）。

场数和轮数的计算：

双淘汰比赛的场数是：2×参赛者数－3

双淘汰比赛的轮数是：胜方轮次与单淘汰相同

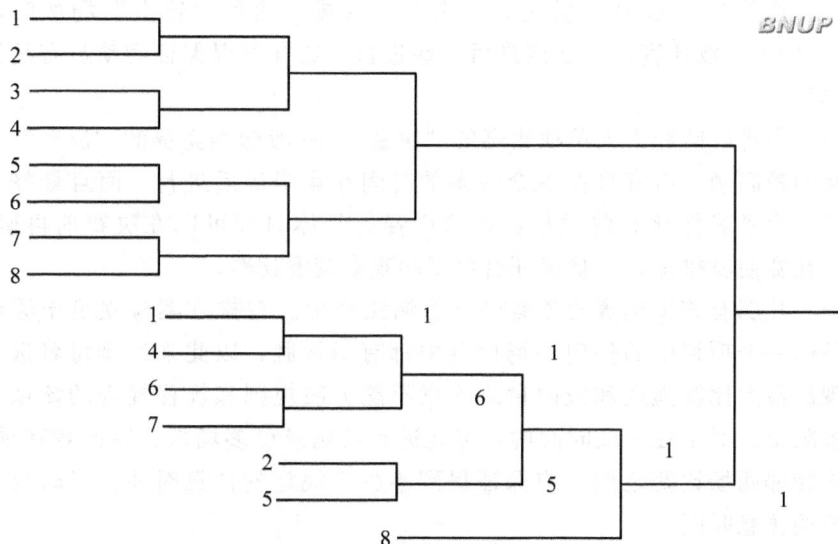

图 6.6 双淘汰赛秩序

3. 交叉淘汰赛

将上一阶段比赛中不同名次的选手互相交叉进行比赛，胜者继续比赛，负者即被淘汰，称做交叉淘汰。

常见于第一阶段比赛将参赛者分为 A、B 两组进行单循环赛，决出小组全部名次；第二阶段 A、B 组的前 2 名进行交叉比赛，A 组第 1 对 B 组第 2。B 组第 1 对 A 组第 2 进行交叉比赛，两场比赛的胜者决出冠、亚军，负者被淘汰（或者负者决出 3～4 名）。

A 组第 1　　B 组第 1

A 组第 2　　B 组第 2

交叉比赛秩序表

4. 淘汰编排时的注意事项

单、双淘汰制的抽签工作结束后，要对全部比赛的场改进行编排，即确定全部比赛的日期、时间和场地，这是一项十分重要和细致的工作。如何在规定的时间内，科学合理地在一定数量的场地上，按一定的秩序进行比赛，是需要经过认真考虑的。淘汰赛在编排时要注意：

（1）在球类个人项目的淘汰赛中，如羽毛球、乒乓球等由于竞赛项目和场次多，而且各单项比赛需要交叉进行，编排时容易出现重场、漏场和连场等问题，因此要注意全面检查，反复核对，杜绝差错。

（2）无论是单淘汰赛或双淘汰赛，比赛都应逐轮进行，以保持比赛进度

第六章　基层体育活动的方法与组织

67

一致。当遇到有"抢号"场次时，应提早安排；遇到"轮空"场次时，则"轮空"后的一场比赛，可适当推后一些进行，这样可以保证运动员有足够的时间休息。

(3) 安排好队和个人单项比赛的"决赛"。一般球类竞赛的"决赛"是整个比赛的最高潮。应安排在观众最多的时间在竞赛最后进行，而且最好是单独进行。为了确保比赛的效果，各项决赛的具体时间可以在决赛前再确定。不一定在赛前就排定，尽量保证有更多的观众观看比赛。

(4) 凡属有兼项比赛的球类项目的淘汰赛中。编排方案应立足于假设选手在任何一个项目中的任何一场比赛中都有望取胜，以此来编排每名选手可能出现的最大比赛强度和极限量。注意不能突破规则和规程规定的该项目比赛的极限量。对于在一段时间中，可能进行两场或更多场次比赛的竞赛项目，选手在相邻两场比赛之间，应保证得到不少于规定的休息时间，同时也要避免过长的休息时间。

(5) 对于一个场馆内安排若干个比赛场地的小球项目竞赛，特别要注意科学、合理地使用比赛场地。场地设置的数量不宜频繁变动。一般是随着比赛进程逐步减少场地的数量，避免忽多忽少。比赛场地的安置，要便于四周观众观看，不能过多集中在某一侧。

(6) 淘汰赛的比赛秩序表同时可以作为比赛日程表和比赛成绩表使用。

(二) 循环赛制

循环赛制是指所有参赛者（队或人）相互之间都轮流进行比赛。最后按照其在循环比赛中得分的多少排定名次的竞赛方法。循环赛包括有：单循环赛、双循环赛、分组循环赛等。

循环赛的特点：比赛场次多，接触对手多，有更多的互相学习、实战锻炼的机会；最后排定的名次基本符合各队的实际运动水平，偶然性小；但是比赛的时间长，占用场地多，参赛者数量多时不易采用；最后几轮的比赛可能会由于一些因素（为保存实力、人际关系等）出现消极比赛现象。

1. 单循环赛

所有参赛者相互之间都轮流比赛一次，最后按其在同一循环比赛中得分的多少排定名次的竞赛方法称做单循环赛。

(1) 场数和轮数的计算

两个参赛者相互比赛一次，称做一场比赛。计算循环赛比赛总场数，主要是便于根据实际比赛场数的多少，做好比赛场地和时间、人力、物力的安排。

单循环比赛场数的计算方法是：（x＝比赛场数，N＝参赛者数）

$$x＝N（N-1）÷2$$

例如：8个队参加单循环赛，比赛的总场数是 $8×（8-1）÷2＝28$ 场

所有参赛者都比赛完一场（包括轮空者），称做一轮比赛。计算循环赛的轮数，主要是根据不同项目比赛一轮所需要时间的不同（如足球比赛1~2天比赛1轮，乒乓球比赛则1天可以比赛2~3轮），来安排比赛日程。

比赛轮数的计算方法是：（Y＝轮数，N＝参赛者数）

当参赛者是双数时，$Y＝N-1$；当参赛者是单数时，$Y＝N$。

例如：8个队参加单循环比赛时，比赛轮数是 $8-1＝7$ 轮。5个队参加单循环赛时，比赛轮数是5轮。

（2）比赛轮次的安排

单循环赛轮次的安排方法具有可变性的特征。不同项目可以根据自己的特点和需要，采用各种不同的轮次编排方法。经常采用的编排方法有：

①逆时针轮转法

若参赛者为双数，一般都采用此法来编排各轮的比赛。如6队参加比赛，先选出1、2、3、4、5、6个位置号（序号），其第一轮比赛先将1、2、3号自上而下依次写在左侧，再将4、5、6号自下而上与3、2、1号对应写在右侧，然后用横线分别将左右两个对着的号码连接起来，即为第一轮的比赛顺序。将第一轮比赛表中的1号固定不动，其余号码按逆时针方向（如箭头所示）轮转一个位置，若参赛者为单数，则在最后一个数后补个0，各轮次仍按以上方法进行轮转，遇到"0"的参赛者，则这轮"轮空"休息，没有比赛。

表6.2　6个队单循环赛秩序表

第一轮	第二轮	第三轮	第四轮	第五轮
1——6(0)	①——5	①——4	①——3	①——2
2——5	6(0)——4	5——3	4——2	3——6(0)
3——4	2——3	6(0)——2	5——6(0)	4——5

②顺时针轮转法

若参赛者是单数。如仍按逆时针轮转将会出现一些因轮空休息而带来的不合理现象。会造成其中某一队连续多次遇到的对手，都是前一轮轮空的队，使该队以逸待劳，疲于应付。例如：有7个队参赛时，6号队在7轮比赛中，后4轮比赛全部与前一轮刚轮空休息的队进行比赛。这对6号队在体力上是不公平的。如果是5个队参赛，4号队将遇到这种情况；如果是9个队参赛，8号队也会遇到这种情况。克服这一不合理现象的方法是采用顺时针轮转法，

其第一轮比赛与双数队相同，只是在最后一个数后补"0"，第二轮是固定"0"号不动，其余号码按顺时针方向转动一个位置，各轮次以此类推。还可以采用固定右上角"0"号不动，其他号则用逆时针轮转要进行编排。

表 6.3　5 个队单循环赛秩序表

第一轮	第二轮	第三轮	第四轮	第五轮
1——0	2——0	3——0	4——0	5——0
2——5	3——1	4——2	5——3	1——4
3——4	4——5	5——1	1——2	2——3

③ "大轮转、小调动"法

根据某种需要，如开幕式、闭幕式、节假日或东道主的特别需要等，可以在某种有规律性的轮转方法基础上，把部分比赛顺序加以调动。这种调动方法是多样化的，但必须有其内在的规律。在做比赛调整时，必须将整个轮次一起调整。

表 6.4　5 个队"大轮转、小调动"赛秩序表

第一轮	第二轮	第三轮	第四轮	第五轮
1——0	2——0	3——0	4——0	5——0
2——5	3——1	4——2	5——3	1——4
3——4	4——5	5——1	1——2	2——3

（3）参赛者定位

单循环赛根据参赛者数编排好轮次后，应将各参赛者安排在比赛秩序表里，其定位方法有两种：

①抽签的方法。在对参赛者的实力情况不了解，或竞赛规程规定必须进行抽签时采用。抽签时，首先按参赛者做好相应数目的号签，在号签上写上位置号，然后由参赛者随机进行抽签。

②将上届比赛的名次作为各参赛队进入秩序表的号码：第一名为 1 号，第二名为 2 号，以此类推，分别对号入座，排入秩序表内的相应比赛位置上。

（4）制定竞赛日程表

比赛秩序表编排好后，把各轮次的比赛制定成竞赛日程表印发给参赛者。在制定竞赛日程表时应注意在场地（室内、室外等）、时间（白天、晚上等）和比赛间隙的休息时间等方面的安排上做到公平、合理。力求各参赛者最大限度的机会均等。必须在竞赛规程中将计分方法、确定名次的方法做出明确

的规定。特别是要把在有多个参赛者积分相同的情况下如何确定名次的方法说明清楚。

表 6.5　CBA 全国篮球训练比赛日程表

序号	日期	时间	组别	比赛队	场地	备注
1	4 月 9 日	8：30	一	云南—北京（深）	1	
2	4 月 9 日	8：30	二	广东—江苏（深）	2	
...						

2. 双循环赛

所有参赛者相互之间都轮流比赛两次。最后按其在两个循环比赛中的得分多少排定名次的竞赛方法，称做双循环赛。

双循环赛的场数和轮数，均为单循环赛的一倍。双循环赛比赛轮次表的编排与单循环赛相同，只要排出第一循环的轮次表，第二循环再重复赛一次。也可重新抽签排定比赛位置。第二循环的比赛如何进行，应在竞赛规程中明确规定。

3. 分组循环赛

当参赛者数量较多、比赛时间较短时，可以安排比赛分阶段进行。在第一阶段或多个阶段中把参赛者分为若干小组进行单循环赛，按其在小组循环比赛中的得分多少排定名次的竞赛方法，称做分组循环赛。

分组循环赛时，为了使分组合理，各组运动员的实力接近，一般采用"确定种子"分组或"蛇形排列"分组的办法。

（1）确定种子分组

"种子"即公众承认的运动成绩优秀者。种子的资格，竞赛组织者可以依据参赛者在上届比赛的名次或实际的运动水平来确定。种子的数目一般是组数的倍数。分组时首先将种子抽签平均分到各组中去，然后再抽签确定其他参赛者的组次和位置。例如：16 支队参加比赛。分 4 组，设 4 名种子。先将 4 名种子随机抽签分入 4 个组，再将其他 12 支队随机抽签平均分入 4 组（签牌分为 4 组，每组有 3 个相同的签号）；如 8 名种子。则先将种子随机抽签分入 4 个组（如果需要，种子也可以分批抽签：先抽前 4 名种子，再抽后 4 名种子），其他队再随机抽签进入各组。若 8 名种子的顺序是按照运动水平依次排列的，则可以用"蛇形排列"的方法将种子分入各组。

（2）"蛇形排列"分组

"蛇形排列"分组是将参赛者按照上届比赛的名次或参赛者实际运动水平从高至低依次排列，再依次衔接进行分组，这样分组各组的运动水平最为接近。例如：16 个队分成 4 组，其"蛇形排列"分组的方法如表 6.6 所示。

表 6.6　蛇形排列分组表

第一组	第二组	第三组	第四组
1	2	3	4
8	7	6	5
9	10	11	12
16	15	14	13

（3）确定名次

若分组循环赛的以后阶段比赛仍都采用单循环赛进行，则以最后阶段循环比赛的成绩排定名次。若比赛采用混合赛制，则以最后阶段所采用赛制的比赛成绩排定名次。

4. 循环赛编排时的注意事项

（1）编排时，参赛者进入比赛顺序的序号抽签和进入各组的分组抽签应尽量由参赛者亲自参加，以免对抽签的结果有所异议；若技术代表竞赛部门代为抽签，则要注意公开、公平、公正。抽签结果确定后要尽快通知参赛者。

（2）循环赛必须按轮次的顺序逐轮进行。每一轮次的比赛，必须全部结束，方可进入下一轮的比赛。这样才能使各参赛队的比赛进度保持一致。不可以在前一轮比赛尚未全部结束前，让下一轮某场次的比赛提前进行。即使因为某种特殊原因，需要调整比赛时，也必须将整个轮次的所有比赛与另一轮次的所有比赛一起对调。否则会造成比赛队休息时间的不均等，还有可能提供一些被利用的"机会"，干扰比赛的结果。

（3）注意各队在每场比赛结束后，有基本均等的休息时间。不同运动项目的比赛，场与场之间每队最低限度的休息时间是不相同的。其中足球的间隙时间最长；排球、篮球、手球等次之；乒乓球等小球项目则较短。编排时应注意保证各队的休息时间，尽可能使比赛双方休息的时间相近，以防造成恢复体力时的不均等待遇。

（4）编排时，对比赛条件、场馆、观众、时间的安排要统筹兼备，使各队基本上达到条件均等。在安排比赛秩序时，各轮次都应有势均力敌、精彩激烈的比赛场次。将比赛逐步推向高潮。

（三）混合赛制

混合赛制是循环赛与淘汰赛等多种赛制在比赛中交叉使用的竞赛方法。比赛分两个或多个阶段进行，每一阶段所采用的赛制有所不同。混合赛综合了循环赛和淘汰赛的优点，弥补了两者的不足，有利于参赛者相互交流，最大限度地减少比赛胜负的偶然性。同时，随着比赛的进程，比赛逐渐进入高潮，精彩激烈。

1. 先循环赛后淘汰赛

先采用循环赛，然后再采用淘汰赛是体育竞赛中最常用的一种混合赛竞赛方法。由于参赛者较多，考虑到比赛结果的合理性和时间、场地等实际情况，首先安排参赛者进行分组循环赛，排定各小组的比赛名次，然后再根据竞赛规程的要求，录取规定的小组名次进入下一阶段的淘汰赛，决出全部比赛最后的名次。先循环赛后淘汰赛可分为两个阶段或三个阶段进行。

2. 先淘汰赛后循环赛

这种混合赛在比赛中很少采用。往往在参赛者很多，又想使比赛结果相对更加合理时运用。第一阶段进行单淘汰赛，当比赛还剩下 6～8 人时，为使选拔的结果更加合理，选出的选手更强、更全面。则可以进行单循环，决出全都比赛最后的名次。

3. 混合赛决赛阶段的竞赛方法

混合赛最后阶段的比赛为决赛，经常采用的方法如下。

（1）同名次赛

如上一阶段比赛分成 2 组，则由 2 组的第 1 名相互比赛，决出 1～2 名；由 2 组的第 2 名相互比赛，决出 3～4 名；以此类推，决出其他的名次。如上一阶段比赛分成 4 组（或更多组），则由 4 组的第 1 名采用单循环赛或其他竞赛方法进行比赛，决出 1～4 名。

（2）交叉赛

如上一阶段比赛分成 A、B 两组，则每组的前 2 名进行交叉比赛，即 A 组第 1 对 B 组第 2，B 组第 1 对 A 组第 2 进行比赛，两场胜者决出 1～2 名，两场负者决出 3～4 名；每组的 3、4 名，5、6 名也按照上述方法相互进行交叉比赛，决出其余的名次。如上一阶段比赛分成 4 组（或更多组），则要在竞赛规程中就明确规定相互交叉比赛的对手和位置。当上一阶段比赛结束，进入决赛阶段的参赛者即进入规程中所指定的位置进行比赛，最后决出比赛名次。有的比赛规定了一定的位置由取得相关名次的参赛者抽签进入。

（3）分段赛

将上一阶段各组比赛的 1、2 名（或 1、2、3 名）分成一组进行比赛，决出所有名次；也可以将各组其他名次分段进行分组比赛，决出其余的名次。

4. 混合赛编排时的注意事项

采用先循环赛后淘汰赛时，分区和定位的方法：

①在竞赛规程中明确规定第一阶段各组第 1 名、第 2 名在第二阶段比赛时的分区和号码位置，第一阶段比赛结束后按照规程规定对号进入自己的位置。编排时第一阶段同组的队要按照成绩依次分在上、下半区；每上、下半区和 1/4 区的参赛者实力要接近。

②在竞赛规程中不明确规定第一阶段各组第 1 名、第 2 名在第二阶段比赛时的分区和号码位置时，组织者要保证每上、下半区和 1/4 区的参赛者实力接近；第一阶段比赛的第 1 名、第 2 名（第 3 名）合理分布在不同的区；同单位参赛者分在不同的区等原则，在第一阶段比赛结束后，进入第二阶段比赛的参赛者重新抽签决定第二阶段比赛时的上、下半区和号码位置。

③当第一阶段所取名次的数目不是 2 的乘方数时，可以在下一名次中录取成绩最好的队补齐。例如：第一阶段有 6 组，每组取前 2 名参加第二阶段比赛的淘汰赛，则只有 12 支队，这就要在 6 组的 6 支第 3 名的队中选取 4 支成绩好的队，补足为 16 支队，才可以进行第二阶段的淘汰比赛。补取的方法要在竞赛规程中写明。

（四）扩展赛制

扩展赛制是指比赛可以无限期地延续下去，不受时间跨度影响的一种竞赛方法。它适用于一些体育运动俱乐部内部的休闲类比赛（如网球等比赛）和学校、单位内部的比赛。扩展赛制包括：梯形赛制、金字塔赛制、水平轮转赛制等。

扩展赛制的特点：竞赛可以无限期地进行下去。但组织者可以根据参赛者的实际情况，规定一个期限。或者定期公布领先的参赛者及比赛情况；每名参赛者的比赛场次不受限制，对比赛的管理要求不高；没有一名参赛者会被淘汰。但选择比赛对手的随意性较大，比赛的最后排名可能不十分准确。

1. 梯形赛制

梯形赛制是常见的一种扩展赛制。它的编排格式像一个梯子，每个参赛者在梯子上有自己的位置。其目标是战胜梯位比自己高的对手，使自己的梯位逐级上升。梯形赛制的方法：

（1）比赛开始前，参赛者随机抽签把自己安排进入梯子的一个梯位。也可以按照参赛者水平的高低，从上至下或从下至上进行梯级排位。

（2）比赛开始后，参赛者向高出自己 1～2 级的选手挑战，如获胜则互相交换位置。挑战者不得连续向同一对手挑战，也不得主动向低于自己梯位的选手挑战。

（3）比赛前规定，到一定的时间比赛结束或公布暂时领先者，谁的梯位

社·会·体·育·指·导·员·培·训·教·程

74

在上则名次在前。

2. 金字塔赛制

金字塔赛制的方法：比赛前，参赛者随机抽签或按参赛者的实际水平将其安排到金字塔的一个格子内。比赛开始后，参赛者可以纵向，也可横向向其他参赛者挑战，获胜后互相交换位置，在规定的时间内，以在金字塔内的位置高低排定名次。

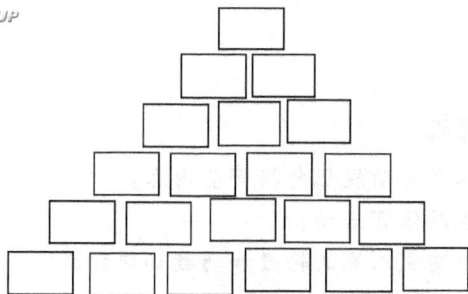

图 6.7　金字塔赛制

3. 水平轮转赛制

水平轮转赛制在竞争性的、短期的乒乓球、羽毛球训练和比赛中经常采用，并且很容易组织。

水平轮转赛制的方法：比赛开始前。参赛者随机抽签或按参赛者实际水平确定场地和对手。当第一轮比赛结束后。每一个获胜者都向一个方向移动到自己的下一个场地，所有的失利者则都向相反的方向移动到自己的下一个场地，然后再与同一场地的对手比赛（见表 6.7）。几轮过后，水平高的参赛者就相对集中在一边，水平较低的参赛者就相对集中在另一边，比赛的名次就清楚了。这也可以达到让水平相近的参赛者进行比赛的目的。

表 6.7

轮次	第一台	第二台	第三台		第四台	第五台
1	1 10	4 7	3 8	获胜 ← 失败 →	9 2	5 6
2	1 4	3 10	2 7		5 8	6 9
3	3 1	2 4	5 10		6 7	9 8

轮次	第一台	第二台	第三台		第四台	第五台
4	3 1	4 2	8 5		7 6	9 10
5	2 1	5 3	6 4		9 8	10 7

>>> 练习与思考

1. 制定基层体育活动规程包括哪些内容?

2. 如何组织基层体育活动?

3. 单循环和单淘汰比赛的轮数和场数如何计算?

4. 12支队进行比赛,用混合制方法进行编排,如何进行?共比赛多少场?要求决出所有名次。

5. 28队进行单淘汰比赛,请画出比赛秩序表。并写出4名种子的位置和轮空的位置。

社·会·体·育·指·导·员·培·训·教·程

第七章 体育健身方案的制订与实施

内容提要

本章主要介绍社会体育指导员在充分了解体育健身的基本原理和方法的基础上，根据健身群众的实际情况和体育健身的原则、要点及实施过程，科学制订体育健身方案。

第一节 制订体育健身方案的基本要点

制订体育健身方案的目的是保证体育健身更具有科学性，避免由于运动不当带来的一些不良后果，最终达到强身健体、调节心理和预防疾病的目的。

一、体育健身方案的内涵

体育健身方案是体育健身者进行体育健身活动时的实施计划，是社会体育指导员或体育健身者在一定的目的驱使下，以体育健身的原理、方法为指导，制订的科学实用的、可适用于相同人群的健身计划。不同的对象、不同的健身目的与追求，以及健身条件，可以制订不同的体育健身方案。但体育健身方案不同于"运动处方"，它具有明显的个性化特征，但也具有一定的群体性特征。同一性别、年龄相近的健身群众可采用同一健身方案；同一疾病的患者也可以制订和实施同一健身方案。

二、体育健身方案的类型

根据体育健身者参与健身的目的不同，体育健身方案可分为以下几种类型：

（一）体育健体方案：主要是促进健身者体质的增强和身体素质的提高。

（二）体育健美方案：主要是塑身。

（三）体育娱乐方案：主要是选择具有较强娱乐性的健身项目，更多享受体育的过程。

（四）体育医疗方案：主要是选择恰当体育健身项目结合医疗手段，使身体处于疾病的人群得到治疗和康复。

（五）体育旅游方案：主要是以体育为主题的旅游方案。

另外，也可依据其他标准对体育健身方案进行分类，如根据人群的特点可分为老年体育健身方案、中年体育健身方案、青年体育健身方案、女性体育健身方案和残疾人体育健身方案。

三、体育健身方案的构成要素

科学的体育健身方案应包括以下主要内容：

（一）健身目的：健身的目的是指根据个体不同的身体情况来确定的运动目标。

（二）运动类型：主要体现的是活动的项目、内容与方式，在制定运动方案的过程中要根据健身的目的、性别、年龄和客观条件等来选择适当的运动类型，以到达预想的健身效果。

（三）运动强度：在体育健身方案中是决定运动负荷的主要因素。常用计算运动强度的方法有：（1）年龄减算法：运动适宜心率＝180 或 170－年龄；（2）（每分钟最高心率－年龄）×70％～85％；（3）（最大心率－安静时的心率）×70％＋安静时的心率。

（四）运动时间：每次运动持续的时间，是组成运动负荷的重要因素。

（五）运动时间带：是指一天中运动的时机。

（六）运动频率：是指每周运动的次数。正确的运动频率是每周 3～5 次。

第二节　制订体育健身方案的原则

一、制订体育健身方案的原则

在制订体育健身方案时应遵循以下原则

（一）实事求是的原则

制订体育健身方案时，应根据个人的具体情况来确定。由于每个健身群众的基本情况和身体条件不尽相同，在实际操作过程中应根据每个人的具体情况对既定的健身方案做出适当调整。

（二）循序渐进原则

制订体育健身方案时，应根据不同人的情况，采用长期目标和短期目标相结合的方式，使机体逐步得到适应，以保证在安全有效的范围内进行体育舍身。

（三）安全有效原则

制订体育健身方案时，必须保证健身的安全和有效。首先要了解健身者的病史、运动经历，同时还应让健身者做相应的医学检查，以保证他们可以在一个安全的运动范围内从事健身活动。

（四）可行性原则

在制订体育健身方案时，运动项目的选择要根据健身者的环境条件、兴趣爱好等因素而定。如果所选的项目是健身者不感兴趣或居住环境不可以实施的，就达不到预期的效果。

二、体育健身方案的种类

体育健身方案的选择主要取于健身者对健身的喜好程度、自身的身体健康水平以及自身所处的健身环境。体育健身方案大致有以下几种：

（一）自由健身方案：

这种方案的主要特点是健身自由度较大，健身方案中的内容简单。健身内容主要是不受场地限制和便于开展的一些健身项目，健身时间随意性较大，健身场地可随意调整。

（二）系统健身方案

系统健身指健身方案的内容翔实、具体，如健身场地、运动时间以及运动强度等都有详细安排。这种健身方案的特点是健身全面、系统，健身效果比较明显。

（三）时尚健身方案

这种方案主要是针对运动项目而言。时尚健身主要是选取时下流行的一些运动项目作为健身内容，如体育素质拓展项目、街舞、滑板、轮滑、跆拳道、攀岩、蹦极等，很受一些健身群体的欢迎。

（四）传统健身方案

传统的健身方案主要是指在早晨或者傍晚开展的一些常见的健身项目，如跑步、散步、骑自行车、羽毛球、篮球、足球、乒乓球等运动项目。这些项目具有广泛的群众基础，便于开展。

第三节　设计体育健身方案的步骤与方法

一、设计体育健身方案的步骤

（一）明确构建健身方案的目标。只有目标明确了，健身方案的构建才更具针对性。通常，构建体育健身方案的主要目的是促进身心健康。中青年女性多以减肥、塑造体型、保持身材为主要目标，而男性多以强壮体魄、健美体型为主要目标，老年群体则更注重延年益寿。此外，还有相当一部分大学生以愉悦身心、陶冶情操为主要目标。在健身方案的构建过程中，只有目标明确了，才会使健身者围绕目标去选择符合自己的健身内容与方法。

（二）选取健身内容。这个环节主要是针对健身爱好者如何有效地选取适合自己的健身项目。一般而言，健身项目的选择要以自己的兴趣和爱好为根本出发点，根据自己的健身条件选择适合自己的并且易于开展的健身项目，健身项目的技能应是已经掌握的，在选择健身内容时，要综合考虑自己的健身目标、健身条件以及健身兴趣等。

（三）设定健身的运动负荷。在设定健身的量和强度时，要考虑自身的身体健康状况和遵循科学健身的原则，合理地处理好量和强度的关系。运动负荷的安排要从小到大、循序渐进，以便让自己身体逐步恢复和适应。

（四）制订出中长期健身方案。在已有方案的基础上写出当前月、周、日的健身计划。方案和计划书写完成后，可听取有关专家的意见，进行修订。

（五）修改与完善健身方案。一个成功的健身方案并不是一次就能够完全制订好的，而是需要在实践中不断修改与完善。健身方案实施一段时间后，健身者的身体状况可能会发生变化，此时，方案就需要做出调整。在实践过程中，有可能会发现诸如健身路线、内容、地点、时间和选择上有一定的问题，在运动强度和量方面也有可能出现不适应状况，这些都需要对健身方案进行修改和完善，力求达到最好的健身效果。

二、设计体育健身方案的方法

（一）时间的安排

1. 周期身次数：对于初练者而言，以每周健身 3 次为宜，隔天（或 48 小时）健身一次，健身时间最好安排在每个健身日的同一时间，不要随意增减训练次数或调整健身间隔。

2. 每次耗时：每次健身耗时为 30～60 分钟。第一个月从 30～45 分钟开始，第二个月逐渐增至 45～60 分钟。耗时长短主要由负荷量增减及健身内容特点决定，但要注意提高健身的效果。

（二）健身活动的结构

体育健身活动通常由准备部分、基本部分和结束部分组成。

1. 准备部分：开始健身前，应做 5～10 分钟的热身活动，对健身目标肌群进行预拉伸和收缩。位伸应采用静力开式，不要弹动。冬季时，应适当延长热身活动的时间，活动强度以出微汗为宜。准备活动后即可进行健身，也可休息 1～2 分钟，但千万不可在准备活动后休息时间过长，以免失去准备活动的作用。

2. 基本部分：按照计划按部就班地进行健身活动。基本部分是体育健身方案的核心部分，包含了健身活动的内容、方法、时间和负荷等。

3. 结束部分：在完成基本部分内容之后，应做一些慢跑放松活动、肌肉静态拉和缓慢揉摩活动。对于练习时承担运动负荷较大的身体部位，应多做整理活动。整理活动的时间应以机体恢复平静为准，一般为 3～5 分钟。

（三）生活制度的调整

在实施健身方案的过程中，健身者对自己的生活方式要做相应的调整，如睡眠、饮食、衣着、用药等都是需要在制订健身方案时考虑的。

>>> 练习与思考

1. 体育健身方案的内涵是什么？
2. 体育健身方案包括哪些要素？
3. 制订体育健身方案的应遵循的原则是什么？
4. 体育健身方案的种类包括哪些？
5. 设计体育健身方案的步骤包括哪些？

第八章　体育锻炼的生理卫生常识

内容提要

> 通过学习，了解人体的一般形态结构、机能和体育锻炼的一般生理卫生常识；明确体育锻炼对体质与健康的作用；掌握体育锻炼原则，指导科学锻炼。

第一节　儿童少年体育卫生

一、体育锻炼对儿童少年的影响

儿童少年身体正处于迅速生长发育时期，体内新陈代谢旺盛，身体各组织、器官的结构和功能，智力和心理的发育都具有很大的发展潜力和可塑性。经常参加体育锻炼对于儿童少年的发育、体质的增强，思想道德、意志品质的培养与形成，都具有良好的影响和作用。但是少年儿童具有区别于成年人的身体解剖结构和年龄特征，因此在进行体育锻炼时就要从少年儿童的身体实际出发，提出相应的体育卫生要求，并进行医务监督，才能防病、防伤、防意外。

1. 体育锻炼对儿童少年运动系统的影响

体育锻炼时，人体周身的血液循环加速，使正处于造骨时期的骨组织的血液供应大大改善，使之得到更多的营养物质，促进造骨过程进展加快。运动过程中，骨所承受的压力，对软骨板的生长能起到良好的刺激作用，可以促进软骨板的增长，加速骨的生长。此外，在室外活动，日光照射促进体内维生素 D 的生成，加速了骨的钙化，使骨质更加坚实。因而，经常参加体育锻炼的儿童少年的身高，往往比一般不进行或较少进行体育锻炼的儿童少年更高一些。

运动中，肌肉紧张地工作，为了保证肌肉对氧及营养物质的需要，肌肉开放的毛细血管数量达安静时的 15～30 倍以上，经常参加体育锻炼，还能促使肌肉内毛细血管数量增加。由于肌肉长期供血良好，肌纤维逐渐变粗、体积增大、弹性增加、肌肉工作的能力及耐力也都相应地得到提高。经常参加体育锻炼的人，肌肉重量可达其体重的 50%（一般人占体重的 35%～40%）。长期的体育锻炼，还可以使关节韧带变得更加坚韧、结实，关节自身也更加灵活、牢固。

2. 体育锻炼对儿童少年心脏血管系统的影响

儿童少年积极参加体育锻炼，可以促进心脏血管系统的发育，提高其机能水平。运动时，心脏的工作负荷加大，致使心率适当增加，血液流量增大，全身血循环得到改善。在心肌得到锻炼，冠状动脉循环也得到改善的情况下，心肌获得充足的营养，长此以往就会使心肌发达、心室壁增厚，致使心脏体积增大。据北京运动医学研究所调查，参加业余体育学校训练一年以上的 14 岁～17 岁少年运动员，心脏体积增大，心脏的横径、宽径、纵径都较一般少年大。由于心肌发达，心脏的收缩力量就得到增强，心脏的每搏输出量也就随之增大。在运动过程中，尽管有训练少年与一般少年的心脏每分输出量基本相同，但每搏输出量却比一般少年要大得多。这反映出：在运动中，有训练少年主要是靠增加每搏量来加大心输出量，而一般少年则主要是靠增加脉搏频率来加大心输出量的。有训练少年的心脏在必要时，可能达到的最大心输出量的幅度（心脏的贮备力量）也较一般少年大。

3. 体育锻炼对儿童少年呼吸系统的影响

当人体在运动时，肌肉活动所产生的二氧化碳，能刺激呼吸中枢，使呼吸加快、加深，促进二氧化碳的排出及氧气的吸入。运动时，一般人的呼吸频率可达 40～50 次/分（安静时为 12～16 次/分），深度为安静时的 5 倍，通气量每分钟可达 70～120 升（安静时为 6～8 升）。儿童少年经常从事体育锻炼，就能促进他们呼吸系统的发育，提高其机能水平。这主要表现在呼吸肌发达、胸围扩大、呼吸差增大、呼吸深度、肺通气量及肺活量增大，以及安静时呼吸频率相应地减慢等方面。少年运动员由于呼吸系统、心脏血管系统的机能水平较高，他们的最大吸氧量也比一般少年要大，这使得他们在剧烈运动中的工作能力比一般少年要强，能承受较大强度的运动训练。此外，经常参加体育锻炼的儿童少年，呼吸系统对各种病菌侵袭的抵抗力明显增加，上呼吸道疾病大大减少。

4. 体育锻炼对儿童少年神经系统的影响

儿童少年积极参加各种体育锻炼，可以使他们掌握多种运动技能，改善肌肉工作的协调关系，提高他们从事运动的能力和技术水平，这些都促进了神经系统机能的改善和发展。这是由于在体育锻炼中，运动器官的每一动作，都以刺激的形式作用于神经系统，使神经系统的兴奋与抑制过程得到增强，神经活动的平衡性与灵活性得到提高，使神经细胞达到反应迅速、灵活且不易疲劳的结果。实验证实，一般人对光、声刺激的反应潜伏期，为 $0.3\sim0.5$ 秒，而乒乓球运动员仅需 0.1 秒，比一般人快 $3\sim5$ 倍。通过适当的运动性积极休息，可以把因疲劳而降低的视、听感受能力提高 30%，改善疲劳大脑的工作状态，恢复精力。因此，运动后人们会感到精神愉快、思维敏捷，可以提高学习和工作效率。此外，睡前适当的放松活动，还可以使原来兴奋的神经细胞，得到更好的抑制，使人体休息得更充分。

二、儿童少年的体育卫生要求

儿童少年在生长发育过程中，身体的形态结构、各器官系统的功能及心理状况都有自身的特点。因此，在体育训练、体育教学和业余运动训练中掌握和了解这些特点，并采取相应的措施，对促进他们身体的生长发育、掌握体育运动技能和提高他们未来的运动能力，都有十分重要的意义。

（一）根据儿童少年运动系统的解剖生理特点

在体育教学和训练中，应注意以下几个方面的体育卫生要求：

1. 要养成正确的坐、立、走、跑、跳的姿势

儿童少年骨骼承受压力和肌肉拉力的能力都不及成人，骨易发生弯曲和变形。为防止他们的脊柱、胸廓、骨盆及下肢发生变形，除在日常学习和生活中要注意使他养成正确姿势外，在体育教学和训练中，也应注意培养他们养成站、走、跑、跳的正确姿势。当发现有身体姿势不正确或发育缺陷时，应及时在体育作业中加以矫正和克服发育缺陷的练习。

2. 注意身体各部分的全面锻炼

有些运动项目，如乒乓球、羽毛球、投掷运动或跳高、跳远等，肢体的负担是非对称性的，握拍手、投掷臂、踏跳腿负担偏重；又如自行车、射击、速度滑冰等运动项目，要求身体较长时间处于比较固定的一种姿势。长此以往，就易造成肢体发育不均衡和脊柱的变形。因此，在体育教学和运动训练中应注意身体各部分的全面锻炼，尤其是对侧肢体的锻炼。对于基本技术的训练也不要过于集中。

由于儿童少年肌肉的生长发育不均衡，在运动训练中，还应注意身体的全面训练和发展小肌肉群的力量和耐力的训练。例如用踮足小步跑来发展胫骨后肌、屈拇长肌的力量等。

3. 不宜在坚硬的地面上反复进行跑跳和从高处向下跳的练习

儿童少年脊柱生理弯曲较成人小，缓冲作用较差，故不宜在坚硬的（水泥、沥青等）地面上反复进行跑跳练习。长时期在坚硬地面上练习跑、跳，

会对下肢骨的骨化点产生过大和频繁刺激，易引起过早骨化或骺软骨损伤，从而影响骨的正常生长发育。同时要避免过多地从高处向地面跳下的练习，防止造成骨盆发育的变形。

4. 不宜过早地从事过多、过重的力量性练习

儿童少年不宜过早地从事力量性练习，12 岁～15 岁时，肌肉的生长和肌肉力量增长较快，在进行发展儿童少年肌肉力量的练习时，应以动力性力量练习为主，但适宜的静力性力量练习也不排除。只要安排适当，做一些静力性力量练习，对发展肌肉力量也是有益的。进行静力性力量练习时，负荷不要太重，持续的时间应有所规定。最好采用动静结合的方法，无论是动力性练习或静力性练习，组数均不宜过多，练习中应多安排几次休息，练习结束后注意做好放松活动。此外，在进行负重练习时，重量过重、练习次数过多及练习时间过长等有可能影响下肢正常的发育，引起腿的变形、足弓下降（扁平足），甚至会促进下肢骨化早期完成，有碍身高的增长。

5. 注意营养和户外运动

儿童少年的骨正处于生长旺盛时期，对钙、磷的需要较多，膳食中应保证充足的钙、磷供给量，并注意多安排室外体育活动。

6. 注意肌肉锻炼

儿童少年神经系统对肌肉运动的调节不够完善，在运动训练中应注意改进儿童少年动作的协调性，帮助他们提高对肌肉运动的感觉，培养运动的节奏感和多做一些使肌肉主动放松的练习。

7. 注意关节的锻炼和保护

发展关节柔韧性的同时，应注意发展关节周围肌肉的力量，防止软骨病及关节的损伤。

儿童少年关节活动幅度大、柔韧性好，宜进行柔韧性练习。但在体操、武术运动项目中，如不注意发展腰背肌肉和腹肌力量，单纯过多地进行脊柱过伸的静止用力练习去发展腰部的柔韧性，就易引起椎体的骺软骨损伤。同样，在篮球、排球运动项目中，不注意发展股四头肌力量，过多地练习膝关节半蹲位发力活动，尤其在过硬的场地上过多地用力踏跳，使髌骨与股骨下端经常发生摩擦和撞击，易造成股骨下端骺软骨的损伤以及髌骨软骨损伤。

儿童少年的关节牢固性比较差，容易发生关节韧带的扭伤甚至关节脱位。据首都体育学院对北京市中学生运动损伤调查的报告，中学生体育运动中关节扭伤的发病率高达 19.82%，居所调查 17 种运动伤病发病率的首位。此外，在发展儿童少年关节的柔韧性练习时，应避免使用被动的长时间的用力掰、压等手段，这样易造成关节、韧带损伤和骨的变形。同时，由于过度掰、压

的疼痛刺激，也会引起儿童少年的防御反射，不利于训练。

因此，在体育教学和训练中，在发展关节柔韧性的同时，应注意发展关节周围肌肉的力量，预防软骨病及关节损伤的发生。

（二）根据儿童少年心血管系统的解剖生理特点

在体育教学和训练中，应注意以下几个方面的体育卫生要求：

1. 合理安排运动负荷

儿童少年心血管系统和呼吸系统机能在正常情况下，虽然与他们的发育水平相适应，并且对逐步加大运动量有较大的机能潜力，但是儿童少年的心肌纤维较细，心脏收缩力量较弱，心容量较小，神经系统对心血管活动的调节还不够完善。因此，在体育锻炼和运动训练中，在运动量的安排方面，应注意适宜与合理。在安排运动量时，强度可以稍大一些，但不应要求过高过急，密度要小一些，间歇次数要多一些，练习时间不宜过长。对一些长时间紧张的运动、负荷过大的力量性练习及消耗过大的耐力性练习则不宜过多采用。13岁～14岁以后，心血系统机能逐渐接近于成人，可以承受较大的运动量训练，但也应注意遵循循序渐进和个别对待的原则。同年龄少年个子高大的，心脏的负担量相对也大；性成熟迟缓的，心脏发育也较迟缓，在安排运动量时应注意区别对待。

儿童少年在运动时，较大程度上依赖心搏频率的增加来加大心输出量。心搏频率过快，心舒张期缩短，营养心脏本身的冠状循环受影响，造成心肌营养不良，长此下去，会使心肌受损。因此，对儿童少年的体育锻炼或运动训练，如运动量安排不当，不但不能促进其身体的生长发育、增强其体质，反而有损于他们的健康。

2. 应避免做过多的屏气动作

屏气时，胸腹腔压力升高，使回心血量减少，从而也降低了心输出量，使心脏本身的血液供应受到影响。屏气后，胸腹腔压力骤减，致使大量血液涌回心脏，使心脏一时过度充盈，不利于心脏工作。倒立、背桥等动作也不宜多做，做这些动作时，人的头部朝向地面，心脏也呈一定的倒置状态，由于血液的重力作用，头部的血回流心脏困难，心房的血流入心室也增加了阻力，加重了心脏的负担。在体操训练中，从事这些练习时，在时间上要予以控制，在练习后更应做些放松和整理活动，以便血液循环得以恢复正常。

（三）根据儿童少年呼吸系统的解剖生理特点

在体育教学和训练中，应注意以下几个方面的体育卫生要求：

1. 注意呼吸卫生

培养儿童少年在运动中，能根据动作的结构、节奏及用力情况，逐步掌握适宜的呼吸方法，并教育他们注意呼吸卫生。一般来说，肢体伸展的动作便于吸气，面肢体屈曲的动作便于呼气。在胸廓肩带需要固定的动作便于腹式呼吸，而腹肌用力和收腹的动作便于胸式呼吸。爆发用力和上下肢做大幅度活动的动作时又必须暂时屏息甚至憋气。周期性的运动项目，如跑、游泳、划船等，呼吸必须有一定的节奏，例如长跑采取两步一呼，或三步一呼、三步一吸等。

2. 强运动中的呼吸

强度较大、时间较长的运动项目中，如 800 米、1 500 米跑，运动前做好准备活动，运动中加深呼吸，特别是有意识地加深呼气，这些都可以减轻"极点"的反应，推迟"极点"的出现，促使"第二次呼吸"的提早到来，甚至可以不出现"极点"。体育教师和教练员应对儿童少年介绍有关"极点"和"第二次呼吸"的生理知识，加强儿童少年在运动中的意志锻炼，使他们在运动中主动地、有意识地加深呼吸。

3. 儿童少年的呼吸

儿童少年血液循环和呼吸机能较成人差，在剧烈运动时，最大肺通气量、吸氧量、氧极限水平和最大氧债量均比成年人少，因此，他们对强度较大且持续时间较长的运动适应能力较成人低。在运动训练中，对儿童少年在强度方面不能要求过高过急，突出以强度为主的训练，持续时间不能过长，练习中间应多安排几次休息。

（四）根据儿童少年神经系统的解剖生理特点

在体育教学和训练中，应注意以下几个方面的体育卫生要求：

（1）儿童少年体育活动的内容和形式要生动活泼和多样化，可穿插一些游戏和小型比赛等。活动过程中，要有适当的间歇。

（2）由于儿童少年第二信号系统功能发育尚不完善，教学过程中应多采用直观教学和示范教学手段，多运用简单、形象的语言进行讲解，多做一些模仿性练习，同时注意培养其思维能力，促进第二信号系统的发展。

（3）由于儿童少年大脑皮层神经细胞分化尚不完善，神经系统分析综合能力较成人差，小肌肉群发育较迟，因此不宜要求他们做过于复杂和精细的技术动作。

（4）青春发育期，女少年由于内分泌腺活动的改变，神经系统的稳定性受到影响，在完成动作时，平衡及协调能力有所下降。同时反映在心理特征上表现为对参加体育运动的积极性和兴趣不高，对她们要适当减少要求平衡能力较高的动作，并在教学中注意循循善诱，鼓励、启发她们积极参加体育锻炼的自觉性。这个时期男少年心理特征表现为好胜心强，往往对自己的能力估计过高，在教学和训练中，应对他们加强防伤观念和组织纪律性的教育。同时，加强保护措施及自我保护能力的培养。

第二节　女子体育卫生

一、女子体格发育的一般特点

（1）9岁～10岁以前身体功能情况和运动能力与同龄男孩基本相同。

（2）9岁～10岁以后身高、体重一般都超过男孩。

（3）12岁～13岁以后男孩的身高、肌肉、力量、运动能力又超过女孩。

（4）比男孩早两年进入青春期，结束也早两年。

（5）女子骨盆较宽，皮下脂肪较多，体重占身高比例较大，形态机能指标均落后同龄男子。

（6）女子脂肪占身体重量的28%；男子占18%。

二、女子体育卫生的意义

女子经常参加体育锻炼，不仅可以促进身体的生长发育、增进健康、提高身体各器官、系统的功能水平，使之能更好地胜任对身体条件要求较高的工作任务，而且还可以使身体各部的肌肉得到协调均匀的发展。特别是通过体育锻炼能使腹肌、腰背肌和骨盆底肌的肌肉力量得到增强，这对于女子妊娠期的身体健康和顺利分娩都有很大好处。

10岁以前，男女儿童的身体机能情况和运动能力基本相同，在进入青春发育期后，由于内分泌和生殖系统的迅速发育，使他们身体各方面出现急剧的变化，男女在身体形态上、生理机能和心理特征方面都出现较大的性别差异。这个时期女子除心脏、呼吸、骨骼和肌肉等方面的发育和功能与男子的区别越来越显著外，还开始出现了月经初潮。因此，对女子进行体育教学和训练时，在运动项目的选择和运动量的安排上，必须考虑到女子的解剖生理特点，并提出相应的体育卫生要求，同时要注意女子经期的体育卫生。

三、女子各器官、系统的解剖生理特点

1. 女子运动系统的特点

女子的骨骼细小，骨密质的厚度较薄，骨骼内水分及脂肪的含量相对较多，无机盐含量较少，女子全身骨骼的重量较男子轻约20%，女子骨骼的抗

压弯能力也仅为男子的 2/3；女子的肌肉重量占体重的比例较男子小（女子约 35%，男子约 40%），而且肌肉所含水分及脂肪较多，含糖量较少，这使得女子的肌肉力量比男子弱（肌肉力量比同龄男子小 20%～25%），且容易疲劳。女子肩带部位和前臂肌肉力量较差，加上肩部较窄，所以做悬垂、支撑及负重等动作较为困难；女子的脊柱椎间软骨较厚，各关节的关节囊及韧带的弹性及伸展性也较好，因此女子身体的柔韧性及各关节的灵活性都较男子好，但女子身体的柔韧性也会随年龄的增长而降低，在体育教学和训练中，应注意保持和发展其柔韧性。

2. 女子心血管系统的特点

女子心脏体积较小，心脏重量较男子少 10%～15%，心脏容积也比男子小，女子心脏容积为 455～500 毫升，男子为 600～700 毫升。因此，女子每搏心输出量也较男子少 10% 左右。

由于女子心肌收缩力量较弱，调节心脏的神经中枢兴奋性较高，所以心搏频率较男子快 2～3 次/分。运动时，女子主要是靠加快心搏频率来增加心脏每分输出量，因此她们心脏贮备力量（心输出量的扩大范围）也低于男子。

女子血压较男子低 10% 左右，运动时升高幅度较小，运动后血压恢复的时间也较长。此外，女子全身血量、血液内的红细胞及血红蛋白含量都低于男子。因此，女子血液运输氧和二氧化碳的能力都不及男子。

3. 女子呼吸系统的特点

女子胸廓和肺脏的容积都较小，例如，男子肺总容量为 3.61～9.41 升，而女子仅为 2.81～6.81 升。加上女子呼吸肌力量较弱，胸廓活动度较小，因此女子的肺通气功能和换气功能都较低。表现为女子的呼吸频率较快，肺通气量和肺活量小于男子。此外，由于女子的心脏血管系统功能也不及男子，故女子安静时和最大体力负荷时的吸氧量也小于男子。这些都限制了女子在运动中氧的供应能力，从而使她们的运动能力及耐力都不及男子。

4. 女子生殖系统的特点

女子生殖系统分为外生殖器与内生殖器两部分。内生殖器包括阴道、子宫、输卵管和卵巢。内生殖器都位于盆腔内，子宫呈倒置的扁梨形，约 2 寸长，位于小骨盆腔的中央，宫体前倾前屈，子宫颈外口接近坐骨棘水平。子宫的正常位置是依靠子宫韧带、子宫附近的器官和腹腔、盆腔内一定的压力来维持的。由于女子腹腔和盆腔内向下压力的方向与骨盆出口平面几乎垂直，而骨盆底的出口较大，由于骨盆底肌（会阴部肌肉）、筋膜及皮肤等封闭，所以骨盆底肌将会承受较大的腹压。倘若骨盆底肌不够紧张有力，就会造成子宫位置改变，严重时有可能影响日后的生育。腹壁肌肉、骨盆底肌和横膈膜三者对保持一定的腹腔、盆腔内压力有重要的作用。体育锻炼可使女子的骨盆底肌与腹肌变得强而有力、弹性好、紧张性正常，可维持和承受足够的腹压，这对于维持子宫及其他生殖器官的正常位置是很重要的。腹肌与骨盆底肌力量的简易而有效的锻炼方法：仰卧举腿、仰卧起坐、前后踢腿、摆腿以及大腿绕环等运动。

四、女子的一般体育卫生要求

青春发育期后，由于男女少年在身体形态与生理机能及素质方面逐渐出现明显的差别，而且女少年开始有月经来潮，因此在进行体育教学和运动训练时，必须考虑到女少年身体的解剖生理特点，并予以区别对待。为此提出以下几个方面的体育锻炼要求：

（1）中学体育课应男女分班进行教学。由于内分泌和生殖系统的迅速发育，使她们身体各方面出现急剧的变化，男女在形态上、生理功能和心理特征方面都出现较大的性别差异。对中学生的体育教学，有条件的都应男女分班上课。不具备分班的也应分组教学，活动的内容和要求应区别于男生。

（2）女子心血管、呼吸系统功能较差，运动量的安排相对要比男子小一些。

（3）女子肩部较窄，臂力较弱，做悬垂、支撑及大幅度摆动动作较吃力，学习时要注意循序渐进，并给予其必要的保护。

（4）女子身体重心较低，平衡能力较强，柔韧性较好，适宜进行平衡木及艺术体操等项目的活动，应注意保持和发展其柔韧性，有目的、有步骤地加强肩带肌、腹肌、腰背肌和盆底肌的锻炼。

（5）不宜做过多的从高跳下的练习，地面不可过硬，并注意落地姿势，以免使身体受到过分震荡，影响盆腔脏器的正常位置及骨盆的正常发育。

（6）根据青春发育期女生的心理特点，要注意引导和启发她们参加体育锻炼的自觉性和积极性，全面发展身体素质，提高健康水平和运动能力。

（7）根据女子月经期间运动能力变化规律，合理安排运动量。

五、女子月经期的体育卫生

（一）月经和月经周期

月经是女子特有的生理现象，每月一次。月经的第一次来潮，叫月经初潮。通常把月经来潮的第一天到下一次月经来潮的第一天，称为一个月经周期。月经周期一般为 21 天～35 天，平均为 28 天。女子到 45 岁～50 岁卵巢逐渐萎缩，内分泌功能下降，月经周期发生紊乱，这个时期称为更年期，此阶段的女子参加体育锻炼更要注意经期卫生。以后月经停止，称之为绝经期。女运动员在月经期可能有以下4种表现：

（1）正常型（约占64%）

行经期正常，无任何不适感觉，或只有轻微的腰痛、下腹酸胀等先期征兆。她们在经期体力充沛，运动成绩不下降。此类型的女运动员可照常参加训练。

（2）抑制型（约占23%）

经期有疲劳感，反应迟钝、嗜睡，体温有所下降，脉搏减慢，血压降低，一般工作能力下降。此类型的女运动员也可照常参加训练，但应多做一些准备活动。

（3）兴奋型（约占10%）

经期心烦，脉搏加快，血压有所升高，下腹酸痛坠胀，头晕、睡眠不好、动作僵硬、不易放松，但运动成绩反而有提高。此类型的女运动员一般也可照常训练，但在准备活动中应多做些放松练习。

（4）病理型（占3%～5%）

经期有全身不适，乏力、恶心、头晕头痛，睡眠不好，经血过多或过少，有明显痛经，或有子宫痉挛。对此类型的女运动员，应根据情况进行减量训练，或只做轻微的活动，或让其休息。

女运动员中，有时出现月经紊乱，其中有人是由于运动量安排过大而引起的，在调整运动量之后，月经就可以恢复正常。有的人是由于训练或比赛环境的改变，中枢神经系统和内分泌系统机能暂时不稳定而造成的，经过一段时间，身体逐步适应以后，往往会自行恢复。如果排除以上因素，月经仍不能恢复正常者，则应及时进行检查治疗。

（二）月经期体育卫生要求

（1）月经期间运动负荷的安排要适当减少，活动时间不宜过长。一般不宜参加比赛。

（2）月经紊乱及痛经和患有内生殖器炎症的女子，月经期间应暂停体育活动。

（3）不宜游泳。

（4）应避免做剧烈的、大强度的或震动较大的跑跳动作以及使腹内压明显增高的屏气和静力性动作。

（5）对月经紊乱以及痛经和患有内生殖器炎症的女生，经期应暂停体育活动。

（6）对身体健康、月经正常、平日又有一定训练水平的女少年运动员，经期可以安排一定量的运动训练。

（7）女运动员出现月经紊乱，经调整后仍不能恢复正常者，应及时进行检查治疗。

（8）可建立月经卡片制度。

第三节 中年人的体育卫生

一、体育锻炼对中年人身体的影响

中年是指在人的一生中，由青年过渡到老年的一段岁月，通常是指 35 岁到 60 岁这一年龄阶段。中年是成熟了的时期，也是比较稳定的时期。无论在身体或心理上，还是社会职业、家庭生活等各方面，中年都是比较成熟而稳定的，这就为其生活和事业提供了坚实的基础。中年又是身体上的转变时期，即从充满活力的青年时期，逐渐转变为迟缓、衰退的老年阶段。这期间身体出现一系列生理改变：各组织、器官逐渐发生退行性变化，生理功能逐渐下降；身体对外界环境的适应能力逐步下降，抵抗疾病的能力逐渐降低；各种疾病的罹患率逐渐升高。假如不认识这一改变，不重视中年人保健，就会加速、加重这一改变的进程和程度，导致疾病的发生，危害健康。因此，加强保健是保证中年人身心健康、延长生命、提高工作能力与效率的关键。

当今世界随着科学技术的飞速发展和物质生活水平的不断提高，已逐渐把人们带入了缺乏运动的安逸状态。结果导致了"文明病"的悄然而至并广泛流行，尤以中年人患病率最高，为摆脱自己日益增长的"文明病"，求得祛病延年，就得积极投身于锻炼之中。

（一）体育锻炼对中年人运动系统的影响

体育锻炼可以加强中年人骨的代谢过程，使骨骼增粗，骨皮质增厚、防止骨脱钙和骨质疏松及骨折；防止脊柱、胸廓的变形和椎间盘的萎缩，同时增强关节的柔韧性、灵活性和牢固性，从而有效防止颈、肩、腰、膝等骨关节的退行性病变。体育锻炼使肌肉中毛细血管增加，血液供应充分，肌纤维变粗，贮存氧的"肌红蛋白"增加，肌糖原也增多，从而防止肌肉萎缩，并且增加肌肉力量。

（二）体育锻炼对中年人心血管系统的影响

体育锻炼能提高中年人的心脏功能。表现为运动增加了冠状动脉的血流量，改善心肌营养，心肌的兴奋性增强，使心肌收缩力增加，每搏输出量加大，从而提高了心脏的泵血功能。此外，体育锻炼可使血液总胆固醇含量降低，特别是能降低低密度脂蛋白胆固醇含量，提高高密度脂蛋白胆固醇含量，从而减少胆固醇在血管壁上的沉积，防止动脉硬化、高血压、冠心病、脑血栓、脑出血等心、脑血管疾病的发生，还可使血压随年龄增长而增高的趋势变缓，从而保持血压平稳。

（三）体育锻炼对中年人呼吸系统的影响

体育锻炼有利于保持中年人的肺组织的弹性，提高呼吸肌的收缩能力，加强胸廓的活动度，改善肺脏的通气和换气功能，增加吸氧能力，从而提高全身内脏器官的新陈代谢过程。因此，经常参加体育锻炼可减缓肺及气管的退行性改变，并可防止鼻炎、咽炎、气管炎和肺炎等呼吸系统疾病的发生。

（四）体育锻炼对中年人神经、内分泌及其他系统的影响

体育锻炼可促进血液循环，改善脑细胞营养代谢，延缓中枢神经系统的衰老过程。表现为大脑皮层神经过程的兴奋性、均衡性和灵活性提高，反应的潜伏期缩短，各种分析器的机能改善，从而保持中年人精力充沛、动作敏捷。体育锻炼可作为一种积极性休息，使不同线路网络的神经元通过网络系统轮流兴奋和开放，从而使疲劳的那部分神经元得到休息，而让另一部分神经元兴奋起来，以消除大脑疲劳和精神紧张现象并可改善睡眠过程。体育锻炼还可通过改善血液循环，促进脑内供应能量的再合成过程，加快突触间的传递。因此，还能推迟疲劳的出现和提高工作效率。体育锻炼能推迟或延缓内分泌系统各种腺体的衰老过程，并且使处于紊乱状态的内分泌系统通过体育锻炼获得生理效应，去调节和重建内分泌系统的相对平衡，从而有效防止因中年时期内分泌失调而引起的各种疾病，顺利度过更年期。

体育锻炼可以加强消化系统功能，使胃肠蠕动加强，改善血液循环，增加消化液的分泌，加速营养物质的吸收和改善与提高肝脏功能。此外，体育锻炼还可提高人体免疫力，减少感冒或因感冒继发的扁桃体炎、咽炎、气管炎及肺炎等疾病。

二、中年人的体育卫生要求

（1）要克服"待退休后再锻炼"的思想。

（2）锻炼前必须进行严格体格检查，重点检查心血管系统功能。

（3）做好运动前的准备工作。

（4）选择适宜的运动项目、强度和合理安排锻炼时间，且要因人制宜，

中年人运动时以脉搏 120 次/分为宜。

（5）要循序渐进、逐步适应、养成习惯。

（6）不要在过劳、过饱、过饿时运动。

（7）加强医务监督工作，防止过劳或意外损伤。

（8）定期进行全面身体健康检查。

第四节　老年人的体育卫生

一、老年人的生理特点

（一）衰老

衰老是一切多细胞生物随着时间的推移，自发的必然过程。它表现为一定的组织改变，器官衰老及其功能、适应性和抵抗力的减退。生长发育、成熟、衰老是生物界一切生物自然发展的必然规律，人类的一生也不例外地要经过这样三个自然发展阶段。按照人类的生理变化，有人将人的日历年龄分为四组：从出生到 20 岁为发育时期；20 岁～40 岁为成熟时期；40 岁～60 岁为渐衰时期；60 岁以上为衰老时期。1964 年我国第一届老年学与老年医学学术会议上曾规定男女均以 60 岁以上作为老年。联合国关于人口老龄化的标准是以 65 岁以上为老年人。医学上谈到衰老的表现，一般是指妇女 60 岁以上，男人 65 岁以上所出现的一些生理现象。

人体衰老进程的快与慢，寿命的长与短受许多因素的影响，如社会制度、经济状况、营养、医疗卫生条件、体力活动以及遗传、环境气候、疾病等。但国内外大量调查研究资料表明，体力活动对于延缓衰老、防病抗老、延年益寿有着积极的作用。我国早在古代就用"流水不腐、户枢不蠹"来比喻运动对防病抗老的作用。同一道理，现代医学也基于"生命在于运动"这一指导思想，把体育锻炼作为老年人防病抗老的重要手段，老年人体育锻炼和老年人的医疗体育已作为运动医学和康复医学的组成部分，在老年病的预防医学中，也把体力活动视为重点之一。

体育锻炼是如何推迟衰老，增进健康的呢？新陈代谢是生命的基本特征，从生理学角度看，衰老现象的发生，是由于新陈代谢的迟滞、衰退引起的，当人进入老年以后，由于新陈代谢明显降低，各器官的功能就逐步发生了一系列老年性改变，但科学研究结果已经证明，老年人机体的结构和功能仍然存在着提高和改善的可能性，科学合理的体育锻炼，使机能承受一定的运动负荷，可以促进全身的血液循环，使身体各组织细胞得到微血管提供的充足的氧气和营养物质，改善组织细胞的代谢。由于新陈代谢过程的改善和各器官、系统功能对运动负荷的适应性增强，就使得老年人仍能减轻机体老年性退行性改变的程度以及减慢其发展的进程，使老年人机体的生理功能得到增强和改善，从而达到了推迟衰老和增进健康的目的。

（二）老年人各器官系统的解剖生理特点

老年人的衰老变化最明显的是外形的改变。如头发变白与脱落，皮肤变薄、干脆、松弛、皱纹增多，出现各样的老年斑和老年紫颜瘢，皮下脂肪减少，使身体的御寒功能降低，肌肉萎缩使手的拉力及握力减弱，由于脊柱椎间盘的改变，身躯或多或少都会出现老年性弯曲，身长减短，动作和步履迟缓，上、下颌骨及牙龈萎缩，牙齿容易出现松动和脱落。感觉系统的变化也较明显，瞳孔一般变小，角膜周围出现一圈类脂质沉着不透明的老年环，视力调节功能下降出现老花眼，听力下降，嗅觉减退，痛觉及温觉感降低，对外界刺激反应迟钝。以上这些变化经常伴随着一些内脏功能的减退，主要表现为内脏器官贮备力降低，适应能力和抵抗力减弱。其各器官系统的解剖生理特点如下：

1. 运动系统

由于内分泌和代谢功能的改变，多数老年人发生骨萎缩和骨质疏松，表现为骨密度降低，骨皮质变薄，使骨骼的弹性和韧性进一步降低，骨骼变脆，容易发生骨折。老年人骨密度降低是由于钙质自骨中释放出来的结果，四肢骨及脊椎骨明显。实验证明，老年人适当增加活动，使四肢骨及背椎骨有一定负荷，可减少或防止钙质从骨中外逸。

老年人肌肉出现萎缩、肌肉重量减少、肌力降低，一般 30 岁左右男子的肌肉重量约占体重的 40%，而到老年仅占体重的 25%。

老年人由于关节软骨萎缩，发生纤维性退行性变化，关节面逐渐粗糙变形，又由于关节软骨附近常出现不同程度的骨质增生或肌肉附着部出现骨化以及关节囊僵硬、韧带弹性减弱等原因，造成老年性骨关节的退行性形变或出现畸形，如驼背、脊柱侧弯等，因而限制了脊柱活动或由于刺激神经末梢而引起疼痛。

2. 心血管系统

主要变化首先在于心脏实质细胞数目减少、脂褐素沉着、心肌纤维化及发生淀粉样变，使心肌萎缩及供应心脏血液的冠状动脉出现粥样硬化，导致心肌收缩力量减弱。

其次，老年人血管弹性减退、动脉管理硬化、管腔变窄，使血管外周阻力增加，动脉血压升高，导致心脏工作负担加重。

以上两方面因素共同作用使心血管系统的生理功能削弱，表现为心搏出量和心输出量减少（60 岁以上老人的心输出量较 25 岁的青年减少 30％～40％），脉率逐渐下降，血液循环缓慢，使身体各脏器的血流量减少，体力负荷的能力明显减退，进行较剧烈的运动时，心率加快，血压急剧增高，运动后恢复也较慢。因此，老年人的心脏更易于疲劳，易发生意外。

3. 呼吸系统

老年人呼吸功能明显减退，肺泡融合，间隔萎缩，肺组织弹性降低，氧弥散功能下降，呼吸肌力量和韧带弹性减弱，肋软骨钙化，使胸廓的活动度减小，肺脏的通气和换气功能相应降低，肺活量一般从 35 岁就开始下降，到80 岁约下降 25％，而残气量却增加了近一倍，使动脉中的血氧含量降低。此外，有的老年人胸廓还会出现各种畸形，如桶状胸等，更加重了呼吸功能的减退。

4. 神经系统

老年人由于大量神经细胞发生萎缩和死亡，不仅神经细胞数目减少，而且细胞中的核糖核酸的含量也减少，神经纤维出现退行性改变，大脑的重量从 30 岁到 70 岁减少约 10％，大脑皮层的表面积减少 10％左右。老年时期脑的生理学变化以脑血管硬化、脑血流阻力增加、血液循环减慢、脑血流量及耗氧量降低为主。出于以上这些变化，使老年人大脑皮质神经过程的兴奋和抑制转换速度减慢，神经过程的灵活性降低，对各器官、系统活动的调节功能减弱，建立新的条件反射较为困难，记忆力减退，对刺激的反应较迟钝，神经细胞工作耐力差，容易疲劳且恢复体力较慢。

二、老年人的体育卫生要求

（一）认真遵循体育锻炼原则

老年人从事体育锻炼时，必须根据自己的身体情况，量力而行。运动量要从小到大逐渐增加，增加的速度不宜太快，每增加一级负荷，都要有一个适应阶段。在锻炼中要掌握循序渐进和持之以恒的原则。

（二）选择合适的体育锻炼的项目和内容

1. 注意负荷
应注意避免某一器官或肢体负荷过重。
2. 宜选择动作柔缓、强度容易控制的、以提高心肺功能为主的有氧运动
一般可选择散步、慢跑、爬山、游泳、骑自行车等有氧运动进行耐力锻

炼，同时进行适量的肌力锻炼和柔韧锻炼。对不大喜欢运动的人来说，可选择太极拳、太极剑、保健按摩、医疗体操及日光浴、空气浴、冷水浴等项目，也可进行自娱性较强的老年迪斯科、健身操、钓鱼、球类和棋类等活动。

3. 不宜参加速度性项目和力量性锻炼

对于可能会引起身体血液重新分配和影响脑部血液循环的身体骤然前倾、后仰、低头及弯胸的动作，也要尽力少做或不做。可能出现摔跌或憋气的活动不宜参加，以免引起心肌缺血、脑血管破裂、骨折或其他伤害事故。

（三）合理安排运动时间

（1）清晨是老年人锻炼的最好时机，有利于促进肾上腺激素的正常分泌，对人体健康十分有益。

（2）9～12 时，15～21 时之间，人体的生物节奏处于机能的高峰期，可依据自己的日常习惯安排适宜的运动项目。

（3）不要在空腹（空腹锻炼易得胆结石，且早晨是心肌梗死、心脑血管发病最高的时候，最起码要喝一杯温开水）、疲惫、有病时硬性参加锻炼活动。

（四）合理控制运动负荷

1. 运动负荷的指标

老年人不宜进行较大运动负荷的身体活动，尤其应避免大强度的运动和持续时间过长的运动，要注意使运动量不要超过心脏负荷。老年人运动时，可用运动后即刻脉率变化和恢复时间来控制运动负荷。

（1）运动强度：老年人的适宜运动强度可用 170 或 180－年龄＝运动后即刻心率来控制（安全、有效）。美国运动医学会 1990 年推荐，老年人训练强度阈值为 60％ 的最大心率，其适宜心率为 110～130 次/分，运动后 5～10 分钟内脉率恢复到安静时水平较为合适。

（2）运动时间：20～30 分钟为宜。

（3）运动频率：每周 3 次。

2. 运动中的休息

运动中应安排适当的休息，以期获得体力上的恢复。

3. 运动中的调理

每次练习时运动量的变化不宜突增骤减，应遵守循序渐进的原则进行合理的调整，对患有心血管系统疾病的人更要注意。因此应注意做好准备活动和整理活动。

（五）调节好呼吸，以免引起血压骤然升高。

运动时，呼吸要自然、动作要缓慢有节奏，避免做憋气和过分用力的动作（举重、俯卧撑、引体向上等），尤其对动脉硬化的老人，更应避免引起血压骤然升高的动作（如手倒立、头手倒立等）。

（六）结群、结伴锻炼

1. 克服孤独感，提高锻炼效果
2. 防止意外事故的发生

（七）运动场合的择定要合适

应多到户外活动，尤其是冬季（户外空气清新，有利肌体吐故纳新）。活动地点应平坦宽敞，较少有车辆和行人，以防发生危险。

（八）体育锻炼与卫生保健措施相结合

（1）每天的生活应有规律。保证充足的休息和睡眠；饮食应定时定量，保持清淡，注意营养。

（2）戒除不良的生活嗜好，不抽烟、少饮酒。

（3）丰富自己的文化娱乐生活，认真学习、积极参加社会公益活动。

（4）有条件的老年人在开始锻炼前应进行体格检查，根据检查结果，参考以往运动能力，选择适宜的锻炼内容和手段，并制订出适合自己身体状况的锻炼计划。

（5）锻炼过程中应加强医务监督。如运动后出现头痛、头昏、胸闷、心慌、食欲不振、睡眠不佳、明显疲乏、厌倦等现象，则说明运动负荷过大，应及时调整内容、运动负荷或暂停锻炼，遇有疾病或过度疲劳时，也应暂停锻炼并积极进行治疗和休息。有较好锻炼基础的老年人参加球类、长跑等大运动量和对抗性强的项目时，更须注意这个问题，以确保运动中的安全。

（6）定期进行体格检查，随时修改运动处方。

>>> **练习与思考**

1. 根据儿童少年心血管系统的解剖生理特点在体育教学和训练中，应注意哪几个方面的体育卫生要求？

2. 根据儿童少年呼吸系统的解剖生理特点在体育教学和训练中，应注意哪几个方面的体育卫生要求？

　3. 女子的一般体育卫生要求是什么？

　4. 女子月经期体育卫生要求是什么？

　5. 中年人的体育卫生要求是什么？

　6. 老年人的体育卫生要求是什么？

第九章　运动、营养与体重控制

内容提要

本章系统介绍了运动（有氧、无氧），营养（营养素、合理营养），体重控制（减重、增重），且深入阐述了运动与营养对体重控制的作用。通过学习，了解有氧、无氧运动对人体的作用；熟悉各营养素对人体的营养功用；掌握减重、增重的原理与方法。

第一节　运动卫生

运动是一种涉及体力和技巧的由一套规则或习惯所约束的活动，通常具有竞争性。但从广义和通俗的角度理解，是身体活动的统称。指骨骼肌收缩产生的任何身体活动，即能导致能量消耗的任何身体活动，是基础代谢水平上身体能量消耗增加的活动，包括生活、工作、出行和健身锻炼等各种消耗体力的活动。从狭义的角度理解，运动指专门的体育运动，如跑步、游泳、投掷、各种球类、体操、举重、柔道、跆拳道等。从运动健身的角度来讲，任何增加能量消耗的身体活动都对健康有益。

一、有氧运动

有氧运动是指人体运动时可得到足够的氧气供应，机体主要以糖和脂肪的有氧氧化产生大量的能量，供机体长时间运动需要。由于有氧运动的强度不大，机体的功能物质相对的充足，代谢产物中无酸性代谢物质积累，而且代谢产生大量的能量。因此，运动持续的时间相对较长，故人们常称有氧运动为耐力运动。

1. 有氧运动特点

（1）供能方式为有氧代谢系统有氧氧化供能；

（2）运动强度较低，运动时机体单位时间内的需氧量低于最大摄氧量，氧气供应较充足；

（3）运动时间和运动距离相对较长；

（4）有氧运动多为上肢、下肢、躯干等全身主要大肌群同时参加运动；

（5）有氧运动中多数项目为周期性运动，如步行、慢跑、骑自行车、游泳、划船等。

2. 有氧运动对人体的益处

有氧运动中主要是人体大肌肉群参加的中等强度、持续时间相对较长的体育运动，所以，有氧运动对增强心血管适应能力的效果最为显著；而较长时间的有氧运动能引起大量的能量消耗，参与机体供能的主要物质是糖和脂肪，因此，有氧运动能消耗体内多余的脂肪，有利于维持健康体重，预防肥胖。此外，有氧耐力运动可增进心肺功能，降低血压、血脂和血糖，增加胰岛素的敏感性，改善血糖、血脂和一些内分泌系统的调节。这些作用长期影响可以使冠心病、中风、Ⅱ型糖尿病和肿瘤的发生风险降低 2 成到 3 成，且有助于预防骨质疏松，改善关节功能、缓解疼痛、延长寿命。

二、无氧运动

运动生理学认为，当人体进行大强度以上的剧烈运动时，机体的氧气供应相对不足，供能的主要方式是由肌肉中的 ATP—CP 的分解和肌糖原的无氧酵解，后者在释放能量的同时产生大量乳酸，肌肉中乳酸大量积累可导致运动能力的下降，运动时间的缩短，持续运动的时间最多在 3 ~ 5 分钟之间。因此，运动中依靠无氧代谢供能的运动都属于无氧运动。举重、跳跃、短跑、短距离游泳、剧烈的健美操等即为无氧运动。

1. 无氧运动特点

（1）供能方式为 ATP—CP 的分解和肌糖原的无氧酵解供能；

（2）运动时间和运动距离相对较短；

（3）运动强度较高，运动时机体单位时间内的需氧量高于最大摄氧量，氧气供应相对不足。

2. 无氧运动对人体的益处

无氧运动主要是由高阻力运动组成，无氧运动又称力量运动、抗阻运动、循环阻力运动。力量运动或抗阻运动锻炼可以增加肌肉重量和力量，提高瘦体重比例，预防肥胖，有利于塑造良好的身材和体形；对心血管健康和改善血糖水平也具有促进作用。特别是对骨骼、关节和肌肉的强壮作用更大，这不仅可以延缓身体运动功能的丧失，还有助于预防老年人跌倒和骨折造成的损伤。骨骼肌对糖和脂肪代谢的调节作用与糖尿病、肥胖和心血管病的发生和发展有关，因此肌肉力量的锻炼有助于多种慢性疾病的预防和控制。

第二节 运动与营养

一、营养与营养素

机体摄取、消化、吸收和利用食物中的养料以维持生命活动的整个过程称为营养。研究营养过程、需要和来源，以及营养与健康关系的科学称为营养学。

机体进食食物以后，经过口腔、咽、食管、胃、小肠、大肠的消化道，通过唾液、胃液、胆汁液、胰脏分泌的消化酶液、小肠液等消化液对食物进行消化，然后对消化产物进行吸收，吸收的营养物质通过血液运输到机体各组织器官，组织器官根据生理活动需要对这些营养物质进行利用，整个过程叫营养。所以营养是一个过程。

人类为维持生命必须从外界摄取食物。食物中含有能维持人体正常生理功能，促进生长发育和健康的化学物质称为营养素。人体所需要的营养素有40多种，可概括为糖（碳水化合物）、脂肪、蛋白质、维生素、矿物质、水和膳食纤维等七大类。它们有着独特的营养功用，但在机体代谢中又密切联系。营养素基本功用如下：

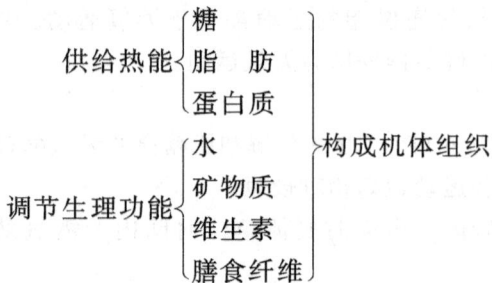

$$
\begin{array}{l}
供给热能\left\{\begin{array}{l}糖\\脂\ \ 肪\\蛋白质\end{array}\right.\\[3mm]
调节生理功能\left\{\begin{array}{l}水\\矿物质\\维生素\\膳食纤维\end{array}\right\}构成机体组织
\end{array}
$$

营养素通常来自食物，而任何一种食物都不可能包括人体所需要的一切营养素，况且任何一种食物也不可能具备各种营养素的功能。因此，人体需要从多种食物中获得各种营养素。

（一）糖与运动

糖是多羟基醛或多羟基酮及其衍生物的总称，亦可称为碳水化合物。按其分子结构的简繁可分为单糖（包括葡萄糖、半乳糖、果糖）、双糖（包括蔗糖、麦芽糖、乳糖）和多糖（包括淀粉、糖原、纤维素与果胶）。除纤维素和果胶外，不论是单糖、双糖，还是多糖都可被人体吸收利用，其功用也基本相同，主要区别只是在人体内被消化吸收的速度快慢不同。所有糖类都在消化道内被分解成单糖后被机体吸收。

1. 糖的营养功用

（1）供给热能

糖是热能的最重要和最经济的来源，1 g 糖在体内产生 16.74 kJ 热能。糖作为供能物质有着许多优点，在氧化时耗氧量少（氧化 1 g 糖需要氧 0.81 L，而氧化 1 g 脂肪或蛋白质分别耗氧为 1.96 L 和 0.94 L），并且在有氧或无氧条件下都能分解放出热能，这对从事体育锻炼的人来说是十分重要的。短时间大强度运动时的热能，几乎全部由糖供给。

（2）构成机体成分

糖是构成机体成分的重要物质，参与许多生命过程。糖蛋白是细胞膜的组成成分之一，神经组织中含有糖脂，结缔组织中含有黏蛋白，而糖是糖蛋白、糖脂和黏蛋白不可缺少的成分。核糖和脱氧核糖还是核酸的重要成分。

（3）保肝解毒作用

当肝糖原储备较为充足时，肝脏对某些化学物质如四氯化碳、酒精、砷等有较强的解毒能力，摄入足够的糖可使肝脏中的肝糖原丰富，在一定程度上既可保护肝脏免受损害又能保护肝脏的正常解毒功能。

（4）保持中枢神经系统的功能

糖是维持中枢神经系统正常生理功能的重要物质，是大脑的主要能源。大脑重量仅占体重的 2%，而能量消耗占全身基础代谢的 25%。脑组织中无能量储备，全靠血糖供给能量，大脑每天需要糖 100～120 g，血糖水平正常才能保证大脑的正常生理功能。当血糖降低到正常值以下时，脑组织会因供能物质不足而发生头晕、昏厥等低血糖症状。

（5）节省蛋白质

糖对于蛋白质在体内的代谢过程有重要的作用。当糖与蛋白质同时食用时，在体内贮留的氮比单独摄入蛋白质时要多。摄入蛋白质后，体内游离氨基酸浓度增高，而氨基酸在体内进一步代谢，或在体内重新合成机体需要的蛋白质都需要较多的能量。所以摄入蛋白质的同时摄入糖类，可以增加 ATP 的形成，有利于氨基酸的活化及蛋白质的合成。

（6）维持肌肉的正常功能

当机体缺糖时，心脏和骨骼肌工作能力下降。骨骼肌中缺乏糖原贮备、则出现耐力不足；心肌缺糖时，会出现心绞痛。

此外，纤维素和果胶，一般虽不能被机体消化、吸收和利用，但能刺激胃肠道蠕动，促进消化液分泌，有助于机体的正常消化与排便功能保持。糖类摄入不足，可导致能量不足，使机体生长发育迟缓，体重减轻；摄入过多可导致肥胖。

2. 糖的供给量与来源

（1）糖的供给量

糖的供给量与消耗量应根据工作性质和劳动强度而定，劳动强度越大、时间越长，糖的需要量就越多。一般情况下，通常成人每日每千克体重需 4～6 g，运动员则需 8～12 g。体内糖贮备很少，为 300～500 g。因此，必须从膳食中摄取。

（2）糖的来源

与饮食习惯、生产及生活水平有关。糖的主要来源是粮食（米、面、玉米、高粱米等）、豆类和根茎类食物（甘薯、马铃薯等）所含的淀粉。此外，水果、瓜类也含糖。

我国人民的膳食习惯是多糖膳食，糖在膳食中的比例较高，一般在膳食热量充足的情况下就不会缺糖。因此，一般情况下，没有必要在膳食之外再另补充糖。

3. 糖与运动能力

糖在能量代谢中十分重要，对人体运动能力有很大影响，因此如何利用糖来提高运动成绩，国内外已进行了不少研究，糖是运动中的重要能源。运动时肌肉的摄糖量可为安静时的 20 倍以上。运动使体内的糖大量消耗。体内糖原贮存量与运动能力成正比关系。糖原贮备减少，不仅使机体耐久力下降，而且也使大强度运动时的最大吸氧量降低。运动前和运动中合理地补充糖，可以减少糖原消耗，提高血糖水平，有利于提高运动能力。但不同种类糖的功效有所不同，如葡萄糖、蔗糖较易引起胰岛素反应，而果糖的此种反应较小。我国的研究表明，低聚糖对增加糖原贮备，维持血糖，减少胰岛素反应，提高运动能力等有良好作用。运动后补充糖可促进糖原贮备的恢复。运动后即刻摄入果糖对肝糖原的效果较好，葡萄糖与蔗糖可使肌糖之贮备在 24 小时后保持较高水平。

（二）脂肪与运动

脂肪是由碳、氢、氧三种元素组成，是由 1 分子甘油和 3 分子脂肪酸组成的甘油三酯，又称中性脂肪。

1. 脂肪的营养功用

（1）供给热量

脂肪是高热能物质，1 g 脂肪在体内氧化燃烧可产生 37.655 kJ 的热量。体内摄入多余的热量，以脂肪的形式贮存，成为机体的"燃料库"。在某些情况下，脂肪是人体的主要能源。

（2）组成机体的重要成分

脂肪是构成细胞的重要成分，脂肪组织在体内的存在（皮下，内脏和关节周围）有储存热量、调节体温和支持、保护脏器的作用。

（3）促进脂溶性维生素的吸收和利用

脂溶性维生素 A、D、E、K 多含在脂肪中，含脂肪丰富的食物可供给机体脂溶性维生素。此外，脂溶性维生素必需借助于脂肪的溶解才能被机体吸收和利用。

（4）增加食物的美味和饱腹感

脂肪可使食物酥软、香脆、增进食欲；脂肪在胃中滞留时间较长，因而可有较长时间的饱腹感。

2. 脂肪供给量与来源

（1）脂肪的供给量

每日膳食中有 50g 脂肪就能基本满足人体的需要。一般认为脂肪应占每日热能供应量的 17%～20%，不宜超过 30%。在寒冷条件下可以适量增加摄入量，而在炎热环境下，脂肪供给量则应适量减少。膳食中脂肪过多对人体有害，常是导致高脂血症、冠心病、高血压、胆结石症等的主要原因，并与某些癌症的发生有关。

（2）脂肪的来源

脂肪来自动物性食物，如猪油、牛油、羊油、奶油、鱼油、骨髓及蛋黄等。也来自植物性食物，如芝麻、菜籽、大豆、花生等。

3. 脂肪与运动能力

脂肪是人体从事长时间运动的主要能源，但必须在氧充足的情况下方可实现。一般是在运动强度小于最大耗氧量 55% 时，脂肪酸才能氧化供能，脂肪供能耗氧较多；在氧不充分时代谢不完全，脂肪不仅不能被充分利用，而且其代谢的中间产物——酮体增加，使体内酸性增高，对身体能力和运动能力有不良影响。实验证明，在同一运动负荷下，高脂肪膳食使氧消耗增加 10%～20%。高脂肪膳食引起食饵性高血脂症，血液黏性增加，使毛细血管内血液流动缓慢，红细胞的气体交换功能减弱，从而降低耐久力。所以在运动员的膳食中，脂肪不宜过多。

有氧运动可使体内甘油三酯和低密度脂蛋白胆固醇减少，而高密度脂蛋白胆固醇增高，这对防治动脉硬化及冠心病有良好的作用。此外，有氧运动促使脂肪组织中的脂肪酸游离出来参与供能，以及运动造成的机体热量负平衡，从而有助于减少体内的脂肪。

(三) 蛋白质与运动

1. 蛋白质的营养功用

蛋白质在营养上的重要性在于它是供给人体氮元素的主要来源，在体内的主要功用为：

（1）构成机体组织

蛋白质是构成细胞的主要成分，占细胞内固体成分的80％以上，约占成人体重的18％。肌肉、血液、骨、软骨以及皮肤等，都由蛋白质参与组成。组织的新陈代谢和损伤的修复也都需要蛋白质的参与。

（2）调节生理功能

蛋白质与体内生理功能有关。例如，血浆蛋白质维持胶体渗透压，球蛋白形成抗体。蛋白质是体内缓冲体系的组成部分，有维持酸碱平衡的作用。某些氨基酸是制造能量物质（磷酸肌酸）和神经介质（乙酰胆碱）的重要成分。此外，对代谢过程具有催化和调节作用的酶和激素，及承担氧运输的血红蛋白等具有特殊功用的物质，也都由蛋白质参与构成。

（3）供给热能

蛋白质虽然不是人体主要的能源物质，但由于机体内旧的或已经破坏的蛋白质发生分解，在分解代谢过程中将放出部分能量。1 g蛋白质在体内氧化分解可放出16.7 kJ热量。人体每天所需要的热量有10％～14％来自蛋白质。

2. 蛋白质的供给量与来源

（1）蛋白质的供给量

蛋白质在体内贮存量极微，营养充分时可贮存少量（约1％）。过多的蛋白质进入体内后，经肝脏分解为尿素等排出。

蛋白质的需要量与机体的活动强度、肌肉数量的多少，年龄及不同的生理状况等条件有关。蛋白质的供给量一般成人应占热能供给总量的10％～12％；儿童少年为12％～14％；正常成年人每千克体重供给蛋白质以1～1.5 g为标准。关于在总能量消耗增加时，对蛋白质的需要量及蛋白质供给量是否随之增加的问题，目前尚未肯定。但在考虑蛋白质的供给量时，热能必须充足，如热能供给不足时，则蛋白质不能有效地被利用。此时，机体中原有蛋白质被分解出来供给能量，以满足其他能量来源不足。

（2）蛋白质的来源

含蛋白质较多的食物有肉类、鱼类，其蛋白质含量一般为10％～30％；奶类为1.3％～3.8％；蛋类为11％～14％；豆类为20％～49.8％；硬果类（如花生、核桃、莲子等）也含有15％～26％的蛋白质；谷类一般含蛋白质为

6%～10%；而薯类为2%～3%。蛋白质的供给除植物蛋白质以外，还应给予一定比例的动物性蛋白质。

3. 蛋白质与运动能力

蛋白质与人体运动能力有密切关系，如肌肉收缩、氧的运输与贮存、各种生理机能的调节等。此外，氨基酸可为运动时肌肉耗能提供5%～15%的能量。

体育运动使体内蛋白质代谢发生变化，而不同性质运动对蛋白质代谢的影响亦有所差异。耐力性运动使蛋白质分解加强，合成速度减慢，机体氨排出量增加；力量性运动也使蛋白质分解加强，但同时活动肌群蛋白质的合成也增加，并大于分解的速度，因而肌肉壮大，以上反应均使机体对蛋白质的需要量增加。运动实验表明：运动前后供给蛋白质，对改善肌肉的质量和肌肉力量有良好效果。

若蛋白质摄入不足，不仅影响运动训练效果，而且会导致运动性贫血的发生。若摄入蛋白质过多，对肌肉壮大和提高肌肉功能没有良好作用，但对正常代谢有不良影响。

运动员所需的蛋白质供给量比一般人高，成年运动员为 1.8～2 g/kg 体重。少年运动员为 2.0～3.0 g/kg 体重，儿童运动员为 3.0～3.4 g/kg 体重。运动员的蛋白质供热量可为一日总热量的 15%～20%，蛋白质来源中最好有1/3为优质蛋白质。

（四）维生素与运动

维生素是维持人体生命和正常人体生理功能不可缺少的一种营养素。它的种类很多，目前已知的有 30 多种。按其溶解性质，分为脂溶性与水溶性两大类。脂溶性维生素主要有维生素 A、D、E、K，水溶性维生素主要有维生素 B_1、B_2、PP 及 C 等。

各种维生素在体内有其特殊功用，总的来说都是调节物质代谢，保证生理功能，它们不是构成机体组织的原料，也不供给热能。

维生素在体内不能合成或合成量甚微，不能满足需要。此外，维生素在体内的贮存量很少，因此必须经常从食物中摄取。各种食物所含维生素的种类和数量的差异很大，而且有的维生素的性质很不稳定，容易在食物加工和烹调过程中遭到破坏。因此，合理地选择食物，正确地加工和烹调，对保证人体获得必要的维生素是很重要的。

维生素对运动员十分重要，它不仅是保证身体健康所必需的，而且有的维生素直接影响人体的运动能力。研究证明，体内维生素缺乏或不足，运动能力降低。体内较高的维生素饱和量与较高运动能力有密切关系。但是，在机体维生素已充足的情况下再给予超量补充，对运动能力的提高有何影响，目前尚无定论。

摄入维生素必须适量，少了引起缺乏症，多了对机体不仅无益，甚至有害。例如，维生素 A、D 摄入过多可引起蓄积中毒。过量的维生素 B_1 和维生素 C，可引起代谢紊乱和产生对其他维生素的拮抗作用，导致不良反应。人体主要通过食物摄取维生素，不会造成过量。在食物供给充分的情况下，一般不必另外补充维生素制剂。

1. 维生素 A

（1）营养功用

①维持正常视力：维生素 A 是眼内感光物质——视紫质的主要成分，对维持正常视力有重要作用。若维生素 A 缺乏，则视紫质的合成受到影响，在黄昏或光线较暗时失去正常视力，这称为"夜盲症"。

②维持上皮组织的功能：维生素 A 参与组织间质的合成，对细胞起黏合和保护作用。当维生素 A 缺乏时，上皮细胞角化增殖，上皮干燥，眼、呼吸道及皮肤等上皮组织均受影响，可引起角膜损害，呼吸道抵抗力下降，皮肤角化和毛囊角质、丘疹等。

（2）供给量及来源

成人和儿童每天要 1 mg 维生素 A 或 6 mg 胡萝卜素。对视力要求高的人，需要量较多。若长期摄入过量的维生素 A 制剂，可引起蓄积中毒。急性中毒表现为恶心、呕吐、瞌睡；慢性中毒表现为食欲不振、毛发脱落、头痛、耳鸣等。

食物中动物肝、肾、蛋黄、牛奶等有较多的维生素 A。我国膳食中维生素 A 含量一般较少，主要由红、黄或绿色蔬菜及红、黄色水果中得到胡萝卜素，在体内转变成维生素 A。

2. 维生素 D

（1）营养功用

维生素 D 对体内的钙、磷代谢及骨骼生长极为重要，它能促进钙在肠道的吸收，促进骨骼及牙齿的钙化及正常发育。当维生素 D 缺乏时，钙的吸收受到障碍，血液中钙的浓度降低，钙与磷就不能在骨组织内存积，骨与牙齿的发育受到影响，甚至骨盐再溶解而发生骨质脱钙。维生素 D 缺乏可导致佝偻病或骨质软化症。

（2）供给量及来源

在钙、磷供给充足的条件下，成人每日获得 300～400 国际单位的维生素

D 即可使钙的贮留量达到最高程度，以上数量的维生素 D 可通过阳光紫外线的照射而取得。一般认为，成人每天需维生素 D 400 国际单位，孕妇及儿童应适当增加。

食物中运动肝脏、鱼肝油和禽蛋等维生素 D 含量较丰富，3 岁以下的婴幼儿可适量补充鱼肝油，利于生长发育。成人经常接触阳光照射，使皮肤中的 7—脱氢胆固醇转变为维生素 D，即能满足机体需要。

3. 维生素 E

（1）营养功用

维生素 E 的作用是多方面的。天然存在的维生素 E 形式多种，其中以a-生育酚的生物学作用最强，它能保护细胞，使细胞的不饱和脂肪酸免于氧化破坏。维生素 E 的主要作用机理是抗氧化作用。据研究，维生素 E 能提高人体活动能力，其原因可能是维生素 E 能减少组织的耗氧量，减少氧债，改善循环，尤其是微循环的改善，提高生物氧化过程，改善肌肉营养，对心脏产生良好的影响。缺乏维生素 E 可引起肌肉营养不良或其他组织的某些病变，此外，维生素 E 还有抗衰老作用。

（2）供给量与来源

维生素 E 的供给量我国尚无规定。美国建议膳食中供给量成年男子为 15 国际单位，成年女子为 12 国际单位（1 国际单位维生素 E 相当于 1.1 mg a-生育酚纯品）。

维生素 E 广泛分布于动植物组织中，特别良好的来源为麦胚油、棉籽油、玉米油、芝麻油和花生油等。绿叶莴苣叶及柑橘皮含 a-生育酚也较多。在肉蛋、鱼肝油、奶中也含有 a-生育酚。

4. 维生素 C

（1）营养功用

①促进组织中胶原的形成，保持细胞间质的完整。维生素 C 是合成细胞间质的必需物质，结缔组织、骨组织、牙质中的胶原及毛细血管的细胞间质，都由胶原蛋白构成，而胶原蛋白的形成必须有维生素 C 参与。故维生素 C 缺乏时，细胞间质不能形成，可发生坏血病。主要表现为毛细血管壁脆性增加，易出血，以牙龈出血最常见，严重时皮肤和内脏也出血，牙齿松动，牙与骨骼的发育受影响。由于维生素 C 参与生成细胞胶原，故有促进创伤愈合和骨折愈合的作用。

②促进生物氧化：维生素 C 的氧化还原反应为可逆反应，在体内形成一种氧化还原系统，起传递氢的作用，提高组织的生物氧化过程，促进物质代谢，从而提高机体的工作能力。实践证明，维生素 C 可以提高运动员的竞技

能力，对疲劳和过度训练都有治疗作用。

③参与解毒：维生素C在体内可保持酶系统免受毒物的破坏，从而起到解毒作用。还有研究报道，维生素C具有阻断亚硝胺（致癌物质）合成的作用，在食用香肠和腌肉制品时服用一定量的维生素C对预防癌症的发生有益。

④增加机体的抵抗力：维生素C能促进抗体生成，促进白细胞的噬菌能力，从而提高机体对传染病的抵抗力。

⑤促进造血：维生素C将食物中的三价铁还原为二价铁，有利于机体吸收利用。

⑥增强机体的应激能力：维生素C可增强机体对缺氧、寒冷和高温的应激能力，其机制可能是维生素C激动类固醇转变为皮质激素的羟化作用，促进激素形成，以及提高组织细胞内氧的利用率。

⑦提高三磷酸腺苷（ATP）酶的活性，运动实验证明，维生素C与ATP酶的活性有关，当维生素C缺乏时，动物心脏与骨骼肌中ATP酶的活性明显下降，而当供给正常量的维生素C后ATP酶的活性也恢复。

（2）供给量与来源

维生素C的需要量与工作性质、年龄、身体健康状况有关。一般成年男子每日需75 mg，女子为70 mg，儿童少年或成人受伤患病时，需要量相对增加。维生素C主要含于植物性食物中，分布较广，几乎所有的蔬菜和水果中都含有维生素C。

运动员维生素C的需要量应按运动员运动强度的加大相应增加。防止坏血病发生的最小需要量是$10\sim20$ mg·d^{-1}；使体内维生素C达到饱和水平时的需要量是$100\sim150$ mg·d^{-1}。推荐的运动员维生素C供给量：一般训练期$100\sim150$ mg·d^{-1}，比赛期$150\sim200$ mg·d^{-1}。

5. 维生素B_1

（1）营养功用

①辅助糖代谢：维生素B_1在体内与焦磷酸结合成硫胺焦磷酸酯，是一种辅羧酸，参与糖代谢中丙酮酸的氧化脱羧反应，在糖代谢中起重要作用。当维生素B_1缺乏时，糖代谢至丙酮酸阶段就不能进一步氧化，从而造成丙酮酸在组织中堆积，影响机体正常功能，降低对机体的能量供应。

②维护神经系统的机能：神经组织所需的能量主要依靠糖供给，维生素B_1有辅助糖代谢的作用。当维生素B_1缺乏时，糖代谢障碍，最先受影响的是神经组织，神经功能减弱，可出现感觉异常，肌力下降，肌肉营养代谢失调，心脏功能下降，出现心悸、气促、胸闷和下肢水肿等心功能不全症状。

③促进能量代谢：维生素B_1有促进糖原在肝脏和肌肉中聚积，在能量代

谢过程中加速糖气原和磷酸肌酸分解的作用，有利于肌肉活动。

④加强胃肠的蠕动和消化液分泌：维生素 B_1 可抑制胆碱酯酶对乙酰胆碱的水解作用。乙酰胆碱是重要神经介质，它促进胃肠的正常蠕动和消化液分泌。当维生素 B_1 缺乏时，乙酰胆碱被胆碱酯酶的破坏增加，使神经传导受影响，因而使胃肠的活动减弱，消化液分泌减少，食欲下降，消化功能障碍。

维生素 B_1 对运动员有特殊意义，是运动员营养中较重要的一种营养素，可用于提高运动能力和防治过度疲劳。

（2）供给量与来源

维生素 B_1 的需要量与机体热量总摄入量成正比，即机体能量消耗越多，维生素 B_1 供给量也相应地增加。一般成人每日的需要量为 $1.5\sim2$ mg。按热能消耗量计算，每 4 185 kJ 的热能需 $0.5\sim0.6$ mg 的维生素 B_1，如大强度运动或过度脑力劳动、高温、缺氧或膳食中糖的摄入量增加时，维生素 B_1 的需要量相应地增加。摄入量过多时，可以从尿中排出。

含维生素 B_1 丰富的食物有粮谷类、豆类、酵母及硬壳果、动物肝、肾、脑、瘦肉及蛋类。粮谷类食物硫胺素主要存在于胚芽和表皮部分。此外，在绿叶蔬菜和水果中也含有维生素 B_1。

6. 维生素 B_2

（1）营养功用

①体内酶的重要成分：维生素 B_2 在体内参加一些脱氧酶的组成，在机体生物氧化过程中起传递氢的作用，与细胞的呼吸有密切关系。若机体内维生素 B_2 缺乏，物质代谢不能正常进行。

②参与蛋白质的代谢：维生素 B_2 是肌肉蛋白质合成不可缺少的物质。缺乏时，肝、血浆以及肌肉中的蛋白质含量都降低，肌肉蛋白质的再生率变慢，所以它对肌肉发育有重要作用。

③保持眼睛、皮肤、口舌及神经系统的正常功能。当缺乏时，可发生结膜炎、角膜炎、脂溢性皮炎、舌炎、阴囊炎等病症。但这些病症与维生素之间的关系尚不十分清楚。

（2）供给量与来源

膳食中核黄素的供给量，一般认为与硫胺素相同，应以每 4 185 kJ 热量所需核黄素表示。世界卫生组织建议核黄素供给标准为 0.5 mg·4 185 kJ^{-1}。我国暂定标准与此相同。运动员的维生素 B_2 供给量，一般训练期为 2 mg·d^{-1}；比赛期为 $2.5\sim3$ mg·d^{-1}。

核黄素来源于运动肝脏、肾、心及牛奶、鸡蛋、绿叶蔬菜和豆类等。若膳食调配不当，则较易发生缺乏症，可采用核黄素制剂补充。

7. 维生素 PP

（1）营养功用

维生素 PP 在体内以烟酰胺形式存在，是辅酶 I 与辅酶 II 的组成部分，是组织中十分重要的递氢体，为细胞呼吸所必需，可维持皮肤、神经和消化系统的正常功能。维生素 PP 在机体代谢过程中，具有重要作用，特别是参加糖、脂类和蛋白质的代谢。

（2）供给量与来源

成人每日需要量为 15～20 mg，即为维生素 B_1 的 10 倍。维生素 PP 广泛存在于动、植物性食物中，含量较丰富的有酵母、花生、稻谷、豆类及运动内脏。

（五）无机盐与运动

无机盐也称矿物质，它包括除碳、氢、氧、氮以外的存在于体内的其他各种元素，含量较多的无机盐有钙、钠、镁、磷、硫、氯等 7 种。其他元素如铁、铜、锌、锰、氟等存在数量很少，有的只有微量存在，故称之为微量元素。各种无机盐总量约占体重的 5%。无机元素与其他有机的营养物质不同，它不能在人体内合成，除了排出体外，也不会在代谢过程中消失。对人体必不可少的微量元素称为必需微量元素，如铁、碘、铜、锌、氟等。这些物质在人体内自身相对稳定，并起着十分重要的作用。

无机盐对于运动员的重要性，在于运动过程中增强了人体的各种物质代谢过程，因而运动员矿物质的营养状况对其健康和运动能力有重要影响。近年来，不同运动负荷对矿物质的代谢、平衡的影响以及这些无机盐的营养状况和运动员的机能状态和运动能力的关系已引起重视。

1. 钙

（1）营养功用

①构成骨骼及牙齿：钙是骨骼和牙齿的主要成分，体内总钙量的 99% 存在于骨骼和牙齿中。若缺乏，骨骼和牙齿的生长或维持正常状态都会受到影响，可发生软骨病。

②参与凝血过程：有激活凝血酶的作用，若缺乏，则凝血受影响。

③维持神经肌肉的正常兴奋性：缺钙时，神经肌肉的应激性增高，肌肉容易发生痉挛。

（2）供给量与来源

钙供给量标准：成年男女每日为 600 mg。钙的良好来源是奶类制品，不但含量高，而且吸收率也高。蔬菜、豆类、海带、小虾米等均含有丰富的钙，钙若与草酸结合则不能吸收,脂肪过多也妨碍钙的吸收。维生素 D 与蛋白质可以促进钙的吸收。

我国儿童青少年运动员的每日钙供给量规定为:7 岁～11 岁 0.8～1.0 g/d;12 岁～18 岁 1.0～1.2 g/d,并要求乳酸钙至少占 30％以上。成年人在一般训练期为 0.8 g/d,比赛期为 1～1.5 g/d。

2. 磷

（1）营养功用

①构成骨与牙齿:磷也是构成骨与牙齿的主要成分。人体内磷总量的 70％～80％与钙结合成羟磷灰石存在于骨及牙齿中。

②参与物质能量代谢:磷是体内许多酶的重要成分,在物质代谢中有重要作用。一切肌肉活动,神经系统的活动以及糖和脂肪的代谢,都需有磷的化合物参加,供给肌肉收缩的能量物质,如三磷酸腺苷、磷酸肌酸都是磷的化合物。

③磷与脂肪合成磷脂:磷脂是构成神经组织的重要物质。

④维持血液的酸碱平衡:磷在血液中以酸性磷酸盐与碱性磷酸盐的形式存在,是一对重要的缓冲体系。

由于磷与能量代谢和神经肌肉的活动等有密切关系,磷酸盐的补充能加强体内的磷酸化过程,有可能改善运动能力。磷缺乏时,可引起 ATP 和磷酸肌酸水平的降低,肌肉能量代谢受损,因而是运动员膳食中重要的营养素之一。

（2）供给量与来源

成人每日需磷 1.5 g,运动员磷的需要量每日为 2.0～2.5 g,在能量消耗大或神经高度紧张情况下,每日需磷 3.0～4.5 g。若膳食中蛋白质和钙的含量充足,则所得的磷也能满足机体需要。

磷广泛存在于动植物组织中,一切富含蛋白质的食物中都含有磷,如蛋类、肉类、鱼类等。植物性食物中,豆类和绿色蔬菜含磷量也较高。

3. 铁

（1）营养功用

铁在机体代谢过程中有着重要的地位,因为食物中铁的吸收率不高,故易缺乏。成人体内含铁 3～7 g,有 60％～70％的铁存在于血红蛋白内,5％存在于肌红蛋白内,25％存在于细胞色素酶及多种氧化酶中,贮存的铁则以铁蛋白和含铁血黄素的形式存在于肝、脾、骨髓和肠黏膜中。铁在体内参与氧的转运、交换和组织呼吸过程,与细胞内生物氧化有密切关系。若铁供给不足,可引起缺铁性贫血。

（2）供给量与来源：成人每日 12 mg，青少年和妇女月经期，孕妇及哺乳期妇女为 15 mg。运动员推荐的每日铁供量：常温下训练，20 mg（男），25 mg（女）；高温下训练，25 mg（男），30 mg（女）。运动员中青少年，耐力性项目，女运动员和控制体重的运动员均为缺铁性贫血的高发人群，应加强医务监督。若改善运动员的铁营养状况宜选择富含铁的食物来解决。

含铁较多的食物有动物肝脏、蛋黄、豆类、绿色蔬菜、五谷的外皮及胚叶部分。此外，在做菜时最好用铁锅，并用醋等酸性食物，这可使铁锅的铁质溶解，增加食物中铁的供给量。蛋白质和维生素 C 能促进铁质的吸收，但食物中若脂肪过多则影响铁的吸收。

由于铁的营养状态直接影响到运动员的运动能力，因此经常性监测和评价运动员的铁营养状况，对于保护运动员健康和提高运动能力有重要意义。贫血一般要经历铁贮存耗竭期、红细胞生长成缺铁期，最终才发展成为缺铁性贫血。

4. 锌

（1）营养功用

锌多存在于骨骼与皮肤中，血液中的锌有 75％～85％分布于细胞内，血浆中的锌与蛋白质结合。锌是许多金属酶的组成成分或酶的激活剂。目前已知与锌有关的酶有数千种，锌与核糖核酸、脱氧核糖核酸和蛋白质的生物合成有关，锌能协调葡萄糖在细胞膜上的转运。

人体缺锌时，儿童少年生长停滞或迟缓；少年期性器官发育幼稚化；出现创口愈合不良和味觉障碍等。

（2）供给量与来源

成人每日需 2.2 mg，以膳食中吸收率为 20％计算，每日供给锌量为 15 mg，孕妇和乳母供给量应提高。锌来源于运动性食物、谷类与豆类等。

运动员的锌需要量现尚缺乏研究，但估计会比正常人高。运动员宜从含锌丰富的食品，如高蛋白食物、海洋生物以及鲜肉中摄取锌，以保证良好的锌营养状态。

5. 氯化钠

（1）营养功用

维持细胞外液的渗透压，影响水的动向，对维持体内水分，防止水分丧失有重要作用；参与维持体内酸碱平衡；氯化钠与肌肉活动关系密切，缺乏时肌肉较弱、无力，易疲劳，大量丧失时可导致肌肉痉挛，这与氯离子减少引起神经肌肉的应激性增高有关。此外，膳食中的氯化钠还有调味作用，可增进食欲。

（2）供给量与来源

氯化钠的摄入量与饮食习惯有关，而且个体差异很大。成人每日需氯化钠 8～15 g。在炎热的气象条件下或剧烈运动等大量出汗的情况下，氯化钠的需要量增加，排汗 1 L 约需补充氯化钠 3 g。

（六）水与运动

水是人体内含量最多的组成成分，它占成人体重的 60% 左右，人体各器官都含有水，如血液含水约 83%，心脏含水约 79%，肝脏含水约 70%，就是骨骼也含水 30%，人体若丢失水分 30% 以上，生命活动将无法维持，水对人类的生存来说最为重要的营养素之一。

1. 水的营养功能

（1）水是细胞和体液的重要成分

水参与体内许多代谢过程，体内各种生理化反应都是在以水为介质的环境中进行的，水是良好的溶解剂，能溶解许多营养素，既有利于物质的消化、吸收、运输和废物的排除，又有利于体内物质代谢的进行。

（2）参与维持体温的恒定

水的比热高，能吸收较多的热量，以保持体温不至于发生明显的波动。体内物质代谢产生的热量可通过汗液蒸发散热，使体温维持恒定。

（3）维持脏器的形态和机能

体内结合水与蛋白质、粘多糖和磷脂等相结合而形成胶体，使脏器维持一定的形态和坚实性。例如，心脏含水 79%，主要含结合水，使它的形态坚实而成固体，而血液含水 83%，主要含游离水，有利于血液循环流动。失水过多导致血液浓缩、血液减慢，从而影响其对肌肉的供氧和代谢的排泄，出现肌肉酸痛，运动能力下降，体内失水量达到体重的 4%～5% 时，肌力下降 20%～30%。有研究表明，脱水对短时间力量运动项目（如举重）的运动能力，无明显影响，但对亚极限运动和耐力项目则有严重影响。

（4）水是润滑剂

水的黏度小，可使摩擦面润滑，减少损伤，体内各关节、肌肉、体腔、呼吸道和器官等处都能分泌润滑液，有良好的润滑作用。

2. 供给量与来源

水的供给量随年龄、体重、气候及劳动（或运动）强度而异，正常成人每日需水 2 000～5 000 ml，不同年龄每日需水量不同，10～14 岁青少年每日每千克体重需水 50～80 ml，而成人每日每千克体重需水 40 ml。一般情况下，水的出入量应保持平衡。

体内水的主要来源是饮料水、食物水和代谢水。代谢水为糖、脂肪、蛋白质在体内氧化所产生的水亦称体内氧化水。每 100 g 蛋白质可产生 41 ml 水，100 g 糖氧化时可产生 55 ml 水，100 g 脂肪产生 107 ml 水，一般混合食物每产热 418.5 kJ 约可产生 12 ml 水。

二、合理营养

营养与体育运动都是维持和促进人体健康的主要因素。营养素是构成机体组织的物质基础，体育运动可以增强机体活动的功能，二者科学地配合，可以更有效地促进身体的生长发育和提高健康水平。

合理营养是保证人体正常发育、增进健康、防治疾病和延年益寿的重要外界因素。英国营养学家莱纳斯·波林斯曾断言：合理营养可使人的寿命延长 20 年。合理营养对提高运动能力，创造优异成绩和消除运动性疲劳都具有积极性作用。

（一）合理营养的概念

合理营养是指对人体提供符合卫生要求的平衡膳食，使膳食的质和量都能适应人体的生理、生活、劳动以及一切活动的需要。平衡膳食系多种食物构成，它提供足够数量的热能和各种营养素，满足人体正常生理的需要，而且还要保持各种营养素之间数量平衡，以利于消化、吸收和利用。

近些年来，人们更加重视营养与疾病之间的关系，认为某些疾病如肥胖症、退行性疾病、心血管疾病、内分泌疾病和肿瘤等，多与日常饮食有密切关系。所以对膳食质量的评价，既要建立在各类人群生理要求和科学基础上，又要避免不合理使用营养物质所造成的不良影响，以探求合理的膳食。为了达到平衡膳食，人们必然要求膳食能全面地提供各种比例合适的营养素，使其相互配合而相得益彰。

供给平衡膳食，应包括七大类食物，即谷类、食用脂肪类、肉类（肉、鱼蛋等）、根茎薯类、牛奶（或奶制品）类、水果和蔬菜类。而各类食物的数量及质量，应该根据气候、季节的变化和人们的不同性别、年龄、生理状态以及不同的职业、环境进行饮食调配，注意食物多样化及某些容易缺乏的营养素的补给，以满足机体对营养素的需要，才能保障身体健康、延缓衰老、增强抗病能力，提高工作、学习效率，增强身体素质。

由此可见，研究合理营养，注意膳食调配，重视科学配餐，不仅是个人、家庭现代健康生活的重要内容之一，也是提高我国民族身心健康，提高社会生产水平，促进社会主义经济建设和社会发展的重大社会问题。

（二）合理营养的作用

合理营养对于人体具有十分重要的保健作用。讲究饮食调理、养生食疗是养生之道十分重要的内容，它自古以来就为人们所重视。

"民以食为天"，可见食物是人们赖以生存的最重要条件。我国古代有关饮食调养、健身、治病方面的文献与专著很多，如《食经》《食疗本草》《食医心鉴》《饮膳正要》《千金食治》等。这些古典的养生学说都从机体与外界食物间的辩证关系，用"食医同源""医膳同功"的唯物观点，论述了食物功用和合理营养的保健作用。《千金食治》说："安生之本，必资于食……不知食宜者，不足生存也。"墨子在《辞过篇》中也说过："其为食也，是以增气、充虚、强体，适腹而已矣"。如果用现代营养学的观点来解释，就是说食在体内的功能，是输入热能，使身体有气力（"增气"）；补充身体组成物质的消耗，维护新陈代谢的进行（"充虚"）；提供具有重要生理功能性的物质，以增强体质、维持健康（"强体"）；同时也要满足口味和食欲（"适腹"）。我国早在《黄帝内经·素问篇》中就提出了"五谷为养，五果为助，五畜为益，五菜为充"等合理营养及科学配膳的方法，给我们留下了符合中华民族身体保健需求的食物结构模式。

随着现代科学技术和工业的发展，可以通过人工合成或由天然植物中提纯、浓缩取得某些营养素，通过食物营养强化来提高食物的营养价值。近几年来，我国的食品结构正酝酿着一场重大的变革，从侧重于食品的营养功用和味觉要求，转向重视食品的保健作用及保健食品饮料的开发生产。

所谓保健食品，不仅要有食品所具有的营养功能而且还要有防病治病、延缓衰老等多种特殊保健功效。新研制开发生产的保健食品饮料，主要是通过浓缩等物理方法以及酶反应和生物化学、生物工艺学、生物工程学等先进技术，精制成的新型保健食品饮料系列，以便更好地发挥对人体的保健作用。

（三）平衡膳食中各种营养之间的关系

1. 糖、蛋白质和脂肪之间的相互关系

三大产热营养之间相互关系最明显的是糖和脂肪对蛋白质的节约作用。供给了糖和脂肪，就供给了热量，节省了蛋白质单纯作为热量的分解代谢，并有利于改善氮平衡，增加体内氮储留量。若蛋白质供给量不足，没有满足生理最低需要量，而单纯提高热量，改善氮平衡的效果则受到限制。反之，如果热量供给不能达到机体最低需要量，仅仅提高蛋白质的供给量，则不能有效地改善氮平衡，还造成了浪费，甚至还可能产生某些副作用。

2. 糖、蛋白质、脂肪与维生素之间的相互关系

维生素 B_1、维生素 B_2 和维生素 PP 与能量代谢有密切关系，因此，它们的需要量都随着能量消耗量的增加而增加。

3. 各种氨基酸之间的相互关系

膳食中必需氨基酸的构成比例只有在膳食总氮量达到生理需要量时才有意义。为了使食物中总氨量能充分满足机体需要，不仅要注意供给必需氨基酸，还应该同时供给足够的非必需氨基酸。一种氨基酸在膳食中过量供应，无论是必需氨基酸还是非必需氨基酸，都会引起氨基酸不平衡的后果。

三、各类运动项目的营养特点

不同运动项目，因其项目特点的不同，对机体的能量代谢要求也有所不同，对膳食营养有特殊的需要，针对各类比赛项目需要提供特殊的营养。

（一）速度性运动项目的营养特点

速度性运动是一种亚极量强度的运动，其代谢特点是能量代谢率高，活动中高度缺氧，能量来源主要由糖原无氧酵解供应，运动中有大量的乳酸产生。针对这一特点，膳食中应含丰富易吸收的碳水化合物、维生素 B_1、维生素 C 和含有较多的蛋白质、磷，以满足肌肉和神经代谢的需要。蛋白质的供给量需每日 $2\,g \cdot kg^{-1}$ 体重以上，占一日总热量的 15% 以上，且优质蛋白质占 1/3；还应在赛前多吃蔬菜、水果等碱性食物，以增加体内的碱储备。

（二）耐力性运动项目的营养特点

耐力性运动，运动时间长，其代谢特点是热能和各种营养素的消耗大，能量代谢以有氧氧化为主，肌糖原消耗增加，蛋白质、氨基酸代谢加强，脂肪成为主要的供能物质。因此，耐力性运动对各种营养素的需要量均较高。膳食中应多选择一些碳水化合物丰富的食物，如馒头、面包、发面饼、饼干、蜂蜜、果酱、果冻、蛋糕等食物，或采用赛前补糖措施，以提高肌肉和肝糖原储备量。糖在平时膳食中的供热比可占 50%～60%，大运动量训练或比赛可提高到 70%；蛋白质对于维持运动中机体的血糖水平有重要意义。由于体内肝糖原储备不多，成人能用的不到 70 g，不能满足长时间运动的需要，转而靠脂肪功能。但是脂肪只能氧化功能，不能转化为葡萄糖，因而血糖水平需由氨基酸转化为葡萄糖来维持。所以蛋白质对于耐力运动很重要，在膳食总热量中可占 12%～14%。为了使食物具有高热能，同时又要体积小以减轻胃肠负担，膳食中可适当增加脂肪含量，其供热比可占总热量的 30%～50%，如添加牛奶、奶酪等。还可以采取少食多餐制，以提供足够的热能。此外，

耐力性运动员出汗较多，可以补给一些含电解质、糖的饮料，以维持血容量，减少循环系统的应激和防止机体过热。

（三）力量性运动项目的营养特点

力量性运动要求肌肉有较强的力量和爆发力，该运动热能消耗较大。为了发展肌肉，膳食中对蛋白质和维生素 B_2 需求大，要求蛋白质供给量达到每日 2 g/kg 体重以上，其功能比为 $15\%\sim20\%$，其中优质蛋白质占 1/3。为了保证神经肌肉组织的正常功能，要补充足够的钠、钾、镁、钙等电解质和碳水化合物及维生素 B_1。此外，从事举重、摔跤等项目的运动员还有控制体重和急性降体重的特殊营养问题，应特殊安排。

（四）灵巧性运动项目的营养特点

灵巧性运动对机体的协调性和神经系统紧张性要求较高，同时对体重和体质成分要求较高。其代谢特点是热能消耗不大，对热能平衡要求较严格。膳食中热能不宜过多，以免影响体重和体脂，应有充分的蛋白质摄入，其热能比平时为 $12\%\sim15\%$，控制体重期可达 18%。为保证神经系统的机能，需要足够的维生素 B_1、维生素 C 和磷。此外，体操等项目的运动员还有控制体重的特殊营养问题，应特殊安排。

（五）其他运动项目的营养特点

足球、篮球和排球等运动项目，对速度、耐力、灵巧、力量各方面素质要求较全面，运动量大，热能消耗大，因此对营养的要求也要全面，需要量较高。游泳、水球等水中运动，除具有耐力或速度等特点外，机体散热较多，能量消耗大，膳食中需要较多的脂肪。同时需要较多的维生素 A 以保护皮肤。射击、射箭等运动员对视力要求较高，膳食中要有较多的维生素 A。

第三节　体重控制

一、体重控制的理论基础

（一）能量平衡

新陈代谢是机体生命活动的基本特征，包括物质代谢和能量代谢。糖、脂肪和蛋白质是人体需要的三大营养物质，须从食物中获得。体内糖和脂肪是重要的能源物质，在分解代谢氧化成水和二氧化碳过程中，释放能量供机体生命活动所利用。人体能量摄取与能量消耗之间的关系决定了能量的平衡状态，分为能量正平衡、能量负平衡和能量平衡三种状态。若能量摄入小于支出（消耗）时，为能量负平衡，表示摄取的能量不能满足机体的需要，身体组织会分解释放能量，供给机体需要，体重下降；若能量摄入大于支出时，为能量正平衡，表示摄取的能量超过机体的需要，额外的能量会储存在体内，特别是以脂肪的形式储存起来，使体重增加，体脂增多。正常健康的成年人通常保持能量平衡状态，体重恒定不变。

（二）人体每日能量消耗

人体每天所消耗的能量可代表每天所需要的能量，可分为三部分：满足基础代谢所需要的能量、食物热效应和体力活动所需要的能量。

1. 基础代谢能量消耗约为 65%

人体为了维持生命活动，各器官系统所进行的最基本的生理活动都需要消耗能量，如维持正常体温、基础血流和呼吸运动、骨骼肌的张力以及某些腺体的活动等。这部分能量约占人体每日能量消耗的 65%，女性的基础代谢率略低于男性，能耗量也相应减少。婴儿时期，因为身体组织旺盛，基础代谢率最高，以后随着年龄的增长而逐渐降低。

2. 食物热效应约为 10%

食物热效应是食物在消化、吸收和代谢过程中的耗能现象。其作用与进食的总热量无关，而与食物的种类有关。进食糖与脂肪对代谢的影响较小，大约只是基础代谢的 4%，持续时间只有 1 小时左右。但进食蛋白质对代谢的影响较大，可达到基础代谢的 30%。持续时间也较长，有的可达 10~12 小时。

3. 体力活动能耗量约为 25%

体力活动是影响机体能量消耗的主要部分。常见的中等强度体力活动（运动、劳动），其氧耗量是基础代谢的 4~5 倍（METs）；较大强度的体力活动是基础代谢的 7~8 倍（METs）；极大强度的体力活动可达基础代谢的 14~15 倍（METs），下表列出一些体力活动的能量消耗，供参考。

表 9.1　某些活动的能量消耗（以 METs 表示）

METs	活动类型	具体活动
0.9	不活动	睡觉
1.0	不活动	静坐、听课、看书、聊天、看电影、电视等
1.2	不活动	原地站立
2.5	家务活动	擦地板、准备饭菜、购物

METs	活动类型	具体活动
4.5	体力活动	上下楼梯
4.0	体育活动	伸展体操，瑜伽
4.0	骑车	上下班，<10 mph
8.0	骑车	适度用力，12～14 mph
12.0	自行车赛	16～19 mph，竭尽全力
3.0	功率自行车	50 W，非常轻松
5.5	功率自行车	100 W，稍微用力
7.0	功率自行车	150 W，适度用力
10.5	功率自行车	200 W，非常用力
12.5	功率自行车	250 W，非常非常用力
3.0	舞蹈	交际舞（慢步）
5.5	舞蹈	交际舞（快步）
2.5	弹奏乐器	弹钢琴
3.0	运动项目	保龄球
4.0	运动项目	乒乓球、太极拳、排球比赛
6.0	运动项目	篮球、网球双打、徒步旅行、快走
8.0	运动项目	网球单打、跳绳（慢）
10.0	运动项目	足球比赛、跳绳（适中）
12.0	运动项目	跳绳（快）
6.0	游泳	一般性有用娱乐活动
8.0	游泳	仰泳（一般性活动）
10.0	游泳	蛙泳（一般性活动）
12.0	游泳	蝶泳（一般性活动）

（引自《运动生理学》P262）

二、减体重方法及注意事项

（一）减体重原则

减体重计划应符合能量消耗大于能量摄入的原则。采用的方法有：控制饮食——减少摄食量（减少能量的摄入）、运动——增加能量的消耗、控制饮食与运动相结合。

饮食方面应注意平衡膳食，减少热量摄入。选择低热量、营养素含量全面的食品，如瓜果、蔬菜、瘦肉、水产品、蛋、奶、豆制品等。严格控制高热量、高碳水化合物、高糖类食品的摄入，如脂肪、油炸食品、巧克力、奶油、糖等。应控制零食的摄入，特别是睡觉前，以及非饥饿状态进食。应科学合理地安排进食时间。

运动方面应注意运动量要循序渐进，以消耗大量能量的运动为主，但要避免过度疲劳。

运动员减体重常用的方法

有体重级别的比赛项目（如举重、摔跤和柔道等项目），以及需要克服体重来完成优美技术动作的运动项目（如体操、艺术体操等），运动员为了获得好的运动成绩（名次），常采用以下方法控制体重。

（1）主动限制能量摄入（减少食量、半饥饿或全饥饿）。运动员长时间采用该方法减重会出现医学问题——"营养不良"。长期营养不良可引起"发育迟缓、月经紊乱、乏力、神经性厌食症、运动能力下降"等医学问题。

（2）药物抑制食欲、催吐、催泻。这种方法不利于健康，不提倡使用。

（3）增加体力活动量。运动能强身健体，耐力运动不仅消耗大量的能量，消耗脂肪，还提高心肺等器官系统的功能。

（4）脱水。这是快速减体重的方法。体重减少 1％，肌肉水分就减少 1.2％；体重减少 5％，血液容量会丢失 10％。脱水不仅影响运动员成绩的发挥，也在一定程度上影响运动员的健康。

为了避免长期减重带来营养不良和快速减重带来的脱水等医学问题，建议：最大减少体重重量是每周不超过 1 千克；至少在赛前 2～3 天达到比赛体重；体脂男运动员不应低于 5％～7％，女运动员不应低于 6％～10％；每天热能供应量不低于 1 500～2 400 千卡。

（二）减体重不同于减肥

人体的脂肪组织好似一个能源仓库，从食物中摄取的能源物质如脂肪和糖类超过日常需要量时，多余的部分会以脂肪的形式贮藏在脂肪组织中，脂肪库存越来越多就会造成肥胖。因此减肥的基本途径是减少能源物质摄入（控制饮食）和增加能量消耗（运动减肥）。值得注意的是，减体重不同于减肥，减肥是减少体内过多的脂肪量。单纯节食减肥能有效减少体重，但主要减少的瘦体重，不利于健康。运动减肥不仅在运动过程中增加能量消耗，特别是有氧耐力运动以消耗脂肪供能为主，而且在运动结束后的数小时内，机体代谢活动仍处于较高水平，这样又额外消耗一些能量，有利于减肥。运动不仅有减肥的功效，而且还有增长瘦体重的作用，所以通过一段时间的运动减肥锻炼，可能会有体重不变（没有降低）的现象，但从身体组成上已发生了改变，即体脂量减少，瘦体重增加，达到了减肥增壮的目的。

三、增加体重的方法及注意事项

增加体重，特别是增加瘦体重，也应从运动、饮食和睡眠等方面采取相应措施，即不仅增加摄食量，也要增加运动量，要使机体热量摄入大于运动量支出，使人体蛋白质代谢为正氮平衡。

运动，特别是系统的肌肉力量练习，能够促进骨骼肌蛋白质的合成，使肌肉重量增多，体积增大。对于初练者练习的强度和运动量要循序渐进，瘦弱者先选用慢跑、乒乓球、游泳、俯卧撑等小运动量身体锻炼项目，随着身体运动状态的调整和适应，及时增加肌肉力量练习，特别是促进体形恢复的大运动量的健美器械的运动锻炼，既有利于局部肌肉的塑造，又有利于瘦体重的增加。

配合运动练习，应及时调整饮食，每天进餐次数改为 4~5 餐，食物选择以易消化、高蛋白、相对高热为原则，用循序渐进的方式逐步增加各种营养物质的摄入量。避免吃刺激性强、易产气、粗纤维太多的食物，因为这些食物易令人产生饱腹感而减少食物的摄入量。饮食量应使机体处于热能的正平衡。应控制油脂类食品的摄取，减少患冠心病等疾病的风险。应补充适量的维生素和微量元素。夜间进食不宜过多，否则会增加肠胃负担，不利于健康和睡眠。

睡眠是人体体力恢复的重要措施，也是促进肌肉生长的"生长激素"分泌异常活跃的时期，保证高质量的睡眠是让体形魁梧健美起来的前奏。此外，调整好精神状态，保持愉快心情，避免焦虑，也是身体健康强壮的保障。

>>> 练习与思考

1. 试述有氧运动、无氧运动的特点？
2. 简述糖、蛋白质、脂肪的营养功用？
3. 什么叫合理营养？试述训练和比赛期合理营养的要求。
4. 试述体重控制应注意的问题。

第十章　体育健身方法

内容提要

　　本章将体育健身方法的学习范畴确定为 6 个方面：①练习指导过程。②常用身体练习方法。③常用体育健身器械。④常用健身项目与手段。⑤民族传统保健体育养生术。⑥不同人群的体育健身。⑦残疾人的体育健身方法。重点阐述了以下几个方面的内容：第一，体育健身的原则、原理、科学控制运动量，健身时应三因（因人、因时、因地）制宜；第二，常用体育健身方法；第三，民族传统保健体育养生术；第四残疾人的体育健身方法。

第一节　练习指导过程

一、健身练习过程的设计

（一）体育健身的原则

1. 提高认识、自觉锻炼

　　事实上，人们在对待体育健身问题上所表现的"说起来重要、做起来次要和忙起来不要"的思想都很普遍。提高认识就是要正确认识体育健身的意义，提高终身健身意识，而能不能达到一定的体育健身认识水平，在很大程度上取决于个人的文化底蕴与文化胸襟。应该说，人的文化底蕴深厚其文化胸襟必宏大，就能广泛地汲取人类的文化养分。爱因斯坦说过："只用专业知识教育人是不够的。通过专业知识教育，他可以成为一种有用的机器，但是不能成为和谐发展的人。"自觉锻炼就是指参与者对体育健身的内在需要和主动性。毛泽东说："欲图体育之有效，非动其主观，促进其对于体育之自觉不可。"（《体育之研究》）他还说，要达成自觉性体育健身的长期目标，就要"知之深、爱之切"。在生活中，人们如何对待与人的健康密切相关的体育健身问题，很重要的一点是个人的体育知识技能的知行并进和行为习惯的养成。也就是说，对体育健身的"知之深"还不够，还有赖于掌握与运用体育技能及其行为习惯的养成，才能"爱之切"与"行之坚"。

2. 循序渐进，持之以恒

循序渐进的原则实质是在体育健身过程中要遵循人体生理、适应自然和认知规律，使体育健身与自身、与环境、与动作技能形成规律相和谐。应该清楚：人体自身的各器官系统对健身的运动量的刺激需要一个适应与改善的过程；人体自身的各器官系统在健身的运动中对自然环境的刺激也需要有一个逐步适应的过程；健身的"载体"——运动技能的形成，也需要经过泛化—分化—自动化的过程。此外，人们对日常运动健身的倾向和行为习惯也是逐步建立的。体育健身贵在持之以恒，养成行为习惯。体育健身也是一把双刃剑。偶尔健身于身体无补，甚至有害。从理论上说，每一次运动都会产生一定的作用痕迹，只有在其得到经常性的合理化刺激后才产生适应性的变化，乃至"痕迹效应积累"。随着"积累"的增长，身体不断打破旧有平衡，建立新的平衡，得到"超量恢复"，以致产生质的变化。若是偶尔运动健身，一是原有的痕迹得不到强化而消退；二是运动后身体的乳酸代谢产物堆积，pH 值降低，异常地刺激身体，给身体带来不应有的负担，易造成身体代谢紊乱。此外，偶尔的健身运动也是某些慢性疾病患者的大忌（如心脑血管病）。

3. 适量负荷，因人而异

运动负荷是身体在运动中承受的运动负荷强度与运动负荷量的生理刺激，即运动量。适量负荷所追求的就是适宜的生理刺激。实践证明，决定健身效果的首要问题是适宜的生理刺激。考虑身心素质个体差异的客观实际问题，健身者要有自知之明。应该从年龄、性别、体质水平、项目特点和健身目的各方面来考虑运动负荷的问题。随着"积累"的增长，身体不断打破旧有平衡，建立新的平衡，得到"超量恢复"。这时，原有的刺激量已不适应已经发展的身体变化，因此，这时段的运动负荷适当要大。如果工作忙，身体消耗大或身体欠佳，机能下降，这时段的运动负荷要适当调整。

4. 全面发展，讲求实效

全面发展是要求体育健身必须追求身心和谐发展，尽可能使身体形态结构、生理机能、运动能力、各种身体素质以及身心诸多方面都得到和谐的发展，走进完美；讲求实效就是从个人的实际与需要出发，选择个别使自己更有利健康的、又感兴趣的运动项目，并辅以其他项目，力使自身得到全面协调发展。如：某人原来"定力"不足，选择传统体育的八卦拳、太极拳，或慢跑、长距离的徒步和游泳运动等，最好还辅以一些集体性的球类（如排球运动），这样，既使心理的稳定性得到改善，又能补个人健身的社会交往不足。

5. 因地制宜，讲究卫生

因地制宜是体育健身者根据不同地区和不同环境条件选择相宜的运动以及安排健身的手段与方法。讲究卫生意思是指健身活动要与运动卫生、环境卫生、饮食卫生和作息制度结合起来的行为习惯。要求注意做好：

(1) 加强医务监督，按合理的运动处方健身；

(2) 合理的生活制度，劳逸结合；

(3) 饮食卫生，营养合理；

(4) 个人卫生、生活环境和健身环境卫生；

(5) 预防运动性伤害。

6. 安全第一

安全是中老年人健身锻炼的第一原则。不合理的运动对心脏有害，可引起心脏心室纤颤或心搏骤停，严重者会危及生命。不合理的运动也易引起关节损伤或骨折，影响锻炼者的健康。为避免锻炼时受伤或者心脏受损，应注意在从事健身锻炼前要进行一次全面的体检，以便了解自己的身体状况和健康状况。开始锻炼时，运动量要小一点，有一个逐步适应的过程。如果锻炼后感到疲劳、肌肉关节酸痛或睡眠不好，应降低运动量。运动过程中如出现呼吸困难，心率过速，甚至心前区疼痛或有压迫感，应立即停止运动，赶快找医生诊治。每次锻炼以前，应做好热身运动，锻炼后注意放松，不要马上停止不动，同时注意保暖。

（二）运动健身的基本原理

体育健身对人体的直接作用，是加速体质的消耗。加速体内物质能量消耗使身体异化作用占优势。运动——消耗是普遍性和绝对性的。但是，这种消耗作用并不是至此而止的，而是同时地促进同化作用的增强，加强体内物质合成。这种人为的以身体运动刺激身体，加强异化作用来诱导同化作用相应增强的过程便是运动健身的独到之处。用异化作用来诱导同化作用加强，使身体内部的物质有所补充、增加和积累，使身体内部产生适应性变化，这是健身运动的基本规律。还必须指出，适量的运动健身对于人不同时期的机体来说，有着双向的调节作用。应该说，并非一切运动健身都能对身体发生良好的作用。在增强体质这一点上，运动健身的作用是没有普遍性和绝对性的，而是相对的、有条件的。人类健身的历史经验和现代体育科学实验都一致证明，决定运动健身对人体作用效果的条件是适度的负荷和一定的间歇时间。"负荷与休息是体育方法所特有的两个组成部分。适当地调节负荷，并使之恰当地与休息相结合，这是全部体育方法中最重要的方法之一。负荷量会直接消耗机体的工作潜力（能量储备），从而引起机体疲劳，疲劳与休息的密切配合，可以使机体得到恢复。因此，负荷是先使机体疲劳，然后休息使之恢复并提高工作能力。"（苏联 1967 年《体育理论和方法》）因此，掌握好负荷与间歇这两个问题，对健身来说，是个极为重要的课题。

（三）科学控制运动量

健身锻炼安排是否合理，能否取得成效，关键在于控制运动量的大小，其中掌握运动强度尤为重要。

1. 常用健身锻炼运动强度公式

不同性别、年龄、体质和健康水平的人，健身锻炼时，运动强度应该是有区别的，但有一个大致的范围，应掌握一定的规律，这个适度运动的范围，又称"价值阈"。所谓价值阈，其上限是安全界限，下限是显效界限，通俗地讲，合理的运动量和运动强度，既对健康有效，又是安全的。那么具体掌握时，我们应该如何确定合理的运动量，特别是运动强度呢？根据国内外的经验，一般常用的健身运动强度公式如下。

（1）保健运动适宜运动负荷强度。此为美国运动医学会推荐，其适宜运动强度为个人最大心率的 60% 左右（相当于 50% V_{O_2} max），即心率相当于 110～130 次/分。每周锻炼 3 次，每次运动时间为 20～60 分钟。

（2）锻炼目标区。亦称靶心率或运动适宜心率，是指能获得最佳锻炼效果并能确保安全的运动心率范围。一般用 220－年龄，乘以 60%～85% 为最佳。例如，一个 60 岁的人，如以此公式计算，即 220－60，再乘以 60%～85% 计算，其健身锻炼的最佳运动负荷控制范围为 96～136 次/分。

（3）按年龄估算适宜心率最为简单实用的适宜运动强度公式是：180（170）－年龄。对 60 岁以上或体质较差的中老年人，则用 170 减年龄。

（4）运动量百分比分级法

其计算公式为：（运动后心率－运动前心率）/运动前心率×100%

如运动后净增心率在 50% 以下为小运动强度，51%～70% 之间为中等运动强度，70% 以上为大运动强度。此分级法在运动疗法中较为常用，尤其适合于有心血管疾病的年老体弱者。

（5）净增心率计算法。按锻炼者的体质强弱，可分为强、中、弱三组，分别控制不同的运动强度。运动后心率－安静时心率≤60 次/分为强组；运动后心率－安静时心率≤40 次/分为中组；运动后心率－安静时心率≤20 次/分为弱组。此方法适用于有心脏病、高血压及肺气肿等慢性病的锻炼者。

2. 怎样掌握运动量

(1) 通过脉搏变化来衡量运动量是否合适

测定脉搏，可在早晨起床前，或健身前和健身后一小时左右进行，以便进行对比。测定时间，可测一分钟的脉搏。如果运动量小，在健身后一小时以内即可恢复到健身前的水平，而且疲劳感觉不甚明显。如果运动量过大，有时经过一夜到次日清晨脉搏还可能未恢复，而且运动量愈大，恢复的情况就愈差。这就是说，运动量过大时，恢复时间就显著延长，而且身体的疲劳感非常明显。在运动量安排得比较适宜时，则每天清晨的脉搏都是比较平稳的，精神也比较饱满，没有什么因为运动量不适而引起的特殊感觉。

(2) 主观感觉来衡量运动量是否合适

主观感觉，一般包括运动前、运动当中和运动后的感觉。正常人在运动量合适时，工作、学习和劳动起来体力充沛，跃跃欲试，很想参加运动；健身以后有疲劳感觉，但不影响正常的睡眠和食欲等。有时，肌肉也有轻度疼痛，四肢较沉重，但这些现象经过一夜的休息，次晨即可消失，而且身体的机能状况愈好，则消失得愈快。当运动量过大时，次晨起床后就常会感到萎靡不振，周身无力，甚至有头晕等现象。在健身以后，常常感到极度疲劳，吃不下，睡不好，有厌倦和冷淡的感觉；在运动时，很容易出汗。这些都说明运动量需要适当调整。

在检查运动量是否适宜时，最好把上述两种方法结合起来使用。

注意事项：中老年人在系统从事健身锻炼前，要到医院进行一次全面的医学检查，目的是了解锻炼者的身体健康状况和体力情况，发现潜在性疾病和危险因素，找出有效运动的上限（安全界限）和下限（有效界限），以确定合适的运动项目和运动禁忌症，医学检查也是为制定运动处方提供必要的依据。

（四）运动三部曲

任何锻炼计划都应遵循循序渐进的模式。不论是每次锻炼模式还是整个锻炼进程，通常都可人为地分为三个阶段。

1. 每次健身三部曲

每次健身都应包括三个阶段，见图 10.1，首先是准备活动，然后正式健身，最后是整理放松。

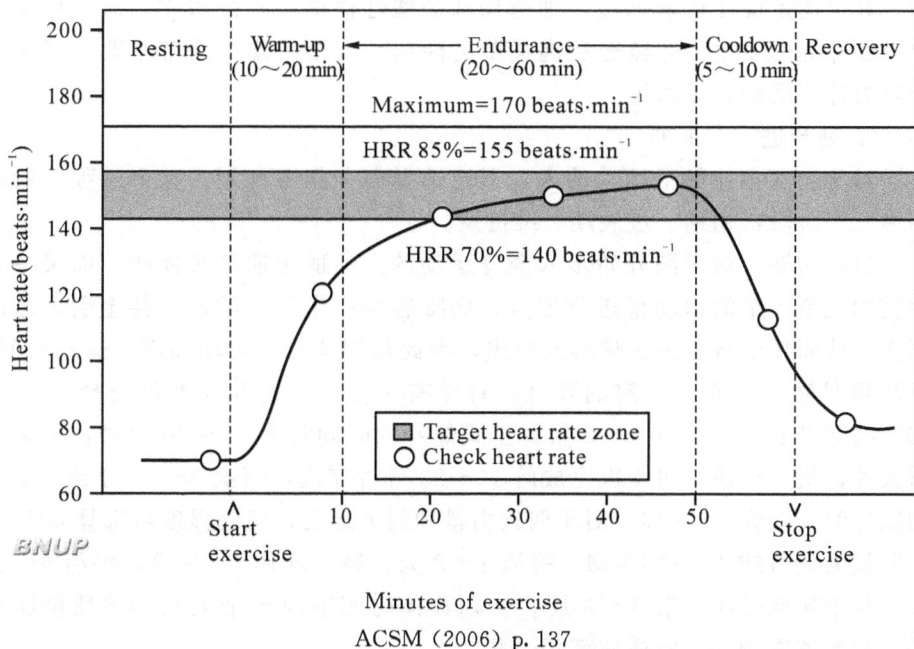

Minutes of exercise

ACSM（2006）p. 137

图 10.1　每次健身程序

（1）准备活动。在正式锻炼前应进行 10～20 分钟的准备活动，也称热身运动，使心率升到最大值的 40%～60%。在较大强度的正式锻炼之前做好准备活动尤其重要，其目的是使我们的机体从精神上、心理上和身体上为进行正式健身做好准备活动，减少不必要的伤害。如果一开始就进行较大强度的正式锻炼，往往易引发肌肉韧带拉伤、腹痛、胸痛等，有时在锻炼数分钟后还可出现极点现象，即表现为呼吸困难、胸闷、胸痛、四肢乏力等暂时不适应症状。准备活动内容主要是徒手体操、静力伸展运动及步行中慢跑等低强度活动。一般先徒手体操，然后步行或慢跑，最后静力伸展运动。

"极点"现象：运动过程中，如运动速度过快，有时在运动几分钟后会出现感觉不良的症状，如出现胸闷、胸痛、气喘、疲乏等，此现象称"极点"。但继续运动，则这些症状会消失，明显感觉舒坦多了，这种现象为第二次呼吸。不过一些心血管疾病患者，如冠心病患者在早期安静状态时无任何症状，在运动时则诱发胸闷、胸痛等症状，但这些症状需待停止运动后才会缓解。为安全起见，凡是运动过程中出现胸闷、胸痛者，尤其是年龄大于 40 岁者，皆应积极去咨询医生。

（2）正式健身。准备活动完后即可根据所选择的健身项目进行正式健身。

（3）整理放松。正式健身完后一般还要做 5～10 分钟的活动使身体逐渐冷却，其目的是促使血液回流，加速局部的酸性代谢产物的清除，从而可防止重力性休克的发生，并减轻肌肉关节的酸痛。放松活动的内容主要包括步行和静力伸展运动、按摩等。

2. 健身进程三部曲

对于初次参加健身运动的人，不论选择何种健身计划，整个进程一般应分为三个阶段：初期、进展期、维持期。

（1）初期。对于刚开始步入健身运动的人，适应期是必要的。如果一开始就用上节规定的运动量进行健身，则很容易产生肌肉酸痛，甚至引发运动损伤，从而使健身者失去信心而退出，因此初期选择的运动强度、运动时间、运动频度都应比前述规定的要低。对于有氧健身，运动强度可选择 30％～50％的储备心率，每周 2～3 次，正式健身的时间每次 15～30 分钟，如果体质较差，头几周还可将 1 次完成的 15～30 分钟完成，每次 5～10 分钟，整个初期时间一般为 2～6 周。对于肌肉力量和耐力运动，运动强度可选择 40％～60％最大负荷或 12～15 RM，每周 1～2 天，每个动作 1～2 组，每组 6～15 次。整个初期时间一般 1～3 周。初期具体时间取决于个人初始体质健康水平，初始体质较差，则适应期长一些。

（2）进展期。在这一阶段，每次健身的强度、时间、频度按照上节规定的运动量完成。根据拟定的目标，此期一般需持续 10～20 周。不论是初期还是进展期，运动负荷都必须慢慢增加，当一种负荷量适应 2～3 周后，自觉较轻松，此时同样的负荷或速度则会低于规定的强度范围，进一步运动量即可增加。对于有氧运动，安排时先应增加运动时间，待时间已达规定范围高限时，然后即应通过增加运动强度获得，不过时间则可减少。增加运动时间或运动强度一般不超过前面的 5％～10％。力量训练，如负荷已达 12 RM，则可增加绝对负荷，但增加的负荷一般不超过 10％。

（3）维持期。经过进展期，体质改善，如已达到预期目标，此时则无需再增加运动负荷，只需维持已有健身效果，即进入维持期。此期最好是选择自己感兴趣并能融入生活的运动项目，以便维持终生。有氧健身，运动相对强度维持不变，可用 60％～80％储备心率，运动时间和频度可缩减，频度可减至每周 2～3 天。对于肌肉力量和耐力训练，运动强度也维持不变，即 8～12 RM，每个动作 1～2 组，每组 8～10 次，1～2 天/每周。

3. 适合自己的健身方案

运动的好处大家都知道，但是一般人不大可能一辈子只做同一种运动，永远也不厌倦；另一方面，岁月毕竟无情，上了年纪的人不可能还和年轻时一样蹦蹦跳跳，承受着年轻时的运动量。那么，对希望以运动健身的人，到底应该如何搭配组合，在不同人生阶段选择适合自己年龄的运动方式？美国有一位训练专家最近设计出一套能让人一生受用的健身计划，使注重健康的你从二十几岁开始，一直到耳顺之年都能找到适合的运动方式让你从运动中受益。以下为具体方案：

（1）二十多岁：可选择高冲击有氧运动、跑步或拳击等运动方式。对你的身体而言，好处是能消耗大量卡路里，强化全身肌肉，增进精力、耐力与手眼协调。在心理上，这些运动能帮助你解除外在压力，让你暂时忘却日常杂务，获得成就感。同时，跑步还有激发创意、训练自律力的优点；而拳击除了培养信心、克制力与面对冲突的能力等好处外，更适合拿来当作"出气筒"。

（2）三十多岁：建议选择攀岩、滑板运动、溜冰或者武术来健身。除了减肥，这些运动能加强肌肉弹性，特别臀部与腿部；还有助于活力、耐力，能改善你的平衡感、协调感和灵敏度。在心理上，攀岩能培养禅定般的专注工夫，帮助你建立自信与策略思考力；溜冰令人愉悦、多感，忘却不快；武术帮助你在冲突中保持冷静、自强与警觉心，同样能有效增进专心的程度。

（3）四十多岁：选择低冲击有氧运动、远行、爬楼梯、网球等运动。对身体的好处是能增加体力，加强下半身肌肉，特别是双腿，像爬楼梯既可以出汗健身，又很适合忙碌的城市上班族天天就近练习。网球则是非常合适的全身运动，能增加身体各部位的灵敏度与协调度，让人保持活力充沛，同时对于关节的压力也不如跑步和高冲击有氧运动来得大。而在心理上，这些运动让人神清气爽，松弛紧张和压力。以爬楼梯为例，有规律地爬上爬下尝试控制自己，使心情恢复稳定的好方法。同样，打网球除了有社交作用，还能抛开压力与躁念，训练专心、判断力与时间感。

（4）五十多岁：适合的运动包括游泳、重量训练、划船，以及打高尔夫球。游泳能有效加强全身各部位的肌肉与弹性，而且由于有水的浮力支撑，不如陆上运动吃力，特别适合疗养者、孕妇、风湿病患者与年纪较大者。重量训练能坚实肌肉、强化骨骼密度，提高其他运动能力；而打高尔夫球时如果能自己走路、自背球袋，而且加快脚步，常有稳定心脏功能的效果。心理上，游泳兼具振奋与镇静的作用，专心地划水让人忘却杂务；重量训练有助于提高自我形象满意度，让压力与烦躁都随汗水宣泄而出；团队一起划船能培养协同与团队精神；打高尔夫球则可让人更专心、更自律。

（5）六十多岁以上：介绍你多做散步、交谊舞、瑜伽或水中有氧运动。散步能强化双腿，帮助预防骨质疏松与关节紧张；交谊舞能增进全身的韵律感、协调感和优雅，非常适合不常运动的人；瑜伽能使全身更富弹性与平衡感；能预防身体受伤；水中有氧主要增强肌肉力量与身体的弹性，适合肥胖、孕妇或老弱者健身。这些都不算是激烈的运动，但是在健身之外，它们的最大功用是能使人精神抖擞，感觉有趣，并且有社交的作用，是让老年人保持年轻心态的一个好方法。

（五）健身三方攻略

1. 缓解压力

要想清除杂念、缓解压力，最佳运动就是瑜伽、太极和普拉提。瑜伽起源于印度，每个姿势都贯穿了伸展、运气和冥想。太极是中国武术的一种，虽然动作慢，却能增强"精气神"。普拉提 20 世纪 20 年代发源于德国，主要能增加肌肉的延伸性。这三种运动要经常练习，做得越多，动作掌握得越好。如果要达到缓解压力的目的，至少一周锻炼 3 次。

2. 锻炼心脏

游泳、快走、慢跑、骑自行车，及一切有氧运动都能锻炼心脏。有氧运动好处多：能锻炼心肺、增强循环系统功能、燃烧脂肪、加大肺活量、降低血压，甚至能预防糖尿病，减少心脏病的发生。美国运动医学院建议，想知道有氧运动强度是否合适，可在运动后测试心率，以达到最高心率的 60%～90% 为宜。如果想通过有氧运动来减肥，可以选择低度到中度的运动强度，同时延长运动时间，这种方法消耗的热量更多。运动频率每周 3～5 次，每次 20～60 分钟。

3. 健美肌肉

锻炼肌肉，可以练举重、做体操以及其他重复伸、屈肌肉的运动。肌肉锻炼可以消耗热量、增强骨密度、减少受伤，尤其是关节受伤的概率，还能预防骨质疏松。在做举重运动前，先测一下，如果连续举 8 次你最多能举多重的东西，就从这个重量开始练习。当你可以连续 12 次举起这个重量时，试试增加 5% 的重量。注意每次练习时，要连续举 8～12 次，这样可以达到肌肉最大耐力的 70%～80%，锻炼效果较好。每周 2～3 次，但要避免连续两天锻炼同一组肌肉群，以便让肌肉有充分的恢复时间。做任何运动都不要过量。如果运动后一整天都肌肉酸痛，或心跳比平时快 5～10 次，睡不好，没胃口，就说明你该好好休息了。

二、场地器材的准备

（一）体育场地、器材准备与管理的意义

1. 体育场地、器材准备的意义
（1）场地和器材设施是群众进行体育锻炼、开展体育活动的载体；
（2）体育场地和器材设施是开展群众性体育活动、进行比赛的必要物质条件；
（3）《体育法》规定各种体育场地设施要向社会开放，加强管理，提高使用率为群众参加健身活动提供便利条件，为群众提供良好服务；
（4）是实施《全民健身计划纲要》、开展群众性的健身活动、丰富群众业余生活、增强人民体质、为经济建设和社会发展服务的必然要求；
（5）体育场地和器材是群众强身健体、消除身心疲劳、改善社会交往，形成健康、科学向上的体育锻炼之风的重要条件。

2. 体育场地、器材管理的意义
（1）加强场地和器材设施管理，是开展群众体育的重要保证；
（2）加强场地和器材设施管理，是对锻炼者进行文明行为养成教育的手段；
（3）加强场地和器材设施管理，是社会体育整体管理的重要内容。

（二）场地器材准备注意事项

（1）场地器材的总体布局要合理；
（2）活动时场地器材的布置应适当集中，避免转换活动项目时花费时间，布置要便于管理放在视野之内以利于管理和控制；
（3）在同一时间、同一地点有多个小组进行活动时，指导员应事前商量好场地使用的先后顺序和时间；
（4）活动前或做练习前应仔细检查场地的布置情况；
（5）加强运动场地的环境绿化。

（三）体育场地、器材设施的布置使用原则

（1）科学性和全面性；
（2）区别对待；
（3）安全性；
（4）方便群众锻炼和使用。

三、常规讲解与示范的方法

(一) 讲解法

讲解法是指指导员用语言向锻炼者说明锻炼任务、动作名称及其作用，完成动作的要领、方法和要求以及指导锻炼者进行学习和锻炼的一种方法。

运用时要注意：

(1) 精讲多练；

(2) 善于运用比喻；

(3) 准确运用体育术语；

(4) 巧妙运用口诀；

(5) 注意语言的科学性；

(6) 注意语言的艺术性。

讲解法在群众体育指导活动中常用的讲解法有：直述法、概要法、对比法、提问法、比喻法和口诀法等形式。是指导者用语言向练习者说明动作名称、要领和方法等的一种指导方法。

讲解法的一般要求：

(1) 讲解要有明确的目的性；

(2) 讲解要正确；

(3) 讲解要简明易懂；

(4) 讲解应与启发思维结合。

(二) 示范法

动作示范是群众体育指导中常用的一种方法。它是社会指导员以具体的动作示范使练习者了解所学的动作要领、建立动作准确表象的方法。动作示范做得轻松优美还能激发练习者的学练兴趣。

示范法的一般要求：

(1) 示范要正确、熟练、合理，力争每次示范成功；

(2) 示范要有明确的目的性；

(3) 注意示范的位置和方向要有利于观察；

(4) 示范与讲解相结合，与练习者练习相结合。

运用时要注意：

(1) 示范要合理、准确；

(2) 示范要有明确的目的性；

(3) 选择合适的位置和示范面；

（4）示范的次数要适当，示范的时机要合理。

（三）预防和纠正错误法

产生错误动作的原因有：

（1）由于指导者对教材的钻研不透、理解不深，在讲解和示范中传授了错误的知识概念或没有抓住重点内容造成锻炼者理解上的错误；

（2）练习项目的安排和指导法的选择与锻炼者的接受能力差距过大，也会造成较大范围的错误动作；

（3）由于锻炼者对所学的内容缺乏明确的目的性，练习时积极性不高或难度太大、运动量太大有怕苦的情绪；

（4）锻炼者在学习一个准确的动作前，多数已有部分技能迁移。

纠正错误动作的注意事项：

（1）发现练习者在练习过程中有错误动作时，首先要分析其产生的原因；

（2）纠正错误要抓主要矛盾；

（3）纠正错误动作时，一定要视存在同样错误动作的锻炼的人数来确定纠正的人数。

四、保护与帮助

（一）保护与帮助的作用

（1）有利于练习者减轻心理负担，消除顾虑，增强信心，尽快地建立正确的动作概念，掌握动作技术，提高动作质量。

（2）能有效地保护与帮助，去维护练习者的安全，达到预防运动创伤的目的。

（3）能培养练习者之间的责任感，使练习者养成互相帮助的良好作风，同时还可以增进师生感情。

（二）保护与帮助的种类

根据保护与帮助的性质分类如下：

（1）保护：他人保护、自我保护和利用器械保护；

（2）帮助：直接帮助、间接帮助和利用器械帮助。

（三）保护与帮助的运用

1. 不同阶段保护与帮助的运用

（1）粗略地掌握动作阶段

这个阶段的特点，是大脑皮层兴奋过程扩散，动作显得吃力、紧张、不协调，缺乏控制力，出现一些不应有的错误，甚至伴有恐惧害怕心理。这一阶段，主要是通过教师的示范与讲解，取得感性认识，在学生体会动作的过程中，主要采用直接帮助的方法，逐步消除学生的害怕心理，改进不合理的动作技术，树立学好运作的坚定信心。

（2）改进与提高动作阶段

通过练习，大脑皮层兴奋与抑制过程处于分化阶段，紧张、不协调、动作技术不合理等现象已逐步消失，使动作变得比较准确、轻松，但还不够熟练，不能运用自如。因此，应继续强化动作的正确技术，进一步消除多余的动作。在此阶段，保护与帮助应交替进行，并逐步向间接帮助和自我保护过渡。

（3）巩固与运用自如阶段

这个阶段，大脑皮层兴奋过程高度集中，内抑制相当牢固，形成了动力定型，动作表现轻松自如、准确熟练，已达到自动化程度。这一阶段，主要采用保护，最后达到完全脱保，独立完成动作。

2. 保护与帮助运用的原则

（1）站位要合理；

（2）步移要灵活；

（3）部位要正确；

（4）时机要恰当；

（5）助力要合适；

（6）重点要明确；

（7）阶段要把握；

（8）脱保要适时。

（四）对保护、帮助者的要求

1. 要有高度的责任感

保护帮助者对保护与帮助的意义要有足够的认识和重视。不仅要把保护与帮助看成是重要的手段，还要把保护与帮助看成是维护练习者的健康、预防伤害事故的发生、保证练习者安全的有力措施。在保护帮助的过程中必须做到精神饱满、精力集中、耐心细致、任劳任怨。在关键时刻应有舍己救人的精神，奋不顾身，全力以赴地确保练习者的安全。

2. 要熟悉动作的技术

只有熟悉了动作技术，才能正确运用保护与帮助。虽然体操动作技术有它的共同规律，但是，不同项目、不同类型的动作，都有各自不同的特点。只有熟悉了动作的技术，才可能预见到动作中容易发生危险的地方，适时地给予练习者有保障的保护与帮助。

3. 要掌握正确的保护与帮助

保护与帮助是体操教学与训练的基本技能之一，只有掌握正确的保护与帮助的方法，才能完成好保护与帮助。保护与帮助是一个从不会到会，从生疏到熟练，从枯燥到有趣的学习过程。经过多实践、多学习，才能做到运用自如，得心应手。

4. 要了解练习者的特点，做到区别对待

只有了解了练习者的特点，才能更好地运用保护与帮助。首先要了解练习者对动作技术的特点。其次要了解练习者的身体素质，心理素质及体力与思想状态等情况。一般来说，少年儿童胆大，没什么顾虑，但力量较差。女性则体力较弱，反应较慢、胆小。而成人最突出的就是顾虑多，怕受伤。这就要求区别对待，充分发挥保护与帮助的作用。

第二节　常用身体练习方法

一、重复练习法

（一）概念与特点

1. 概念

重复练习法是指针对某一动作或某一组合，在不改变身体练习的技术结构和运动负荷的表面数据的情况下，根据完成动作的要求，在相对固定的条件下反复进行练习的方法。

2. 特点

（1）相对固定的练习条件；

（2）反复练习同一锻炼内容（动作或项目）；

（3）练习的间歇时间无严格规定。

（二）重复练习法的作用

（1）有利于练习者在反复练习中，逐渐掌握和巩固动作技能；

（2）有利于在多次练习中培养练习者的体育兴趣和习惯；

（3）适合于不同年龄、性别和体育基础的人，合理安排运动负荷。

（三）重复练习法基本类型

（1）短时间重复练习；

（2）中时间重复练习；

（3）长时间重复练习。

（四）重复练习法的结构

（1）单次（组）练习的负荷量；

（2）负荷强度；

（3）每两次（组）练习之间的休息时间。

（五）重复练习法运用要求

（1）根据健身任务和健身者实际，合理地确定重复次数、距离和时间。

（2）根据健身者体质状况，安排适宜的运动负荷，每次重复都要有明确的要求。主要包括每一次（组）运动的数量与强度、练习几次（组）、每次（组）间的休息等。

（3）练习时要保证动作的质量，尽量将动作做得正确、协调、轻松，这样可以提高锻炼效果，减少不安全因素，防止造成伤害事故的发生。

二、持续练习法

（一）概念与特点

1. 概念

持续练习法是指在较长的时间内，练习者用不大的练习强度持续不间断地进行身体锻炼的方法。

2. 特点

（1）连续不间断运动时间较长；

（2）锻炼过程中一般无间歇时间，练习密度较大，对身体的持续锻炼作用较大，锻炼效益较高；

（3）这种练习法主要用于增强练习者的体力，发展一般耐力，提高有氧代谢能力；

（4）锻炼过程中，从实际出发，根据练习者的体质基础和运动反应，可以及时调整强度和运动形式。

（二）作用

（1）持续练习法具有持续刺激机体的作用；

（2）有利于改善大脑皮层神经过程的均衡性；

（3）提高心血管系统和呼吸系统的功能，能较经济地利用体内储备的能量；

（4）有利于发展有氧和一般耐力。

（三）持续练习法的运用要求

（1）选择锻炼的项目手段要适合于锻炼者的年龄、生理特点和体质基础；

（2）体质状况一般或初次参加锻炼的人及老年人不宜过长，可以从每次15～20分钟开始；

（3）中老年人使用持续练习法锻炼身体时，可根据自己在练习中的体力状况，及时调整运动强度和练习方式。

三、变换练习法

（一）概念

变换练习法是指在变换锻炼的各种环境条件下进行身体练习的方法（在大众健身活动中，变换练习法是比较受欢迎的锻炼方法）。

（二）变换练习法的类型

（1）负荷变换练习；

（2）内容变换练习；

（3）形式变换练习。

（三）变换练习法的要求

（1）不断变换练习者的环境与条件，能激发练习者的练习兴趣和积极性；

（2）能提高练习者中枢神经系统的灵活性及对各个器官系统的协调能力，增强练习者在练习中的协调性和适应能力；

（3）有助于推迟或减轻运动疲劳，活跃锻炼气氛。

四、间歇练习法

(一) 概念与特点

1. 概念

间歇练习法是指在任意两次（组）练习之间，有严格的间歇时间规定，使锻炼者在间歇时得到必要休息和一定恢复，然后再进行下一次（组）练习的方法。

2. 特点

(1) 严格规定两次（组）练习之间的间歇时间，以控制下一次（组）练习开始时机体恢复的程度；

(2) 练习者的身体机能未完全恢复，就继续进行下一次（组）练习；

(3) 能有效提高人体的机能能力和练习效果，特别是心肺功能和一般耐力。

(二) 间歇练习法的运用要求

(1) 合理确定间歇时间，一般要考虑负荷强度和练习者已具有的体育基础与体质状况；

(2) 在间歇时间内，以积极性休息为主；

(3) 注重科学指导与科学锻炼；

(4) 鉴于间歇练习法的基本特点和作用，应将其主要用于周期性项目的锻炼中，也可用于非周期性项目。

(三) 间歇练习法与重复练习法的区别

间歇练习法与重复练习法较相似，主要区别在于间歇上的不同要求。重复练习法的间歇是采用完全恢复的间歇负荷和无严格规定的间歇方式（多以消极性的静息为主）进行的。而间歇练习法则是以未完全恢复的间歇负荷和积极性的间歇方式进行的。锻炼者总是在未完全恢复的状态下进行下次练习，有明显的疲劳积累，对机体的刺激强度较大。间歇练习法间歇后心率一般在120~140次/分钟以上，明显高于重复练习法，但其练习强度因间歇负荷水平较高而无法达到重复练习法的水平。练习时一般心率在170~180次/分钟，负荷强度70%~80%，有利于提高机体的心肺功能和无氧代谢能力。

第三节　常用体育健身器械

一、体育健身器械概述

（一）概念、作用与意义

1. 概念

体育健身器械，是依据人体解剖、生理特点，针对个人的形态及健康状况，遵循科学健身、健美原理，以达到增进健康、发达肌肉、增强体力、促进发育、改善形体和陶冶情操等目的而进行锻炼活动时所运用的专门的练习器械。

2. 作用与意义

（1）发达肌肉，增长力量，塑造形体；

（2）促进青少年身体的正常发育；

（3）延缓衰老，提高抵御伤害事故发生的能力；

（4）培养坚毅的品质和适应社会的能力，改善人的心理健康。

（二）特点

（1）专门性；

（2）多样性；

（3）安全性；

（4）实用性。

（三）基本分类

健身器械有多种分类方法，一般有以下几种分类方法：

（1）按功能可划分为单功能健身器械和多功能健身器械；

（2）按用途可划分为家用健身器械和专业训练健身器械；

（3）按对身体的锻炼部位可划分为全身性健身器械和局部性健身器械；

（4）按大小可划分为小型健身器械和大型综合性健身器械。

（四）健身器械练习的原则和要求以及器械练习时的注意事项

健身器械练习的原则：

（1）循序渐进；

（2）持之以恒；

（3）合理安排运动负荷；

（4）专门性与均衡发展。

进行器械练习时应当注意：

（1）动作规格和身体姿势；

（2）预防创伤发生。

（五）健身器械的正确使用方法

1. 讲究科学合理的方法

每次训练都要有一定的顺序，首先，热身运动（准备活动）。在冬天或环境温度低时尤为重要，一定要把各个关节活动开。出少许的汗为好。其次，正式运动和放松整理运动。在正式训练中，有氧运动时要注意与呼吸的配合；若减肥要安排多组少次数，若健美则应少组多次数。大强度短时间训练有利发展力量和速度，中小强度长时间训练有利于发展耐力。

2. 循序渐进

刚开始锻炼的练习者，为了保证安全，使用前除了看器械说明外，还要注意自己的年龄和身体状况等诸多因素，最好能在医师、教练的指导下练习。持之以恒地锻炼，方能强身健体，达到预期的目的。

3. 全面发展，弥补不足

长时期单纯机械的训练容易造成身体在力量、耐力、肌肉发达程度上的片面发展，而忽视了反应、速度、柔韧性、协调性等方面的发展。这样的身体机能显然是不健全的。因此，除了进行常规器械训练外，还要进行必要的辅助练习。如球类、田径、武术、拳击、体操、游泳、滑冰、舞蹈及棋牌类的活动。这些内容可选择性地进行，有针对性地结合自己的薄弱环节进行辅助性练习。

二、常用体育健身器械简介与健身方法

（一）常用体育健身器械简介

1. 跑步机：比实地跑出更多距离

跑步机也称步行机、健步机或平跑机，有单功能跑步机和多功能跑步机两种，是室内健身器中的"宠儿"。跑步是目前国际流行并被医学界和体育界给予高度评价的有氧健身运动，是保持一个人身心健康最有效、最科学的健身方式，也越来越受到大家的喜爱。但由于城市环境的限制，很多人无法享受脚踩泥土、贴近大自然的跑步，所以跑步机就成了健身者，特别是想快速减肥的女性的首选。运动时，跑步机上的电子表可帮助你记下时速、时间、心

率、热量、节拍、距离等指标，使运动者随时掌握自己的身体情况并进行调整。如果体能较差，开始时以每次消耗100～200千卡为宜，待体能逐步改善后，可增加至200～300千卡；中等体能者每次可消耗200～400千卡；体能较佳者可消耗400千卡以上（具体情况因人而异）。在跑步机上走或跑，从动作外形上看，几乎与平时在地面上走或跑一样。但从人体实际用力看，它比陆地走或跑省去了蹬伸动作。正是这一点使健身者感到十分轻松自如，并比在陆地多跑1/3的路程，能量消耗也大于陆地训练。

2. 划船器："关照"平日动不着的肌肉

"划船"时身体每一个屈伸动作、每次划桨的划臂动作，使大约90％的伸肌参与了运动，因此它对平时几乎不参与任何动作的伸肌来说，实在是受益无穷。划船动作对锻炼背部肌肉有明显效果，让脊背在体前屈和体后伸当中得到最大活动范围，同时有效活动脊柱的各个关节，不但增强了弹性，也增加了韧性。练习"划船"时，要注意动作的连贯性，每一个蹬伸的动作不要出现停顿。划行过程中的动作一定要到位，幅度过小则参与运动的肌肉无法充分伸展或收缩。划船器适用于平日不大活动的人群，对中老年人尤为有益。

3. 健身车：自行车无法替代的运动

健身车具有自行车不可比拟的优点——可自由发挥自己的骑行速度，可通过健身车上的电子表观察每时每刻的速度、时间、心率值等。利用它进行锻炼，不仅能有效地提高心肺功能，还有助于增强腿部肌肉、减肥和全面提高身体素质，对行动不便、体质较弱和康复病人尤其适用。健身车有两种：一种为固定手柄，只适合蹬车运动；另一种为活动手柄，臂腿训练兼顾。还有一种靠背式健身车，其靠背式机身设计，能有效地锻炼大腿肌肉，并可增加运动时的舒适感。该机所附设的扶手练习杆，既能平衡锻炼者的身体，又有增强双臂肌力的功效。随着科技进步，健身车已达到电脑化程度，车把上的屏幕会显示出各种数据，如心率、呼吸频率、时间、速度、距离及耗能等。这些数据便于锻炼者及时掌握运动量和调整自己的运动强度。有的车上的彩色荧屏中，还能显示出不同的风景画面，令锻炼者如同置身于公路、田间，心旷神怡、不感乏味。骑健身车几乎不需要任何技术，只是锻炼目的的不同，骑行的方法也不同，主要有以下几种：有氧运动骑行法，通过自由骑行、间歇骑行等方法，达到健身、辅助医疗、防止肥胖或减肥、提高心血管功能等目的；强度骑行法，是适用于男性的一种健身方法，可在提高心肺功能的同时，提高腿部肌肉的力量与耐力，塑造完美的腿形；力度骑行法，主要是模拟山路的环绕骑行，骑行时对腿部的力量要求较强，需有一定基础。

4. 椭圆运转机：让全身动起来

椭圆运转机又称为太空漫步机，是一种新出现的健身器械。它的新奇之处在于活动式踏板的设计，是一种集漫步、慢跑、静止自行车运动为一体的健身器械，它的健身动作刚好与人的自然跨步相吻合，对人体关节不会产生大的冲击而损伤人体，能同时活动上下肢的肌肉群，尤其是腿部和臀部。在运动时通过手脚的协调配合，达到健身目的。主要以有氧运动为主，具有去脂、减肥的效果，特别受到年轻女性的喜爱，从儿童到老人几乎都可使用。

5. 健骑机

健骑机又叫健身骑马机，集健身、娱乐、康复于一体。不仅可以作为专业运动员的训练器械，更是家庭健身器中的精品。其主要功能是锻炼上下肢肌力，增强心肺功能和消除多余脂肪。它的缓冲设计，能有效地减低运动对踝部、膝部和背部造成的劳损。该机能折叠，便于存放，是目前占地面积最小的有氧运动器械。

6. 举腿架

举腿架是锻炼腹部及臂部肌群的专用健身器。该机械由挂臂支架、靠背板和主体立柱组成。挂臂支架呈 U 形，两侧各有一块海绵垫，两端上弯为握把。其基本练习方法是：位于举腿架中间，两上臂支撑在海绵垫上，两手握竖把，然后用力将两腿伸直上举至腹肌彻底收缩。如腹肌力量差，可先做屈膝举腿；若腹肌力量强，可在小腿上附加重物。举腿架还可用来做双臂屈伸、挂臂耸肩、悬垂举腿、屈体团身等动作。

7. 蹬腿练习器

蹬腿练习器与坐蹬训练器不同的是向上蹬腿而不是向前蹬腿。它主要用来发达股四头肌。该器械由直角三角形支架、靠垫、长方形脚蹬板、上下握把及配重片组成。其基本练习方法是：仰靠在靠垫上，两手扶握把，两腿屈膝于胸腹前，两脚掌向上顶住脚蹬板，然后用力斜上蹬至两腿伸直，再慢速屈腿还原。也可将脚蹬板和靠垫取下，再将靠垫放在斜向支架上。仰卧其上，两手握住斜架上端的握把，双腿屈膝深蹲，两脚踏在靠垫架上，然后用力将双腿伸直。

8. 哑铃

哑铃有"雕塑肌肉的锤、凿"之美誉，是健身健美的重要器械之一。专家有言：只要有一副哑铃和一条长凳，你就可以随心所欲，使全身的每一块肌肉都得到锻炼。哑铃有固定重量哑铃和可调式哑铃两种。前者多用铁浇铸而成，重量在 2～10 公斤之间不等。后者形似小杠铃，用硬塑或生铁制成，两端可以套装上不同重量的铃片，卡箍用螺钉固定。还有一种小哑铃，也有人管它叫袖珍哑铃或女用哑铃,其重量很轻,小巧玲珑,金属所制,电镀抛光。女子常用它做哑铃操。

9. 壶铃

壶铃一般用铸铁制成,按重量分别有 10 千克、15 千克、20 千克、25 千克、30 千克等几种。在我国民间也有外形似锁状的石头制品,叫石锁。它的使用方法和作用类似壶铃。用壶铃进行健身锻炼时,可以做各种推、举、提、抛和蹲跳等练习,通过锻炼可以有效地增强上肢、躯干及下肢等肌肉的力量。由于壶铃的大小和重量不同,练习者应根据自己的情况选择使用。在练习中,要注意动作的准确性。

10. 杠铃

杠两端套装上不同重量的铃片即为杠铃。它既是传统的健身器械,又是举重比赛的"主角"。虽历经百余年,因其对发达胸部和臂部有独到的效果,时至今日,仍是人们用来健身健美的重要器械。尤其对于健美爱好者来说,它在健身房中的位置是不可替代的。锻炼时,可根据健身需要自由增减重量,是其一大特点。不过,杠铃占地较大,分量不轻,容易扰邻,练习时常需要伙伴相助,所以一般家庭健身房没有它的位置。短而小、分量轻、横杠呈弯曲状的曲柄杠铃,兼具杠铃和哑铃的特点,多用来发展上肢肌力,乃是杠铃的"变种"。

11. 拉力器

拉力器有弹簧拉力器和胶带拉力器两种,主要用来发达胸部、背部和臂部肌肉。弹簧拉力器多由 4 或 6 根弹簧组成,两端装有握柄。锻炼时,可根据自己的力量增减弹簧的数量。它经济实惠,使用方便,不占地方,是家庭健身的理想器械。胶带拉力器由橡胶制成。其两端有握手,中间连以平面或圆条(俗称橡皮条)的胶带,根据胶带的松紧度来确定拉力的大小。此种拉力器多为自制,常用废旧车内胎做代用品。

12. 坐式二头肌训练器

从它的名称中便可得知,是专门用来锻炼肱二头肌的健身器。该器械由坐凳和 A 形海绵架组成。其基本练习方法是:坐在凳上,两上臂靠托在 A 形海绵架外侧,两手持哑铃或曲柄杠铃,然后用力将前臂向上弯举至肱二头肌充分收缩,再慢速伸臂还原。

13. 健腹器

这种器械主要用来锻炼腹部肌群。在功能设计上,可调整背部软垫位置以确保背部安全,而头部软垫能减轻颈部肌肉的劳损。其扶手位置可随意调节,以适应不同的运动强度。因其结构小巧而实用,很适合用于家庭健身。

14. 握力器

握力器是利用弹簧的反作用力增强握力和前臂肌群的专门器械。该器械小巧实用，操作方便，有独到之处。其结构一般是在铝制握手之间装有数根弹簧。锻炼时，可根据自己的握力大小增减弹簧的数量。此外，还有用弹簧钢带弯成的 N 形握力器和用优质钢丝烧制成状如钳子的 A 形握力器。

（二）常用器械健身方法

1. 哑铃健身方法

（1）下背部：与杠铃相比，举哑铃能减少对脊柱的压力。而且，用哑铃做动作也更舒服。如果用哑铃做直腿硬拉练习，也能有效地发达股二头肌。

（2）小腿部：站立，手持哑铃进行单腿提踵练习，比用小腿机训练效果更好。也可脚前掌踏木板，将哑铃放在膝盖上进行单腿或双腿坐式提踵练习。

（3）背部：与杠铃相比，用一只或两只哑铃做俯身划船练习（单臂划船对背下部更安全些）能使背部肌肉增长得更快。单臂哑铃划船一直是七届奥林匹亚先生获得者李·哈尼惯用的背部练习。仰卧凳上做哑铃屈臂上举练习，不仅能锻炼胸部的前锯肌，而且能发达背部两侧的肌群。

（4）胸部：仰卧凳上，用哑铃做平卧推、上斜推和下斜推，比用杠铃做更有利于肌肉的增长，因为它能更广泛深入地刺激肌肉。也可用哑铃做多角度的飞鸟练习，以发展胸肌的各个部分。一个很好的练习方法是做完一组哑铃飞鸟之后，立即做一组哑铃卧推举练习。这样练习不仅效果好，而且能减轻肩部负担，避免运动损伤。

（5）肩部：各种形式的哑铃练习都可发展肩部肌肉。比如，用哑铃做侧平举、前平举和俯身飞鸟练习来发展肩部三角肌的中束、前束和后束。发展斜方肌可采用哑铃耸肩或绕环练习。

（6）肱二头肌：哑铃弯举是许多健美冠军用以练肱二头肌肌"峰"的一项最佳练习。不同方式的哑铃弯举能使上臂更加粗壮，而且从后面看肌块分离，清晰突出。

（7）肱三头肌：用哑铃做单臂或双臂颈后臂屈伸练习，可使肱三头肌发达成马蹄形。练习时可将哑铃尽量放低，以加强训练效果。

（8）前臂：哑铃正握腕弯举可发展前臂内侧肌群；发展前臂外侧肌群则反握弯举。

（9）大腿：脚后跟垫块小木板做哑铃负重深蹲练习，可发展股四头肌。如果躺在长条凳上脚夹哑铃做弯举练习，则可发展股二头肌。

（10）腹部：仰卧，将哑铃置于脑后收腹起坐，可练上腹部肌肉；收腹举腿（上体不动）可练下腹部肌肉。

2. 壶铃健身方法

（1）坐势推举健身法。坐在方凳上，两手屈臂持壶铃置于胸前；然后，两臂用力伸直，将壶铃举起至手臂充分伸直。这个练习主要发展肱三头肌、三角肌及胸背部肌群的力量。练习时，每组可以做15次左右，做4组。推举时，上体应保持正直姿势。整个动作要快速有力地完成。推举时吸气，还原时呼气。

（2）双臂屈伸健身法。用绳将壶铃系在腰部，两手握双杠，跳起成双臂支撑，身体自然伸直；然后，双臂弯曲，身体下降至最低点后随即双臂用力伸直至双臂支撑姿势。这个练习主要发展肱三头肌、胸大肌和三角肌的力量。练习时，每组可以做6～8次。以后逐渐增至每组10～15次。初学者可以先进行不负重的双臂屈伸，待有一定基础后再进行负壶铃的双臂屈伸练习。练习时，最好有同伴保护并在双杠的杠中或杠端面向外进行，以免出现伤害事故。两臂伸时吸气，屈时呼气。

（3）直臂侧平举健身法。两脚开立，两手各持一壶铃，两臂体侧自然下垂。然后，双臂用力向两侧平举至手部平于肩的部位。这个练习主要发展三角肌的力量。练习时，每组可以做10次，做4组。以后逐渐增至每组15次左右。侧平举应直臂进行，两手举至平于肩肘时稍停后再还原。侧平举时吸气，还原时呼气。

（4）仰卧上举健身法。仰卧在凳上，两手各持一壶铃，拳心向上，两臂体侧平举，肘关节略屈。然后，双臂用力上举至胸前部位。这个练习主要发展三角肌和胸大肌的力量，对背阔肌的发展也有帮助。练习时，每组可以做6～8次，做4～6组。以后可以增加壶铃重量。两手上举时，身体应紧贴凳面，上体不能抬起来。上举时吸气，还原时呼气。

（5）前臂屈伸健身法。两脚开立呈直立，双手各握一只壶铃，两臂侧平举，拳心向上。然后，两上臂不动，两前臂同时做屈伸动作。这个练习主要发展肱二头肌的力量。练习时，每组可以做10次左右，做4组。以后逐渐增至每组15次左右。在做前臂屈伸动作时，两上臂应始终保持侧平举姿势不变。前臂屈时吸气，伸时呼气。

（6）腕屈伸健身法。用一根绳的一端系在壶铃把上，另一端系在一根棍的中间，将棍置于长凳端。然后，两手紧握木棍，两手交替向前（向后）扭转手腕，将壶铃向上卷起。这个练习主要发展屈手肌群和伸手肌群以及前臂中部屈肌群的力量。练习时，每组做向上卷起壶铃10次左右，做4组。每当手腕卷动木棍时，要达到完全弯曲。手腕和前臂肌肉感到高度紧张后再换另一只手来做。上卷至壶铃触到木棍为止，再慢慢放下重做。

（7）腰绕环健身法。两脚开立，双手同握一只壶铃；然后，双手直臂拉动壶铃做向体侧上摆经头上方还原的腰绕环动作，腰部应随壶铃转动。这个练习主要发展腰肌的力量。练习时，每组做 10 次左右，做 4 组。腰绕环动作要左右两方向交替进行。

（8）直背提拉壶铃健身法。两脚开立，面向台阶低处，站在一台阶上，两手各持一壶铃；上体直背前屈，两臂垂直于体前；利用腰背力量带动双臂将壶铃提拉起来直至身体呈站立姿势。这个练习主要发展腰部肌力和背阔肌及冈下肌力量。练习时，每组做 10～15 次，做 4 组，以后逐渐增加壶铃重量。两臂上提壶铃时，一定要用腰背肌力量来完成动作。无论上体前屈或伸展，上体始终挺胸直背。上提时吸气，前屈时呼气。

（9）腿上举壶铃健身法。坐在凳上，手扶凳边，一腿置于凳侧，另一腿用脚勾住壶铃；然后，小腿用力上举至腿充分伸直，稍停后再还原重做。这个练习主要发展股四头肌力量。练习时，每组可以做 10 次左右，做 4 组。练习时脚要勾牢壶铃，上举壶铃时动作要快速有力，还原动作缓慢些。两腿交替进行练习。

（10）深蹲跳起健身法。两腿分开，两脚开立；双手在体前持壶铃下垂于两腿间，成吊悬下蹲姿势。然后，蹬腿伸膝向上跳起。这个练习主要发展腿部肌群，特别是股直肌和臀大肌的力量。练习时，每组可以做 15 次左右，做 4～6 组。整个动作练习中，上体始终保持正直。跳起落下时要屈膝缓冲。

（11）负重矮步走健身法。半蹲姿（不得全蹲），大小腿之间角度始终保持不超过 90 度，两前脚掌着地，两手各持一壶铃，两肘部弯曲置壶铃于体两侧。然后向前做矮步行走。这个练习主要发展腿部肌群的力量和增强膝关节的力量。练习时，每次行走 30～50 米，做 4 次。初练者壶铃重量可轻些，行走时两臂可随行走节奏而摆动。

（12）抬腿提壶铃健身法。两脚开立，双手叉腰，脚前放一壶铃；用一腿的脚尖勾住壶铃，随即向上抬大腿直至最大限度，稍停后放下重做。两脚交替练习。这个练习主要发展股四头肌的力量。练习时，每组可以做 10～15 次，做 4 组。高抬大腿时要挺胸、收腹，不得借用上体摆动的阻力，上体保持正直姿势。腿放下时肌肉放松。抬腿时吸气，还原时呼气。

（13）直立后屈腿健身法。面对桌子或墙壁直立，一脚套住壶铃，另一脚站立，双手扶桌子或墙，连续做向后屈小腿动作。两脚交替练习。这个练习主要发展股三头肌和小腿三头肌的力量。练习时，每组可以做 10～15 次，做 4 组。做动作时，要抬头挺胸，上体不得摆动阻力。屈腿时吸气，还原时呼气。

3．杠铃健身方法——杠铃操

动作要领：

（1）臀部和股四头肌练习（需要大重量）

①准备姿势，保持基本站姿，调整呼吸与身体平衡；

②平稳下蹲，抓起杠铃；

③将杠铃顺着身体向上提，放在肩膀肌肉最多的地方；

④收腹挺胸，双肘垂直地面，肩胛骨向后收紧，屈膝向前，臀部后坐，双膝不可以超过脚尖；

⑤吐气还原。

（2）背部练习（中等重量）

①减轻重量，将杠铃调整为中等重量；

②准备动作，调整呼吸；

③杠铃贴着身体屈肘上提，不要超过胸部的高度；

④收紧腹部的同时翻肘下蹲；

⑤站起上举，杠铃始终贴着身体上下，还原。

（3）三头肌的练习（小重量）

①双手窄握，不要超过肩部的宽度；

②把杠铃举起，肘关节要有意的向内收紧；

③大臂不动，小臂垂直向下向额头的方向下落；

④回到准备动作后，大臂向下小臂不动，肘关节夹紧身体两侧。

（4）二头肌的练习（小重量）

①双臂曲肘向上，大臂始终紧放在身体两侧；

②还原。

（5）大腿和小腿的练习（自己选择或不要杠铃）

①准备动作；

②把右脚向后迈出，上体要垂直地面，整个上体要收紧；

③垂直下蹲，大小腿的角度都是九十度，右脚的脚后根始终向上；

④还原换腿。

（6）肩部的练习（小重量）

①准备动作（收腹挺胸身体斜前，双臂小腿的两侧）；

②垂直上拉，把力量用在肩上；

③上体垂直地面，双肘屈肘固定在身体两侧；

④保持收腹挺胸双臂向两侧打开。

杠铃操注意事项：

（1）首先与搏击操同样要穿着比较贴身，这样不会因为衣服宽松造成对动作上的影响，脚下要穿双舒适和软底的运动鞋；

（2）要根据音乐的节奏做动作，用音乐作为动作快慢的标准；

（3）运动中关节不要完全伸直，给自己身体有一个缓冲，运动效果会更佳；

（4）要根据自身的情况掌握运动量，不要过于勉强，坚持不了就要及时停止，最后动作要按照要求尽量地做标准，有质量地完成动作才不会受伤。

4. 拉力器健身方法

（1）双手高位拉力器弯举。这一运动使你在举臂的同时做弯举，这样可以使你的肱肌得到更有效的锻炼。开始姿势：将两个把手挂在两侧高位滑轮上，人站在中间，每只手各握一滑轮，掌心向上，双臂向两侧滑轮伸出并与地面平行。动作：肘部弯屈，以平稳的动作将两侧把手拉向你的头部，保持上臂稳定，掌心向上，当二头肌收缩到最大限度时尽力向中间拉。然后慢慢地回到开始位置。

（2）站立双手拉力器弯举。这是最基本的弯举动作，但也是最有效的锻炼方式。用铁栓调整拉力器重量，比不断调整杠铃或哑铃片重量简单得多。这样可以节省间隔时间，使锻炼更紧凑、更有效。开始姿势：选择一根中等长度的横杠，最好是可转动的那种，挂在低拉滑轮上。面对滑轮站立，膝部略屈，下背部稍弯。双手掌心向上握住横杠，握距与肩同宽。

（3）站立单手拉力器弯举。单手的锻炼能使效果更集中，同时也可以让你有机会运用翻掌动作（掌心向内转至掌心向上），以充分刺激肱二头肌。开始姿势：将一单拉把手挂在一低位滑轮上。单臂前伸握把手，身体略偏于轴线一侧，使你所要锻炼的手臂接近拉力器。动作：肘关节弯屈（保持肩部稳定），将把手向上拉的同时平滑地翻腕；当拉到最高点时掌心向上。然后反向回复至开始姿势。两臂交替进行。

（4）拉力器托臂弯举。用拉力器进行托臂弯举锻炼可以在开始和结束时仍保持肌肉的紧张度，这是在自由举重时无法做到的。开始姿势：将托臂凳放在拉力器前，使你坐在凳上时，正好面对拉力器。将一个有可转动外套的直杠或曲杠挂于低位滑轮上。将上臂靠在托臂凳的靠垫上。动作：保持你的上臂和肘部位置不动，屈臂将横杠上举至最高点。在最高点处停顿片刻后，再慢慢地将横杠放低至开始位置。

（5）反式高位拉力器弯举。这一不寻常但又极有效的运动，可以使你的下背部处于放松状态，同时又让你避免靠冲劲和身体摇摆来发力的错误，使屈肘肌群发挥到极致。开始姿势：垂直于拉力器放置一条长凳，将一短杠（最好有可转动的外套）挂在高位滑轮上。身体仰卧长凳上，头部靠近拉力器。两臂上伸与身体垂直，双手以一手之宽握住横杠。动作：保持上臂稳定，平缓地屈肘，将横杠拉向你的前额。当二头肌收缩到最大限度时仍尽力下拉，然后慢慢回复至开始姿势。

（6）仰卧拉力器弯举。在这项运动中，你很难借助别的部位的运动来投机取巧。你可以尝试着变换一下握距来达到最佳的锻炼效果。开始姿势：选择一根中等长度的横杠（最好有可转动的外套），挂在低位滑轮上。身体仰卧在地，双臂伸直，两手握住横杠，屈膝，双脚蹬住拉力器的底座。双手置于大腿上，掌心向上，绳束从两腿间经过（但不接触）。动作：控制你的上臂位于身体两侧不动，肩部紧贴地面，屈肘，以二头肱肌之力将横杠上拉至肩部上方。在回复开始姿势的过程中，保持下背部自然弯曲。

（7）拉力器侧弯举。这个动作与哑铃侧弯举有异曲同工之妙。其着重锻炼前臂的一块重要肌肉——肱桡肌。开始姿势：将一绳束挂在低位滑轮上，身体站于拉力器前，略侧向一边。单手握住绳束的一端，掌心向内，手臂在身体一侧充分伸展。动作：肘关节弯曲，将绳束拉向你的肩部，保持手腕姿势不变（不要翻腕，保持掌心向内）。当拉到最高点时，你的拇指应最靠近你的肩部。肘部紧靠在身体一侧并固定。然后慢慢地放至原位。两臂交替进行。

（8）拉力器绳束弯举。这一动作综合了杠铃运动和哑铃运动的一些优点。锻炼范围包括屈臂的三块肌肉，但重点是肱二头肌。开始姿势：将一绳束挂在低位滑轮上，双臂伸直，双手各握绳的一端，掌心向内。动作：上臂保持固定，肘关节弯曲，将绳束拉向肩部。在上拉的过程中，平滑地翻腕使你的掌心向上。当动作结束时，掌心应正好对着你。

（9）俯姿拉力器弯举。这一动作保留了传统的俯姿弯举的优点，同时改变了拉的线路，使得整个动作过程阻力都存在。开始姿势：站在拉力器前，身体与拉力器垂直，要锻炼的手臂靠近拉力器，45～60厘米。握住一个挂于低位滑轮的把手，膝部稍屈，身体略前倾。动作：尽量保持你的上臂固定不动，肘关节弯曲，以肱二头肌之力将把手经胸前拉向肩部。当你达到肌肉最大收缩位置时，肘部应正好指向低位滑轮。然后回复至开始姿势。两臂交替进行。

第四节　常用健身项目与手段

一、呼吸运动与呼吸体操

（一）呼吸运动

呼吸运动本来就是人体最基本的运动，锻炼呼吸是最基本的、简单易行的强身健体术。呼吸和吃饭同样重要，每天都要做。与吃饭吸收营养和排除废物相比，呼吸运动吸入氧气和排除二氧化碳在生理上是人体生命与健康的关键环节。但呼吸不可须臾停顿，"氧气是生命之火，健康之泉"，显示人体无时无刻对氧气需求的迫切性，这与对营养纳入有所不同。况且吸收的营养物质，还必须经过氧化还原处理。代谢不全的物质都是致病的因素。但是现实社会的人们非常重视吃饭，讲究美食，相对地忽视呼吸（指用意识支配的呼吸锻炼），岂知经常运练吐故纳新也是享乐。关心自己的呼吸运动，提高肺的换气功能，研究氧气吸收与利用。更新气体代谢，才能改善新陈代谢，也就是改善了生命的质量，很多种疾病则得以防治与康复。

1. 呼吸的分型

呼吸运动分胸式呼吸、腹式呼吸和胸腹混合式呼吸。男人多为腹胸式呼吸，女人多为胸腹式呼吸。胸腔有如一个鸟笼，吸气时肋骨高举，胸廓的前后径和横径加宽，膈肌收缩下降，胸腔上下延长，胸腔内负压加大，肺被动扩张，肺泡内负压加大，空气进入，相反则空气呼出。胸式呼吸的方式，主要以收缩肋间外肌和胸肌使肋骨高举，扩大前、后径和横径。腹式呼吸的方式，主要为收缩膈肌，加长胸腔上下径。

2. **呼吸的方法**

（1）自然呼吸法。是平常的、不用意志支配、不用加力、由植物性神经自主支配的呼吸运动，多用鼻吸鼻呼、鼻吸口呼，在不知不觉中进行。

（2）深呼吸法。用意志支配，用力收缩肋间外肌和胸肌，加大吸气深度，然后呼出。此种为最大限度的胸式呼吸运动，是呼吸体操的基本动作。

（3）全肺呼吸法。用力大吸气，又用力尽量呼气，"吸全呼尽"。可配合躯体动作帮助吸气和呼气，呼气可发声音，一吸一呼时间加长，以增加肺的通气量，加大肺活量。调动两侧肺、5个肺叶、20个肺段参加呼吸运动。

（4）腹式呼吸法。是以加大膈肌收缩力度，使膈肌充分下降，加大胸腔上下径的呼吸法。此法适合中老年人运动健身，因为身体逐渐老化，肋间软骨钙化，限制活动幅度，并且膈肌运动对胸腹腔脏器有良好的按摩作用，益处多多。民族传统健身养生术——气功的调息法，对锻炼膈肌有详细和独到的见解。

（二）呼吸体操

配合呼吸运动的肢体屈伸做操称呼吸体操。呼吸体操是由大脑支配，加深呼吸。做呼吸体操重点发展胸式呼吸，而练气功重点发展腹式呼吸。

1. 操作方法

第一节 两臂外旋

预备姿势：两腿并立，两臂自然下垂。

动作：两臂向外旋转，挺胸，同时左脚向外跨出半步，两脚与肩同宽——吸气；还原——呼气。左右脚轮流交换。

第二节 单臂侧外展

预备姿势：两腿并立，两手叉腰。

动作：右臂向前外后展，与肩同高，右腿向外半步，身体向右后转体——吸气；还原——呼气。左右脚轮流交换。

第三节 两臂斜外展

预备姿势：两脚开立，两臂在胸腹前交叉。

动作：两臂向外后方外旋外展，右腿外出半步，挺胸——吸气；还原——呼气。左右脚轮流交换。

第四节 单臂侧屈体

预备姿势：两脚开立，两手叉腰。

动作：左臂向左侧伸出，向上，手心朝右，同时向右侧屈体——吸气；还原——呼气。左右臂轮流交换。

第五节 上步扩胸

预备姿势：两脚开立，两臂自然下垂。

动作：两臂向前平举，外展扩胸，左脚向前迈出，挺胸仰头——吸气；还原——呼气。左右脚轮换。

第六节 前俯后仰

预备姿势：两脚开立，两臂自然下垂。

动作：两臂前上举身体后仰——深吸气；上体——前俯，两臂放下——呼气。

第七节 转体呼吸

预备姿势：两脚并立，两臂自然下垂。

动作：左脚向左迈出一大步，同时两臂侧平举——吸气；右臂向前下，右手触左脚，弯腰——呼气，还原。左右交换。

第八节 拉气呼吸

预备姿势：两脚开立，两手抱球。

动作：两臂向外拉气——胸腹式呼气，两手向内挤压球，两手重叠，轻轻压在腹部，上体稍向前屈——呼气。

2．注意事项

（1）呼吸体操可全套练习，也可用一部分加在其他体操之前后。各种全身性运动项目之前后，都要做呼吸体操，作为准备活动和整理活动。

（2）呼吸体操的运动量可用重复次数调节，如开始小量，用二八拍，即一组动作做四次。加大量，用四八拍，做八次。

（3）调节运动量还要注意动作的用力程度，根据身体情况、肌肉力量，因人而异，循序渐进。不可突发爆力，注意预防引起的肌肉痉挛、肌肉拉伤、劳损或其他意外。

（4）做呼吸体操要注意动作协调、平衡、柔和、优美，配合呼吸要自然有韵律，不要憋气、鼓劲，预防产生"岔气"、呃逆。

（5）做呼吸体操要选择室外空气清新、环境适宜的场所。在清晨或傍晚，根据个人的习惯和条件选择。呼吸体操是做冷空气疗法的最好选择。

（6）患感冒、鼻咽喉炎、上呼吸道感染、肺部疾病及其他发热疾病的暂停练习。对某些慢性病，如肺气肿、肺心病、支气管哮喘等，另有调节呼吸的医疗体操，也叫某某病的呼吸体操。

二、有氧运动锻炼法

（一）有氧运动的特点和锻炼价值

1．有氧运动的特点

走、慢跑、跑、骑自行车、爬山、游泳、划船、滑冰、一些球类运动、太极拳等，都是有氧运动。有氧运动的第一个特点是低强度。强度低的运动，在单位时间内需要的氧气量较少，低于机体的最大吸氧量，运动时可以满足氧气的需要，保持能量供应以有氧代谢为主。有氧运动的第二个特点是长时间、慢速度、长距离（L. S. D. training）。运动时以有氧代谢为主，糖可以充分氧化分解，生成二氧化碳和水，避免了乳酸的堆积，避免肌肉迅速产生疲劳，所以有氧运动可以持续较长的时间，完成较长的距离。有氧运动的第三个特点是其中的主要项目为周期性运动。如走、慢跑、跑、骑自行车、游泳、划船等，都是属于周期性运动。周期性运动反复重复同样的动作，一般动作简单，技术要求不高，容易掌握，在活动时是被广泛采用的有氧运动的锻炼项目，有氧运动的第四个特点为全身肌肉群同时参加活动。上肢、下肢、躯干的主要肌肉同时参与运动。

2. 有氧运动的锻炼价值

运动医学教授、康复科专家曾提出"死神四重奏"的概念，其内容包括高血压、肥胖、脂代谢异常和糖尿量异常；并提出发生的共同原因为缺乏运动，而防治的最好方法就是有氧运动。众所周知的"健康四大基石"的内容之一为适量运动，适量运动项目的最佳选择也是有氧运动。由此可见有氧运动的锻炼价值。

（二）有氧运动常用的锻炼项目

有氧运动锻炼的项目可归纳为五类。

第一类为长时间、慢速度、长距离的周期性运动项目，包括走、慢跑、跑、骑自行车、爬山、蹬台阶等。这类项目是有氧运动的首选项目。其特点是动作简单、不需要专门的技术、对场地设备的要求不高，运动强度容易控制等。

第二类为水上运动及冰雪项目，包括游泳、划船、滑冰、滑旱冰、滑雪等运动。这类项目也属于周期性运动，但要求锻炼者掌握一定的专门技术，要具备专门的场地、设备、器材，受地区限制比较明显。

第三类为球类项目，特别是小球类项目，包括篮球、排球、足球、乒乓球、羽毛球、网球、门球、柔力球等。这类项目不是周期性运动项目，且有一定对抗性，运动强度不易控制。需要有场地、设备、器材的保证，需要掌握一定的技术。一般体力较好、有一定锻炼基础的人，可以选择这类项目。

第四类为我国传统的体育项目，如太极拳、太极剑、木兰拳、太极扇，以及秧歌、腰鼓、舞蹈等。这类项目运动强度不是很大，对场地、设备要求不高，在中老年中是喜闻乐见的项目。

第五类为日常生活中的体力活动。进入 21 世纪以来，有关专家们通过研究提出，因大肌肉群运动，使机体代谢提高的日常体力活动，同样可以提高心肺功能，被纳入有氧运动项目的范畴之内。只要体力活动的强度适当，对于工作繁忙的上班族来说，无疑是开辟了一条进行有氧锻炼的新途径。老年人打扫房间、带孙子、孙女在室内外玩，其强度也不亚于走、快走，甚至接近慢跑。

以下是有氧运动锻炼最常用的一些运动项目：

1. 步行

运动医学研究结果揭示：快步行走是一种最简单而有效的有氧健身运动。

锻炼者一定要根据自己的健康情况、体力、年龄和习惯，自行掌握强度。速度一般应控制在每分钟 100～130 米，每次步行持续不少于 20 分钟。每天最好选择在晚饭前或进餐半小时以后，在空气清新、环境幽雅的场所步行。

2. 慢跑

慢跑是当今世界上最流行的有氧代谢运动方法，对保持良好的心脏功能，防止心脏功能衰退，预防肌肉萎缩，防治冠心病、高血压、动脉硬化、肥胖症等，都具有良好的作用。

慢跑的速度不宜太快，要保持均匀速度，主观上不感觉难受，客观上以每分钟心率控制在 180 减去年龄数为宜。例如一个 60 岁的人，其慢跑时的心率应为每分钟 $180-60=120$ 次，运动时间不少于 20 分钟，每周不少于 4 次。对于慢性病患者宜选择强度小、时间短的方案，中老年及体质较差者宜选择强度小而持续时间较长的方案，年轻人及体质较好者，宜选择强度较大、持续时间较短的方案。

3. 跑走交替

跑走交替有两种方法：一种是先走后跑，即走 1 分钟后跑 1 分钟，交替进行。

每隔 2 周可调整增加一次运动量，缩短走的时间，增加跑的时间。另一种是由走开始锻炼，随着身体适应能力的增强，渐渐过渡到由慢跑代替行走。运动时间可持续 20～30 分钟，每周不少于 4 次。适合初次参加锻炼及年老体弱者。

4. 登楼梯

登楼梯是一项健身与日常生活相结合的运动，是一种简便、有效、容易开展，且运动量便于调节的健身运动方法，深受世界上居住在大都市高层建筑中居民的青睐。

登楼梯是一项较激烈的有氧锻炼形式，锻炼者须具备良好的健康状态，一般采用走、跑、多级跨越和跳等运动形式。锻炼者可根据自己的身体状况和环境条件，选择适合自己的锻炼方法。初练者宜从慢速并持续 20 分钟开始，随着体能的提高，逐步加快速度或延长持续时间。当体能可耐受 30～40 分钟时，即可逐步过渡到跑、跳或多级跨楼梯。

5. 游泳

游泳健身运动是利用人体在水中受到浮力、阻力、摩擦力，以及人体在水中处于失重状态下进行锻炼的一种全身运动，适合于各类人群。游泳健身运动的强度与跑步大体相似，每分钟心率可控制在 180 减去年龄数，再减去 10，比如一个 60 岁的人，其游泳时的心率可控制在每分钟 $180-60-10=110$

次，运动时间不少于 30 分钟，每周不少于 3 次。

6. 骑车

骑自行车健身的锻炼效果不亚于慢跑和游泳。为了达到健身目的，锻炼者必须掌握好运动的强度：初始者一般应达到每分钟蹬车 60 次；对于有一定基础的锻炼者，每分钟蹬速可为 75～100 次。每次锻炼的时间不得少于 30 分钟，每周不少于 4 次。

7. 球类运动

常用的可以作为有氧运动锻炼的球类项目有篮球、排球、足球、羽毛球、乒乓球、网球等，当然都是非竞赛性的。还有老年健身采用的门球、柔力球、可乐球等。

球类运动是非周期性的对抗性的项目，运动强度很难掌握；不同项目运动强度也不同，一定要根据自己的心肺功能情况，选择适当的球类运动进行锻炼。一般来讲球类运动适合于中青年人采用，身体健康、有锻炼基础的老年人也可选用，否则可能出现运动强度过大导致的后果。

8. 太极拳、太极剑等我国传统体育项目

我国传统体育项目（太极拳、太极剑、太极扇等）是深受中老年人喜爱，并适合中老年人的项目。太极拳的运动强度较低，耗氧量（以体重计）在 7～21 毫升/（分·千克）（2～6 梅脱）之间。简化太极拳和杨式太极拳的强度低于吴式太极拳和陈式太极拳，年老体弱的健身者可以选择。太极剑的耗氧量（以体重计）达 21～25 毫升/（分·千克）（6～7 梅脱），适合于体质较好的人。

打太极拳时姿势越低，运动强度越大。可根据自己的体力调整动作，量力而行，不必强求标准动作，以达到锻炼为主要目的。半蹲时膝关节不要内扣，注意预防膝关节损伤。

9. 其他

如跳舞、打腰鼓、扭秧歌等，占地不大，可活动全身、表现自我。对改善中老年人的平衡性、协调性等有一定作用。

（三）有氧运动锻炼的注意事项

（1）由于有氧运动对人体心肺系统有一定要求，为了保证锻炼有效并且安全，开始锻炼前，最好先进行体格检查，取得医生制订的运动处方，按照为个人制订的运动处方进行锻炼。有慢性病史的老年人，一定要接受医生的检查，经过测试最后找出最适合个人的运动强度，再按照运动处方进行锻炼。必要时需要在医生监护下进行锻炼。

（2）锻炼时如有以下情况出现，说明运动强度太大，应马上休息，降低强度。如恶心、头晕、胸痛、肌肉疼痛、呼吸短促、脉搏过分加快、心脏剧烈跳动、四肢疲劳等。

（3）要想取得锻炼效果，要遵循"渐进"的原则。经过1～2个月的锻炼，心肺功能有了提高，应当及时适当提高运动强度（如走、跑的速度）。但也不可能无限制地提高，达到一定程度后（坚持锻炼半年以后），按照当时的运动水平继续锻炼，可起到保持体力、减缓衰老的目的。

（4）遵守一般科学健身的注意事项。

三、身体素质与体能锻炼法

身体素质与体能锻炼法，即发展人体的力量、速度、耐力、灵敏、柔韧性以及平衡等身体素质和走、跑、跳、投、攀登与爬越等身体基本活动能力的锻炼方法。一个人身体素质的水平，不仅决定于肌肉本身的解剖、生理特点，而且与肌肉工作时的供能情况、内脏器官的配合以及神经调节的能力有关，所以身体素质是人体机能在肌肉工作中的反映。

（一）速度素质

速度在人们的脑子里就是一个"快"的概念，跑得快、反应快、办事快等。速度素质是体育运动中的一个术语，它是指人体进行快速运动的一种能力。通常，把速度素质又分为反应速度、动作速度和位移速度（包括加速度与最高速度）等。

反应速度是指人体对各种信号刺激发生反应的快慢。如起跑，它就是利用枪声、哨声、击掌或手势等发出信号，从开始到练习者做出起跑动作的时间。日常生活中交通信号的红灯停、绿灯行也是反应速度的表现。反应速度以神经活动过程中反应时为基础，反应时间短则反应速度快，反应时间长则反应速度慢。比如经常参加短跑或各种球类项目运动的人，就能培养反应速度，他们比一般人反应快、反应灵，比一般人反应速度要好。

动作速度是指完成某个动作或成套动作的时间长短。体育运动中，如推铅球出手的速度，叫初速度，跳远时的踏跳速度，也叫垂直动作速度，以及拳击运动员的出拳速度等，都是动作速度的表现。日常生活中，如反扒手时，既有反应速度，也有动作速度；骑自行车时，如果反应速度快，制动动作速度也快（捏闸动作），就可避免交通事故。

位移速度是指周期性运动时，通过一定距离的最短时间。体育运动中，如提高100米的速度，就得通过加快步伐的频率和加大途中步幅以及提高爆发力等手段来发展位移速度。日常生活中，经常骑自行车进行运动，也是发展位移速度的好方法。

　　总之，提高速度素质的方法很多。如通过游泳、速度滑冰、加速跑、变速跑、爬山、爬楼梯、打乒乓球、打羽毛球、快速骑自行车以及抓握、冲拳等练习，都可以促进速度素质的提高。因速度训练比较剧烈，老年人一般不宜进行速度素质的锻炼。

（二）力量素质

　　力量素质是指在肌肉紧张或收缩时所表现出来的一种能力。力量是我们日常生活劳动和体育锻炼时所必须具有的素质，它是速度、灵敏素质的基础。

　　由于肌肉收缩有等长和等张两种形式，所以肌肉力量可以分为静力性力量与动力性力量两种。

　　1. 发展静力性力量锻炼法

　　静力性力量是指肌肉做等长收缩时所产生的力量称为等长性力量，即人体固定一定的姿势，不产生明显的位移运动。例如，体操中直角支撑、燕式平衡和倒立等动作，就是静力性力量的表现。练习时一般站立或仰卧，用手推或脚蹬住某固定的重物，坚持几秒或肩负杠铃固定不动（半蹲），停若干秒，以上动作重复 3～5 次。同时也可肩负重物或杠铃做深蹲慢起动作。另外，在办公室或卧室用双手推门框坚持数秒，稍蹲或半蹲站桩几分钟。还可以用单、双手慢速举哑铃固定不动（前侧平举）等。

　　2. 发展动力性力量锻炼法

　　动力性力量是指肌肉作等张收缩时所产生的力量称为等张性力量，即人体产生明显的位移。例如，田径运动中的跑步、跳跃、投掷动作和划船、踢球等动作，都是人体产生明显的移动，进行动力性力量锻炼的表现。同时还可通过练习单杠的引体向上和双杠的双臂屈伸以及俯卧撑、仰卧起坐等动作来发展动力性力量。

　　在发展力量素质练习时，首先要做一些准备活动，把关节、韧带和肌肉都活动开，注意力要集中，各种动作与身体部位要交替进行，以免发生伤害事故。老年人进行力量性锻炼时，应采用中、小质量，如手扶桌子做斜形俯卧撑，举较轻的哑铃或手握哑铃半蹲起等。老年人不宜练习重物的推举，特别是高血压、冠心病等患者，更应该量力而行。

（三）耐力素质

　　耐力，也称耐久力。它是指人体在尽可能长时间内进行肌肉活动的能力。由于时间长而耐久，也可看作抵抗疲劳的能力。耐力素质是健康人体能的最重要的素质之一，也是一般竞技运动基础素质之一。从生理学角度讲，发展耐力素质主要是发展有氧耐力和无氧耐力的练习。中、老年人适合有氧运动，青年人及运动员可适当进行无氧运动。

1. 有氧耐力锻炼法

有氧耐力是指长时间进行有氧供能的工作能力。它是耐力素质的主要方面，发展有氧耐力素质主要是提高心肺功能的水平。在进行有氧耐力练习时，坚持长跑、爬山和游泳锻炼是提高有氧耐力的最好方法。其他项目，例如，自行车、划船、滑冰和多项球类等，也能达到较好的效果。进行有氧耐力锻炼时应该注意控制速度，要由慢到快；距离由短到长，逐步增加运动强度和密度，更重要的要根据自己的年龄与体质水平和锻炼的习惯，控制运动量与心率限制线。特别是中老年人更要重视这一点，掌握年龄与心率范围的关系。同时要注意观察锻炼后以及第二天身体状况的反应，以不感到疲劳或有轻度疲劳为宜。有严重疾病的人不宜参加有氧耐力的锻炼。

2. 无氧耐力锻炼法

无氧耐力是指人体处于缺氧状态下，能较长时间对肌肉供能的能力。运动中欠下的氧债，需要运动后补偿。比如时间短、强度大的体育项目，短跑和对抗性强的球类比赛等都需要无氧耐力。提高无氧耐力的主要方法，是采用大强度、时间短的项目，比如多练习100米、200米及重复跑等。同时还可采用跑楼梯的办法加强无氧耐力的锻炼。但是参加无氧耐力项目锻炼时，必须加强医务监督。中老年人一般不应参加无氧耐力的锻炼。

（四）灵敏素质

灵敏是人体在活动中所表现的一种复杂的素质。灵敏素质是指人体的运动技能和各种身体素质在运动活动过程中的综合表现。它的表现形式是突然躲闪、突然停住、突然起动和迅速改变体位及时表现出来的动作。例如，足球运动员晃动跑着带球灵敏地过对手，杂技运动员走钢丝时晃动上肢和身体来维持平衡等。

发展灵敏素质，主要是提高大脑皮质神经过程的灵活性。灵敏素质只有在运动技能掌握熟练后才能表现出来，因为运动技能掌握的数量越多，在运动活动中动作就愈显得灵敏。这是通过大量训练大脑皮质的灵活性和可塑性提高的结果。发展灵敏素质，一般采用练习徒手体操、器械体操、技巧运动、乒乓球、羽毛球、篮球、排球、跳高、跳远以及跳绳、踢毽、舞蹈等周期性的项目进行锻炼，效果较好。以上这些项目都需要身体的灵活性与快速反应的能力，通过以上项目的锻炼，都可提高身体的灵活性，发展身体灵敏素质。

（五）柔韧素质

柔韧性素质是指人体各个关节的活动幅度，肌肉和韧带的收缩与伸展能力。它是掌握运动技术的重要条件。

发展柔韧性素质的常用方法是：一是采用静力性伸展练习来拉长肌肉、韧带、肌腱和皮肤。拉伸力量的大小，应以感到酸、胀、稍痛为限，并保持8～10秒，重复5～10次即可。例如：压腿、搬腿、吊臂、压肩、体前屈、背后伸等静力性练习，都可以发展柔韧性素质。静力性拉伸应在热身后进行，避免"冷拉"造成拉伤。二是采用动力性伸展练习来拉伸肌肉、韧带等。拉伸练习一般控制在5～30次即可，例如，踢腿、摆腿、绕环、甩腰时。运动中不要用力过猛，以免拉伤肌腱等组织。静力性与动力性练习交替进行效果更好。

柔韧性与年龄、性别关系密切。一般年龄愈大，柔韧性愈差，男性比女性差。因此保持和发展柔韧性，应当从小就开始。这一点在我国的体操、花样滑冰、武术和杂技项目中体现明显，实践已经证明，必须坚持系统的不间断的训练，如业余体校的体操队从娃娃就开始抓柔韧性练习，才能保持与发展柔韧素质。老年人做柔韧性练习更要慎重，以免拉伤。

第五节　民族传统保健体育养生术

一、民族传统保健体育养生术的概念

民族传统保健体育养生术，是我国古代的养生学说与体育的锻炼方法相结合的民族文化遗产。自古以来，我们的祖先在生产、生活与疾病作斗争、求生存、保健康的过程中，逐渐认识了人体生命活动的一些规律，掌握了许多保健防病和强身健体的知识和经验。它是我国民族优秀文化中的瑰宝，为中华民族的繁荣昌盛起到了重大作用，对科学的进步和发展做出了卓越贡献。

二、民族传统保健体育养生术的特点

（一）强调整体观念

整体观念是中医学的主导思想，也是民族传统保健体育养生术的特点。中医学认为：宇宙是整体，即"天地一体"，人体五脏也是一整体，即"五脏一体"。人们生活在宇宙之中，其生命活动与大自然的整个运动是联系在一起的，自然界的变化常常影响着人体，而人体受自然界的影响也必然相应地产生生理、生化和病理上的反应。因此，人们必须善于掌握自然界的变化，顺从和适应天地四时的影响，这就叫"天人相应"。我们的祖先早就提出民族传统保健体育养生术的理论和锻炼要求，都必须体现"人与天地相应"的整体观思想。《素问·上古天真论》中说："真人在，提挈天地，把握阴阳，呼吸精气，独主守神，肌肉若一，故能寿敝天地，无有终时，此其道生也。"又说："上古之人，其知道者，法于阴阳，和于术数，食饮有节，起居有常，不妄作劳。故能形与神俱，而尽终其天年，度百岁乃去。"总之，民族传统保健体育养生术的整体观念，是要求既重视个体锻炼的主观因素，又强调"精神修养，顺应四时，食饮有节，起居有常，不妄作劳"等五方面综合调理的养生法。

（二）重在未病先防

我国民族传统保健体育养生术最显著的特点，就是强调保健预防思想要未病先防，以预防为主。《黄帝内经》中说："圣人不治已病治未病，不治已乱治未乱……夫病已成而后药之，夫乱已成而后治之，譬犹渴而穿井，斗而铸锥，不亦晚乎！"这是告诫人们有病早治，无病早防做到"防患于未然"。又如："正气存内，邪不可干"，这里说的正气泛指人体本身的防御机能是由先天的精气和后天的水谷之气互相结合成的。邪气是导致疾病发生的重要条件，而正气不足是疾病发生的内在原因和根据。外邪通过内因而起作用，一个人身体锻炼强壮了，体内的正气就能压倒外界的邪气，就不容易得病。因此，治病最重要的是通过调养精神和形体活动以及呼吸的锻炼，疏通经络，调和气血，平衡阴阳，培养元气，扶植正气来提高抵御外邪。

（三）形神兼备、内外合一

形神兼备、内外合一是民族传统保健体育养生术的又一特点。形是指人体中的一切组织器官，神就是精神意识活动。形与神是紧密相连的，神不能离开形体而存在，通过调形养神的方法，可使形神兼备，养神可以保形，保形可以安神。形神合一是健康长寿的保证。形神兼备的练功方法：强调"精、气、神合一"，"心动形随意发神传"，达到"心与意合，气与力合"。太极拳动作要求"以心使身"，意识引导动作，配合均匀深长的呼吸。对外能利关节、强筋骨、增力气，对内能调理脏腑、通经络、养精神，使身体能得到全面发展。内外合一的"内"指的是心、意、气等内在的情志活动和气息运动；"外"指的是手、眼、身、步等外在的形体活动。练习静功与动功时，都必须结合意念的集中与各种呼吸进行锻炼，姿势、意念和呼吸三者不可分割。要求"动中有静"和"静中有动"，并根据动作变化，配合适当的呼吸方法，达到形、意、气的合一。传统的五禽戏、八段锦和易筋经等，都十分注重形神兼备、内外合一的练功方法，一般的体育项目是无法与之比拟的。

（四）具有广泛的适应性

民族传统保健体育养生术，内容丰富、形式多样、风格特点各异。所以它适合不同年龄、性别以及不同体质的人练习；同时，它不受时间、季节和场地空间的限制，人们可以根据自己的需要和条件，选择合适的项目进行锻炼，十分有利于普及和开展。近20年来全国参加气功、太极拳锻炼的人越来越多，尤其是中老年人，每人都选择其中1~3个项目作为自己健身和颐养天年的锻炼手段。通过多年坚持不懈，确实感到民族传统保健体育养生术，既能健身，又能治病，是终身锻炼的选择之一。

三、民族传统保健体育养生术的功能

（一）平衡阴阳

中医学论为：维持人体正常生命活动的关键是保持阴阳平衡，阴阳平衡失调，疾病就会发生。它的理论根据是："阴盛则阳病，阳盛则阴病"。所以传统保健体育养生术，必须要根据阴阳的变化顺应四时，选择功法和形、意、气的配合，才能维持人体阴阳的动态平衡。例如，阴盛阳虚的人，就应冬季练动功，夏季练静功，以求助阳抑阴；而对阴虚阳亢的人，则应选择静功练习，养阴抑阳，意念向下；气虚的人，意念向上。以上这些练习，都是为了保持阴阳平衡。

（二）疏通经络

经络遍布全身，是人体组织结构的重要组成部分，是气血运行的通道。它在生理上具有运行气血、沟通表里、抵御病邪、营内卫外的功能；在病理上既可反映病变的部位，又往往成为疾病转变的通路。中医学认为：经络阻滞是疾病发生的原因，不通则痛。因此，通过传统保健体育养生术的练习来疏通经络，达到气血运行的目的。练功时，要求以意引气，通过肢体活动，促进气血循经络互流，气血充盈，百脉就皆通，经络也就畅通，通则不痛了。所以，民族传统保健体育养生术，在医疗与保健方面有着重要的作用。

（三）调和气血

气血是维持人体生命活动重要的精微物质，气具有温煦、防御、气化的作用，血具有营养和滋润等作用。中医学认为："气为血之帅，血为气之母。"两者是相辅相成的，谓之"气血调和"，而"气血不调和，百病乃生也。"民族传统保健体育养生术练习时讲究"意守"，哪个部位有病灶，就以"意"领气至病灶，气就能改善病灶部位的血液供应，就能起到调和气血的作用。

（四）调理脏腑

中医学认为：脏腑功能的正常与否，决定着人体的健康与疾病，脏腑失调，说明人体疾病发生。中医把人体中的心、肝、脾、肺、肾称之为脏，把胆、胃、大肠、小肠、膀胱称之为腑。民族传统保健体育养生术的动作，大部分都是以腰为主宰，锻炼之后，肾气充溢。肾是先天之本，肾气足，其他脏腑就有了生理活动的原动力。同时也为经络和四肢百骸的正常活动提供了物质基础。

（五）调摄精神

民族传统保健体育养生术，练习时，要求做到思想集中、排除杂念、全身放松、呼吸自然等事项，这就使练习者从精神到肌肉关节，都处于一种"松弛反应状态"，达到改善生理功能的效果。同时由于练习静功时，处于安静状态，可以使练习者心情舒畅，排除消极因素，脱离病态心理，真正做到"恬淡虚无"。另外，通过练习还能陶冶情操，培养民族自豪感。

四、太极拳

（一）太极拳的含义、作用、特点以及动作要领

1. 太极拳的含义

"太极"一词，出自《周易·系词》："易有太极，是生两仪"。"太"是大的意思，"极"是达到顶点的意思。《太极拳谱》载道："太极两仪，天地阴阳；阖僻动静，柔之与刚"。说明太极与天地、阴阳、开合、动静、柔刚的关系。太极图形似阴阳鱼的图案、象征着太极拳运动是弧形的，是上下相应、阴阳互转、开合始终、动静结合、刚柔相济的拳术。

2. 太极拳的作用

太极拳是我国一项优秀的民族传统体育项目，又是一种柔和缓慢和轻灵的拳术。练习太极拳，对中枢神经系统、呼吸和心血管循环系统、消化系统、骨骼、肌肉等运动器官都有良好的作用。再加上它要求意识引导动作，配合均匀深长的呼吸，练习之后，周身经络疏通、血脉流畅、身心舒适、精神爽快，所以它具有强身健体和祛病的功效，同时它也适合于一些慢性病患者作

为医疗体育的手段，有较高的医疗保健价值。

3. 太极拳的特点

第一，轻松柔和。太极拳的架势平稳舒展，动作柔和，符合人体的生理习惯，没有忽起忽落的明显变化，在练拳之后有轻松愉快之感。

第二，连贯均匀。从起势到收势的整套动作，都是紧密衔接，没有明显停顿的地方。练拳时速度均匀，虚实分明，前后贯穿，形似行云流水，连绵不断。

第三，圆活自然。打太极拳时，要求手臂带有弧形，不能像长拳那样直来直去，因为弧形动作能体现出动作的圆活和自然。

第四，协调完整。在太极拳练习中，整套动作要求上下相随，手脚协调。做到内外合一，即意念、呼吸和形体各部分之间都要密切配合，达到练意、练气、练形的目的。

4. 太极拳的要领与要求

（1）思想集中，以意导动。练拳的全部过程，都要求用意识（指想象力）引导动作，把注意力贯注到动作之中去。所谓"神为主帅，身为躯使"与"意动身随"，就是这个意思。做到这点，先要端正姿势、安定情绪、排除杂念、集中注意力，再全身放松。开始练习时，不断用意来指导每一个动作，尽量做到"以静御动，虽动犹静"和"动中求静"的要求。

（2）注意放松，不用拙力。在心静条件下全身放松，但松而不软，在姿势稳定下，全身做到最大限度的放松，只有全身放松，才能避免练习中的僵劲和用拙力。任何运动总是松紧与张弛交替进行，太极拳也如此，姿势力求舒展大方、自然柔和，要求"运动如抽丝，行云如流水"。

（3）虚实分明，重心稳定。练习太极拳时，身体的姿势不断改变，手法、身法、步法和重心转移要经常变换，由虚到实或由实到虚，既要虚实分明，又要连贯不断，式式相连，要把握得当，身体重心必须平衡稳定。凡做旋转的动作时应先把身体稳住再提脚换步，做进退的动作时，应先落脚再慢慢改变重心，以达到太极拳"中正安舒"的要求。

（4）呼吸自然，配合动作。练习太极拳时，不要因为运动而引起急促呼吸，要求呼吸自然；该呼就呼，该吸就吸，动作和呼吸不要互相约束。一般来说是起吸落呼，开吸合呼，使呼吸与动作自然配合。凡是由实转虚、劲力含蓄、动作屈合时，配合吸气；凡是由虚到实、劲力沉实、动作开伸时，配合呼气。但是在做起落开合不很明显的动作时，或在以不同速度练习以及不同体质的人练习时，动作与呼吸的配合，不能机械强求一律，否则就违反了生理规律，造成呼吸不顺畅不自然和动作的不协调。

（5）上下相随，周身协调。练习太极拳时，许多动作必须以腰为轴，由躯干带动四肢进行活动，做到全身"一动无有不动，一静无有不静"和"由脚步而腿而腰总须完成一气"，达到上下相随，周身协调的要求。

5.简化太极拳（即"三段"太极拳）动作名称

预备势（起势）——左右野马分鬃——白鹤亮翅——左右搂膝拗步——手挥琵琶——左右倒卷肱——左揽雀尾——右揽雀尾——单鞭——云手——单鞭——高探马——右蹬脚——双峰贯耳——转身左蹬脚——左下势独立——右下势独立——左右穿梭——海底针——闪通背——转身搬拦捶——如封似闭——十字手——收势。

五、太极剑、太极扇、太极柔力球

（一）太极剑

太极剑术以套路为主要形式，其特点是轻盈敏捷、优美潇洒、气势流畅、灵活多变、刚柔相济、吞吐自如。持剑练习动静相兼、形意兼备、剑与神合、身与剑合。下面仅介绍三十二式太极剑的动作名称。

预备势（起势）——并步点剑——独立反刺——扑步横扫——向右平带——向左平带——独立抡劈——退步回抽——独立上刺——虚步下截——左弓步刺——转身斜带——缩身斜带——提膝捧剑——跳步平刺——左虚步撩——右弓步撩——转身回抽——并步平刺——左弓步拦——右弓步拦——左弓步拦——进步反刺——反身回劈——虚步点剑——独立平托——弓步挂劈——虚步抡劈——撤步反击——进步平刺——丁步回抽——旋转平抹——弓步直刺——收势。

（二）太极"功夫扇"

1.简介

太极功夫扇是由太极拳运动创编的新套路，融武术、京剧、舞蹈、现代歌曲为一体的载歌载"武"的新形式，这套太极扇造型优美，结构新颖，动作有刚有柔，节奏快慢相间，同时伴以发力发声，歌"武"结合，提高了锻炼的健身性、趣味性、艺术观赏性，而且使大家的太极健身活动增添了朝气蓬勃、多彩多姿的气氛。

2.动作名称

第一段：起势——斜飞势——白鹤亮翅——黄蜂入洞——哪吒探海——金鸡独立——力劈华山——灵猫捕蝶——坐马观花。

第二段：野马分鬃——雏燕凌空——黄蜂入洞——猛虎扑食——螳螂捕

蝉——勒马回头——鹤子翻身——坐马观花。

第三段：举鼎推山——神龙回首——挥鞭策马——立马扬鞭——怀中抱月——迎风撩衣——翻花舞袖——霸王举旗——抱扇过门。

第四段：野马分鬃——雏燕凌空——黄蜂入洞——猛虎扑食——螳螂捕蝉——勒马回头——鹤子翻身——坐马观花。

第五段：顺鸾肘——裹鞭炮——前招势——双震脚——龙虎相交——玉女穿梭——天女散花——霸王扬旗——行步过门。

第六段：七星手——揽扎衣——抨挤势——苏秦背剑——搂膝拗步——单鞭下势——挽弓射虎——白鹤亮翅——收势。

（三）太极柔力球

太极柔力球是白榕老师创编的，是一种球类化的太极运动。它吸取了太极拳的圆转、弧形、刚柔相济和连绵起伏的技术精髓并结合了网球、羽毛球、乒乓球等项目的技术与规则，是一项具有民族特色的娱乐和竞技项目。

太极柔力球具有广泛适应性，并不受人数、场地和气候的限制，可以单人、双人或多人多球练习。既可作为娱乐活动，又可进行正规竞赛。年老体弱者可进行较为柔和缓慢的套路练习，年青人可增加一定难度的旋转，腾空等技巧性较强的动作。太极柔力球的基本技术可分为套路和球类两种。套路基本技术是握拍持球、腾移闪转等，球类基本技术包括：正手接抛球技术、反手接抛球技术，正旋、反旋和侧旋接抛球技术，以及隐蔽接抛球、腾空高点进攻球等技术内容。它接抛球的方法，是球拍与球接触的瞬间，以切线角度进入球拍并带球作完整的弧形引化后顺势将球切线抛出。接抛球的四个基本要素是：迎、纳、引、抛，使其连为一体，如行云流水，自然流畅。

太极柔力球的主要技术动作有正手握拍、左右弧形摆动、左右小抛、正手抛接球以及正手高接球、低抛球。

六、经络按摩

（一）按摩的简介

按摩又叫推拿，在经络穴位上施术，叫经络按摩或穴位按摩，起保健作用的叫保健按摩，以治疗为目的叫医疗按摩，按摩是中国医学的一个重要组成部分。保健按摩作为强身祛病的一种养生保健方法已有悠久的历史。早在远古时期就有按摩术。战国时期在《黄帝内经》中就有所记载，其中《素问·异法方宜记》指出"中央者其地平以湿……故其病多痿厥寒热，其治宜导引按跷。"那时称按摩为按跷，这说明我国早已有推拿按摩术。按摩盛行于两晋、隋唐时期。晋代养生学家葛洪曾说："清晨健齿三百过者，永不动摇。"唐代医学家孙思邈在《千金要方养性》中也说："食饱以手摩面及腹，令津液流通。"

（二）按摩的功用

保健按摩之所以能取得很好的效果，是由于通过对人体自身体表的特定穴和部位进行各种手法刺激而取得的。祖国医学认为人体是统一的整体，体表与内脏及四肢百骸，通过经络的连属而沟通，气血的运行而相互作用，相互影响，调整有关内脏的功能，而达到祛病健身的目的。现代医学也认为保健按摩有很多益处。体表的按摩可直接改善皮肤的营养，防止皮肤的衰老，改善毛细血管的通透性，提高血中含氧量，加速物质的吸收，从而有利于心肺功能和炎症的吸收。同时还能影响内分泌系统，增进免疫机能，从而提高人体抗病的能力。另外还能调节神经功能，改善大脑皮层的兴奋性与抑制性，消除人体的紧张状态。健身祛病，养生益寿是人类所必需的，保健按摩与拍打给您指出达此目标的捷径，随着音乐将给您带来轻松愉快的心情及健康的身体。

（三）按摩的手法

1. 推法
用手指、手掌着力体表，进行单方向直线移动。

2. 拿法
以单手或双手的拇指与其余四指相对合呈钳形，提拿某一部位的肌筋。

3. 按法
以手指、掌的不同部位或肘尖，置于经穴或其他部位，逐渐用力加压。

4. 点法
以指端、肘尖或屈曲指关节突起部位着力于某部位或穴位，按而压之，戳而点之。

5. 摩法
用手掌的大小鱼际面、掌根或全掌附着体表，进行直线来回摩擦。

6. 揉法
用手指或掌吸定体表，腕部放松以肘为支点，前臂带动作轻揉、柔缓和摆动。

7. 搓法
用双手掌面扶住体表一定部位，相对用力作快搓擦，也可作上下往返移动。

8. 抖法

术者手握肢体远端作摇转导引，呈波浪起伏或旋转抖动。

9. 拍法

手指并拢，掌指关节微屈成虚掌，用手腕部摆动，作上下反复拍打。

10. 叩击

用掌背掌根，掌侧、指尖或器械，叩击打一定部位或穴位。叩法较击法力量为轻。

11. 常用手法

还有滚法、踩法、捏脊、经络点穴法和一指禅。

七、五禽戏

华佗五禽戏，是模仿五种禽兽的动作，各有独特的优点和风格，练习时做到五形俱备，形象逼真，表现出五禽的神态。

（1）模仿虎的动作，称为虎戏

老虎勇猛力大，威武刚健。虎戏主肝。练习虎戏时要有虎威，神发于目，威生于爪。动作要做到动静相兼，刚柔并济。常习虎戏可使四肢粗壮，增长全身力气，对防治老年性慢性气管炎、神经衰弱、关节酸痛以及眼疾有较好的效果。

（2）模仿鹿的动作，称为鹿戏

鹿心静体松，动转舒展，善运尾闾。鹿戏主肾。练习鹿戏时，要姿势舒展，动作要轻捷奔放。常习鹿戏，能益气补肾，壮腰健骨，使腰腿灵活。同时，有助于接通任、督二脉，对老年腿脚关节病有疗效。

（3）模仿熊的动作，称为熊戏

熊，步履沉稳，性情刚直。熊戏主脾。练习熊戏时，一定要轻身自然，气沉丹田。熊戏能调理脾胃、充实肌肉、骨骼与四肢。常习熊戏，可长力气，促进血脉流通，尤其对老年人的肠胃病、心血管病以及糖尿病的防治有一定效果。

（4）模仿猿猴的动作，称为猿戏

猿性好动，机智灵敏，攀枝轻盈，纵跳自如，从无定式，喜搓颜面。猿戏主心。练习猿戏时，一定要表现出轻灵敏捷，精神宁静。常习猿戏，能养心补脑，开窍益智，容颜不衰，尤其以能增强老年人的手脚灵活性，改善反应迟钝的毛病，对失眠、多梦、血虚眩晕、上肢麻木、痣病及眼疾有良效，具有延缓衰老的作用。

（5）模仿云中之飞鹤的动作，称为鸟戏

空中飞鸟，昂然挺拔，亭亭玉立，轻盈潇洒，轻翔轻落，悠然自得。鸟戏主肺。练习鸟戏时，动作要缓慢舒展而有节奏，头颈、躯干、四肢要协调，呼吸要自然，做到轻灵敏捷。常习鸟戏，能补肺宽胸，畅通气机，使肺部功能正常，尤其对老年人的呼吸道疾病、肺气肿和慢性肾炎等病有较好效果。

华佗五禽戏，既可五戏同时练习，又可练习其中一戏，只要坚持经常练习，可以疏通全身经络，阴阳就会得到平衡和协调，身体就能保持健康，延年益寿。所以，练习华佗五禽戏，有益于老年人身心健康。

八、八段锦

八段锦是我国古代医疗体操中的一个重要组成部分，它是一套针对一定脏腑病症而创编的八节动作。因为简便易学，历来深受人们的喜爱，被比喻成"锦"（多彩的丝织品），故名八段锦。八段锦的名称，最早见于宋朝洪迈所编的《夷坚志》一书中记载："政和七年，李似矩为起居郎……尝以夜半起坐嘘吸按摩，行所谓八段锦者"。"政和"是北宋徽宗的年号，从北宋流传至今已有所发展，大体可分为坐势和站式两大类。坐势八段锦称为文八段，站式八段锦称为武八段。

下面仅介绍站式八段锦的动作与作用。

预备势：两脚并拢站立，肩臂松垂于体侧，头项正直，双目平视，呼吸自然，精神集中，意守丹田。每段动作要求都从预备势开始，每段结束时还原成预备势。

1. 两手托天理三焦

动作要领：吸气时两手从体侧上举托天，手心朝上，手指相对，百会（穴）上顶，眼随两手，并要求脚跟离开地面（提踵）；呼气时，双手从体前下落还原，脚跟回落。

健身作用：中医学认为，上焦在胸腔，中焦在腹腔，下焦在盆腔。练习时，由于托天的动作与呼吸的配合，使胸腔呼吸道通气量增加，肺活量也不断扩大，血脉流通增强。同时因膈肌上下牵动，对腹部脏器起到了按摩作用，这样就加强了消化与排泄的功能。

2. 左右开弓似射雕

动作要领：吸气时左脚向左跨出成马步，两手握空拳交叉于胸前，左拳在里，右拳在外，拳心均向里，左拳向左平推，拇、食指朝上成八字撑开，眼看左手。同时右拳向右胸前平拉成射箭状，手心朝里。呼气时还原成预备势。向右侧练习时，要领相同，只是方向相反。

健身作用：由于扩胸与拉弓的动作，配合呼吸，加强了心肺功能与下肢力量的锻炼。

3. 调理脾胃臂单举

动作要领：吸气时，双手捧于腹前上提到胸时，左掌外旋上举托天，指尖朝右，右掌内旋下按于右胯旁，指尖朝前，眼看左掌；呼气时，左掌回落，还原预备势。重复动作，要领同上，只是方向相反。

健身作用：由于两手交替上撑下一按，具有压缩腹腔和舒展腰背的作用特别是促进胃肠的蠕动，对脾胃等消化系统均有良好的功能影响。

4. 五劳七伤往后瞧

动作要领：吸气时，头颈肩腰向左慢转，眼看左后方，两脚不动，双臂可按下丹田处；呼吸时，还原成预备动作。左右交换练习，动作同上，方向相反。

健身作用：中医学讲的五劳是指心、肝、脾、肺、肾受到损伤，七伤是指喜、怒、忧、思、悲、惊、恐等七情，对人体内脏和精神的伤害。通过脊柱左右转动，疏通全身经络，调理气血运行，改善五脏六腑的功能。

5. 摇头摆尾去心火

动作要领：左脚向左跨一大步成马步桩，双掌分按于大腿内侧。吸气时，头和上体向左膝前俯，再向右膝方向摆动，臀部随上体转动而摆动；呼气时，头与上体还原。左右交换练习时，动作要领同上，只是方向相反。

健身作用：中医学认为，心火是指情志之火。通过摇头摆尾、臀和拧腰转胯的练习，能起到清心泻火和宁心安神的作用。同时，它对下肢也是很好的锻炼。

6. 两手攀足固肾腰

动作要领：吸气时两臂从两侧上举至头顶上方，手心朝前，上体稍后仰，呼气时上体前俯，两腿伸直，两手指攀两足尖，并抬头目视前方3～5米处，稍停后，上体还原预备势。重复练习，动作要领同上。

健身作用：腰部的后仰前俯，可以充分伸展腰腹肌群，攀足可以牵拉腿部后肌群提高肌腱的柔韧性。经常练习，可以防止腰肌劳损等病症。腰为肾之府，肾为先天之本，腰部强健则肾固秘，可提高整体生命力。

7. 攒拳怒目增气力

动作要领：左腿向左侧跨出一大步成马步桩，两手握拳于腰，拳心向上。吸气时，左拳向前冲拳，拳心向下，瞪大双眼；呼气时，左拳收回。左右交换练习，动作要领同上。

健身作用：怒目可以疏肝理气，因肝开窍于目。同时久练攒拳动作，可以增长气力。另外，马步桩对下肢也是很好的锻炼。

8. 背后七颠百病消

动作要领：两掌掌心贴于肾俞穴处。吸气时，百会上项，脚跟离开地面，同时接着做身体上下连续抖动七次；抖动时，呼吸自然，脚跟不触及地面。然后脚跟轻轻着地，两手还原于体侧，配合呼气，意念下引至脚掌涌泉穴，全身放松。

健身作用：连续上下抖动能使肌肉，关节、内脏，脊柱松动，全身放松，会起到整理运动的作用，随着动作还原预备势，全身气血畅通，将体内的病气从身上抖落，浊气从足底部涌泉穴全部排除，从而获得百病皆消的功效。

结束势：两臂经体侧上举至头顶上方，配合吸气。然后两臂经体前徐徐下按于腹前，配合呼气，重复多次后，还原预备势。

第六节　不同人群的体育健身

一、不同年龄人群的体育健身

（一）儿童期（7 岁～12 岁）

运动锻炼：具体活动项目应依孩子的年龄、身体状况与其个人爱好来选择。可选择游泳这种创伤危险小又利于全身锻炼的项目，还可多让孩子到户外进行一些体育活动和游戏，不仅有利于他们身体素质的提高，也能满足他们好动的愿望。但是他们毕竟还处于儿童阶段，身体各器官、组织尚未发育成熟，有着许多和成年人不同的生理特点，因此有些运动项目不适合他们参加。不适合的运动项目：拔河、长跑、倒立、掰手腕。

儿童期体育健身的要求：①加强对儿童体育健身兴趣的培养；②组织儿童参加课外体育和家庭体育健身活动；③科学地组织儿童参加体育健身活动。

（二）青少年期（13 岁～18 岁）

运动锻炼：国际儿科组织提出的青春期少年的体力活动指南：每天参加体力活动，活动形式应融合在家庭、学校和社区的各种活动中，包括玩耍、游戏、体育、运动、出行、休闲、体育课或体育锻炼计划。每周进行 3 次以上、每次 20 分钟以上中等到较大强度的运动锻炼。这为青少年运动量提供了一个参照。

青少年体育健身的要求：
①培养青少年积极参加体育健身活动的兴趣；
②青少年在体育健身活动中掌握体育的基本知识和技能；

③利用体育健身活动对青少年加强意志品质的培养；

④全面提高青少年各种运动能力，预防运动损伤。

青少年增高体操

青春期加强下肢骨骼的锻炼可增加腿的长度，促进长高，使人体的比例美观。锻炼方法如下：

（1）直立

两足分开，两手上伸，尽力伸展上身，反复进行 6 分钟。

（2）坐位

双手抱膝，尽量把腰部拉长，然后抱胸，腰部挺直，反复进行 6 分钟。

（3）屈膝

双手扶地，前额触地，尽量把颈部伸长，做叩拜动作。

（4）站立

双臂向上，腰部挺直，尽量伸展整个身体，重点在脊柱和上、下肢，反复进行 6 分钟。

（5）站立

手扶椅子或书桌，自由地进行下肢轮流后伸动作和下蹲，交叉进行 6 分钟。

身高的增长并非一朝一夕的事，况且身高还与遗传、营养、睡眠等各种因素有关，体育锻炼只是一个方面。这个增高体操的目的只是使身体的增长最大限度地发挥遗传的潜能，无意追求绝对的高度。

（三）青壮年期（19 岁～35 岁）

运动锻炼：青壮年人平时工作累，运动时间相对较少，再加上其中很大一部分人长期坐在办公室里工作，长时间不动，或者从事单一机械性的工作，都会对健康不利，以下介绍几种适宜于办公室人士做的运动：

1. 办公室养生操

除了结合日常生活、劳动进行有意识的锻炼外，还可利用一些空暇时间，见缝插针，忙里偷闲活动身体。以下养生操可在办公室里练习。

（1）头俯仰

头用力向胸部低垂然后向后仰伸，停止片刻，以颈部感到有点发酸为度。如果两手交叉抱在头后用力向前拉，而头颈用力向后仰，则效果更好。

（2）头绕环

头部先沿前、右、后、左，再沿前、左、后、右用力而缓慢地旋转绕环。练习中常可听到颈椎部发出响声。这个动作有助于增强颈部肌肉。

（3）肩耸动

肩部是连接头部的重要部位，但平时肩部活动机会不多。耸肩活动有三种：一是反复进行一肩高耸，一肩下降；二是两肩同时向上耸动；三是两肩一上一下向前后环绕颈旋转。

2. 下班养生操

腰肌和背肌的劳损是每个上班族都必须面对的，除了在工作时注意姿势并时常起身伸展之外，自家的卧室也可以变成"健身房"。

（1）第一式

躺在床上，双手抱住右腿，将右膝盖往胸部方向靠近，头往右膝盖靠近，停 5 秒，换另一侧，重复 10 次。躺在床上，双手抱住左腿，将膝盖往胸部方向靠近，头往膝盖靠近，停 5 秒，重复 5 次。

（2）第二式

盘坐，身体前倾，上臂往前伸展，直到感觉拉到背部的肌肉，停 5 秒，要回复坐姿前，可先将手肘放在膝盖上，再慢慢将身体撑起，重复 5 次。

（3）第三式

坐姿，两腿弯曲抱在胸前，下巴弯向胸部，再缓缓向后躺，前后滚动，放松，重复 5 次。

（4）第四式

四肢跪在地板或床上，往胸部收紧下巴，使背部弓起，停 5 秒，放松，重复 10 次。

青壮年期体育健身的要求：①进一步明确对体育健身重要性的认识；②根据生活和工作的实际需要，调整健身锻炼的方式；③充分发挥体育健身的功能。

（四）中年期（36 岁～59 岁）

运动锻炼：健美体育、娱乐体育、医疗康复体育、竞技体育和民族体育等。

中年期体育健身的要求：

①养成良好的体育健身习惯；

②结合生活和工作实际进行健身锻炼；

③及时进行健身锻炼效果的评价。

更年期：是每一个从中年迈向老年的人不得不经历的一个特殊阶段。女性年龄一般在 45～55 岁之间；男性为 50～60 岁之间。

更年期妇女忙于工作和家务，文娱和体育活动明显减少，总觉得没时间，或者是感到自己年过半百，再跳跳蹦蹦不太稳重，不太习惯。其实，大可不必顾虑，应在可能的条件下参加一些适当的文娱和体育活动，如跳迪斯科、参加交谊舞会，打太极拳，练健美操，哼哼歌曲或戏曲，还可以参加到青年人的活动行列中去，参加力所能及的活动。这样，有利于身心的年轻，对于减轻更年期综合征的症状十分有益。

更年期男性，除了应参加各种文体活动以外，还可做一些轻微的体力劳动和家务劳动，如养花、做饭、扫地等，对身体也会有好处。此外，我国传统的一些养生锻炼项目，如气功、太极拳、八段锦、五禽戏等，都是适合更年期人们的运动项目。

（五）老年期（60 岁后）

运动锻炼：由于老年人身体各器官机能已有下降，健康水平和体力状况已明显不如青壮年，运动时必须遵循经常性、循序渐进性和个别对待的原则，宜选择健身走、健身跑、有氧锻炼、太极拳等健身方法。由于运动处方是在医学检查基础上进行的锻炼，较其他方法科学、合理。老年人喜欢早起到室外空气清新的地方，上午及下午最好也各安排一次做操或散步。因病卧床或行动不便的老人，可每天在他人的护理下被动地活动肢体，进行按摩、推拿等。

运动强度：控制运动强度是老年人运动的关键，老年人不宜进行大强度的短跑和中跑，而将强度控制在用 180 减去年龄所得差值的心率范围之内，大强度的运动是很危险的，应加以回避。可根据运动进展和体质状况，逐渐增加运动强度。

运动禁忌：老年人运动忌激烈竞赛，不论参加哪些运动，重在参与、健身，不要争强好胜；老年人不宜在运动中负重憋气，以避免因肺泡破裂而发生气胸，出现头晕目眩等不良反应；老年人不宜做低头、弯腰、仰头后侧、左右侧弯和头向下的倒置动作，避免头晕、摔倒；老年人协调性差，平衡能力弱，腿力发软，步履缓慢，肢体移动迟钝，溜冰、荡秋千及各种旋转动作应避免。

勤习吐纳：老人练习吐纳，对肺、肾、目均有较好的保健作用。可每日清晨洗漱完毕后在静室内闭目静坐，先叩齿 36 遍，然后搅动舌头，等到口水满口，分 3 次咽下，并用意念送至丹田，再将气缓缓地从口中呼出，最后用两手握半拳轻轻打击后背，左右各 3 下。

老年养生操

（1）后顾视

两手按床，自然坐立，头向一侧转到不能转为止，跟随头转方向由上往下看，左右两侧互换各作数十次。

（2）搓颈喉

颈前方之经络从下向上行，颈后方的经络从上向下行，按摩时用单手或双手，推、搓喉及颈部数十次，按摩的方向是颈前自下而上，颈后自上而下。

（3）敲腕

双手握空拳、掌根对敲（大陵、腕骨穴），腕背对敲（阳池穴），对敲合谷穴，敲打后溪穴。敲打时臂部肌肉放松，能防治手腕、手掌的肿胀、麻木、乏力等不适，还可增加脏腑机能。转辘轳两臂屈肘，两手捏拳，肩关节前后耸动绕环，像绞水车一样，一次顺绞，一次反绞，交替进行，能锻炼肘臂及肩关节。

（4）左右开弓

两手模仿开弓动作。两臂交替向左、右做拉弓姿势，同时，头和眼都转向开弓方向，并同时作深呼吸，能舒展胸廓，锻炼肩臂。

老年期体育健身要求：

①遵循体育健身锻炼原则；

②注意调整呼吸；

③结群、结伴锻炼；

④体育健身与卫生保健、防病治病相结合。

二、不同职业人群的体育健身

（一）脑力劳动者的体育健身

脑力劳动者由于伏案久坐，易引起头痛、乏力、失眠、记忆减退、动脉粥样硬化、高血压、冠心病、腹胀、便秘等疾病，所以加强健身十分必要。

脑力劳动者的体育健身要求：

①脑力劳动者每天至少要运动一个小时；

②选择自己喜欢的运动项目，形成自己的运动群体；

③运动时间选择在上午 10 点以后和下午 5 点以后为宜；

④每个星期至少人保证 3 次有氧运动，运动要出汗；

⑤运动地点选择在室外，选择空气好的地方，比如有山有水、有花草树木的场所；

⑥运动不要过分剧烈。

健身方法

（1）梳头

用手指代替梳子，从前额的发际处向后梳到颈部，然后弧形梳到耳上及耳后。这种梳头方法，可改善大脑血液供应，健脑爽神，降低血压。

（2）弹脑

端坐椅上，两手掌心分别按两侧耳朵，用食指、中指、无名指轻轻弹击后脑部，自己可听到咚咚声响。每天弹 10～20 下，有解除疲劳，防头晕、治耳鸣的作用。

（3）扯耳

先左手绕头顶，以手指握住右耳尖，向上提拉 14 下，然后以右手绕过头顶，以手指握住左耳尖，向上提拉 14 下，可达到清火益智、心舒气畅、睡眠香甜的效果。

（4）练眼

每隔半小时远望窗外一分钟，再以紧眨双眼数次的方式休息片刻，也可作转眼珠运动。这种方法有利于放松眼部肌肉，促进眼部血液循环。

（5）脸部运动

工作间隙，将嘴巴最大限度地一张一合，带动脸上全部肌肉以至头皮，进行有节奏的运动，持续 50 次。脸部运动可加速血液循环，延缓脸部各种组织器官的老化，使头脑保持清醒。

（6）转颈

先抬头尽量后仰，再把下颌俯至胸前，使颈背肌肉拉紧和放松；然后缓慢地做头部圆周运动，并向左右两旁侧倾 10～15 次，腰背贴靠椅背，双手在颈后抱拢片刻，能收到提神的效果。

（7）伸腰

伸懒腰可加速血液循环，舒展全身肌肉，消除腰肌过度紧张，纠正脊柱过度向前弯曲。

（8）揉腹

用手按顺时针方向绕脐揉腹 36 周，再逆时针做 36 周，可防便秘、消化不良等症。

（9）提肛

将肛门向上提，然后放松，接着再往上提，一提一松，反复进行。站、坐、行均可进行，每次做 50 次左右，持续 5～10 分钟即可。提肛运动可以促进局部血液循环，预防痔疮等肛周疾病。

（10）躯干运动

左右侧身弯腰，扭动肩背部，并用拳轻捶后腰 20 次左右，可缓解腰背疼痛、腰肌劳损等病症。

（二）体力劳动者的体育健身

体力劳动者较脑力劳动者而言，所从事职业对身体的锻炼强度要大，但不能将体力劳动与体育锻炼等同起来。

1. 体力劳动者的健身机理

（1）要使身体得到全面的锻炼

体力劳动者由于工种的特性，常常会使身体处于某种较固定的姿态，肌肉、关节活动也趋于较单一的动作，比如总是站着、坐着或弯着腰劳动等。长久如此，将使得全身的活动失衡，造成活动部分的肌肉过于紧张而易疲劳，而活动较少或不活动的肌肉、关节则得不到锻炼。再加上劳动体位较为固定，从而引起肌肉、关节的慢性劳损等职业病。

（2）要走出体力劳动者不用再参加体育锻炼的误区

必须承认，体力劳动者较脑力劳动者而言，所从事职业对身体的锻炼强度要大，但不能将体力劳动与体育锻炼等同起来：一是作用不同；二是目的不同；三是适当的体育运动有利于消除疲劳；四是体育锻炼可以降低长期在室内从事体力劳动给身体所带来的负面影响。体力劳动者的工作目的是在创造社会财富的同时满足生活、生存的需要；而体育锻炼则纯粹是为了增强体质、愉悦身心。体育锻炼的重要功能是能使人心情愉快，而愉快的情绪不仅使人能缓解工作压力，而且也能使人疲劳的肌体得以较快的恢复。另外，上肢疲劳了，则活动下肢；下肢疲劳了，就活动上肢；坐的时间长了，就站起来走动走动。这种借以减轻疲劳的方式在医学上称为大脑皮质的诱导作用（规律）。随着社会的发展，现代化程度的提高，愈来愈多的人将从事于室内的体力劳动。而在室内，缺乏新鲜空气和阳光，长期如此将会影响人的正常新陈代谢需要和影响人的生命力。

2. 体力劳动者的健身方法

（1）在工间或下班后，可选择一些运动量较小而动作幅度较大却节奏较为平缓的锻炼项目，如散步、健身、跑、排球、太极拳和踢毽球等。

（2）针对自己的工作性质和特点，选择可缺乏锻炼或活动较少的机体部分。如长时间在室内工作的，可选择户外运动。

（3）采用动静结合原则，根据自己的劳动强度和机体疲劳程度，来选择相对应的锻炼项目。如静或节奏较为缓慢的项目有下棋、钓鱼、散步和慢拍的舞蹈等。

（4）值得注意的是，随着现代化程度的提高，脑力劳动者和体力劳动者的界线不像原先那么明显，因此，脑力与体力劳动者的锻炼原则和方法可相互借鉴。锻炼的主要目的除强身健体外，还在于使承受负担的机体与承受压力的心理得以恢复和调节。

第七节　残疾人的体育健身方法

　　根据全国人大常委会关于 1990 年 12 月 28 日通过的《中华人民共和国残疾人保障法》（以下简称《残疾人保障法》）第二条的规定：残疾人是指在心理、生理、人体结构上，某种组织、功能丧失或者不正常，全部或者部分丧失以正常方式从事某种活动能力的人。残疾人包括视力残疾、听力残疾、言语残疾、肢体残疾、智力残疾、精神残疾、多重残疾和其他残疾的人。残疾人问题是社会问题。我国宪法明文规定："国家和社会帮助安排盲、聋、哑和其他有残疾的公民的劳动、生活和教育"。《全民健身计划纲要》中提出，广泛开展残疾人体育健身活动，提高残疾人的身体素质和平等参与社会活动的能力。残疾人与正常人一样享受做人的一切权利，其中包括享受体育的权利。体育是残疾人康复和锻炼的有效手段，随着社会文明的发展，残疾人体育也将不断发展，残疾人的健身体育会不断出现新面貌。据 1987 年北京市残疾人抽样调查，每 1 000 人中竟有 45 名是残疾人，按此推算，我国人口中有 5 000 万，数目相当之大。怎样运用体育手段，促进残疾人身心健康，是我国社会主义体育发展中应引起人们充分重视的一个问题。

一、盲人的健身体育

（一）一般性体育活动

　　盲人可以参加多种体育活动，例如游泳、田径、舞蹈、体操、骑马（双人，1 人有视力）、双人自行车、铃球、摔跤等。

（二）功能性训练

1. 触觉训练

触觉是盲人感知周围世界的重要途径，触觉训练的方式有：

（1）用手触摸各种体育器材和设备，了解其形状、硬度及用途等；

（2）用手触摸他人的身体或某个部分，了解做某个动作时身体的姿势；

（3）用脚触摸地面，感知地面的光滑度和硬度，便于运动，如跑步跑至转弯处时，脚感知地面突起和变硬，就会主动转弯跑步。用身体各个部位都可以起到触觉作用，以弥补视觉的缺陷。

2. 听觉训练

听觉是盲人感知外界事物最重要的器官，补偿作用最大。听觉训练主要采用声音信号引导盲人进行体育活动。从效果看，连续的声音比间歇的声音好；声源在正前方比后方好，声源不要在侧方。例如：

（1）跟着正前方声音向前走或跑；

（2）辨别地上滚动球的方向，并通过此项训练能够截住或踢到自己左、右侧或正面滚过来的球；

（3）跟随铃声或其他声音在水中行走、游泳等。

3. 定向行走训练

了解自己在空间的位置，学会占有空间并合理地使用空间，对盲人非常重要。例如：

（1）以长绳为引导线，盲人直线走或跑；

（2）在他人陪同下，在生活或学习地区内进行短距离的和人快乐的散步，熟悉以后，盲人独立进行；

（3）教师站在某处，拍一下手，训练盲人找到教师；

（4）盲人滚出带音响的球，球停在某处后，盲人自己去找到这个球。

二、聋人的健身体育

聋人可以参加多种体育活动，但是强烈旋转、增大头颅内压的运动，应尽量避免。

（一）反应动作的练习

（1）看教师的手势做向各方向移动的动作；

（2）看不同颜色的卡片做出相应的动作；

（3）双人"影人跑"：学前面正常人的动作；

（4）看对方手势后，做出相反动作。

（二）协调性练习

（1）原地拍球，转身拍球。

（2）直臂拍球，用手接球，跳起接球。

（3）用单手拍球。

（4）各种"耍球"练习：

①两脚开立，绕两脚做"∞"字绕环球；

②并腿直腿坐，球经脚—臀部绕环，分腿坐，再绕环；

③分腿站立，左右互相传接球，或遵照执行向上抛球后，双手击掌后再

接球。

(5) 手指或抬平肘关节托住直立的木棍，可以原地踏步，也可以行进间做，使木棍不倒。

(6) 坐姿双脚夹球，抛球自己用手接住。

(7) 抛起球坐下后接住，或抛起球起立接住。

(8) 左手或右手将静止的球拍起来。

（三）节奏感练习

(1) 有节奏地跳跃。按教师的手势，匀速而准确地跳跃。节拍是 1－2－3－4；5－6－7－8。先是几人手拉手练习，然后个人独立练习。

(2) 分两组，一组按 1－2－3－4 节拍跳跃，另一组按 5－6－7－8 拍跳跃。先以手势指挥，以后去掉手势。

（四）平衡练习

(1) 头顶轻物，臂侧平举，沿直（曲）线行走，轻物不掉下来；

(2) 用球拍托球走或跑；

(3) 单腿站立；

(4) 前滚翻；

(5) 平衡木上走或单腿站立等；

(6) 蹦床上跳跃等。

三、截肢人的健身体育

截肢人可以参加田径、游泳、篮球、排球、乒乓球、舞蹈等多种体育活动。乘坐轮椅是下肢截肢人行动的主要方式，既可参加身体锻炼，又可参加体育竞赛。学驾驶轮椅，应使轮椅与身体紧密地结合为一体。轮椅一般用手驱动前进和制动。就当学会驱动、变向、转圈、上下坡和急停等技术。轮椅应在不同地面上行驶。老年人的轮椅后轮要大些，这样轮椅后倒时，扶手可以支在地上，上面乘坐者不致摔伤。截肢人要学会自己上轮椅。坐 10 分钟左右可用手支撑"站立"一段时间，一方面防止褥疮，另一方面可促进血液循环，提高机体平衡能力。乘轮椅出发时，轮子要正，不要打横，否则要后退。起动时要推大轮的辐条，移动 3~5 米时，再推小轮子；手轮处于髋关节水平部位为好。手用力要匀，不要突然发力；出发时，手在身体前边推辐条，否则胃前部要翘起来。轮椅转弯时外面手的力量要大些，身体向内倾斜。手握推手轮不要太紧，较好的方法是推一压一。乘坐轮椅可以参加打篮球、乒乓球以及舞蹈、田径等项活动。

四、截瘫人的健身体育

截瘫人是由于直接操作（如火器、刀刺伤等）和间接操作（脊椎骨折、脱位等）脊髓所致。脊柱操作可使肌肉逐渐萎缩、丧失有关的感觉和知觉、某些器官功能受损（如膀胱失控等）或失去某些活动能力等，严重的有生命危险。所以，外伤性截瘫者应积极早期进行抢救与合理治疗，加强护理工作，争取脊椎骨折、脱臼达到复位和脊髓功能早期最大限度地恢复。对脊髓功能未能得到恢复的人，应积极加强功能训练，开展康复活动，以促进麻痹肌肉的恢复，防止关节、韧带和附近肌腱粘连，保持肢体关节正常活动。体育是一种良好的康复手段，对于促进全身及肢体的血液循环和正常的新陈代谢、恢复机体及肢体的功能有积极作用。对于截瘫人，体育具有更重要的作用。卧床初期，活动急剧减少，机体代谢能力降低，内脏功能减弱，严重影响健康；情绪烦躁，影响正常的心理。健身体育有以下主要作用：

1. 预防合并症

截瘫病人早期最常见的并发症有褥疮、尿路感染、肺炎和胸脉栓塞等，其中尿路感染对生命危害最大。截瘫后早期的体育锻炼，有助于加强健康肌肉和麻痹肌肉的功能，增加腹压和腹肌的力量，排尿时借助于腹压而减少残存尿量，有利于避免尿路感染。

2. 保证肌肉正常的代谢活动

截瘫病人往往发生血管运动神经功能障碍，影响正常的血液循环，肢体容易浮肿。通过身体锻炼，能促进肢体肌肉群血液循环，增加肌肉血液回流量，有利于排出肌肉代谢产物，防止水肿发生，保证肌肉正常的生理活动，维持一定的紧张度和收缩力量。

3. 早期锻炼可以防止关节粘连、韧带挛缩

身体锻炼增加了关节的活动，促进了关节周围组织的血液循环，加强新陈代谢，减少肌肉、韧带的互相粘连和水肿，并能使关节保持一定的灵活性和生理韧性，防止关节囊挛缩，保持关节正常的功能。

4. 防止肢体骨质疏松

肌肉和骨骼长期处于完全"放松"状态，易出现废用性的肌肉萎缩和骨质疏松，严重的可发生病理性骨折。身体锻炼可使骨骼和肌肉受到一定力量的牵张刺激，改善营养的供给，都有利于调整体内正氮平衡，防止钙质脱失，保持骨的正常结构及功能。

5. 增强工作和生活的信心

体质的康复与增强、良好心境的维持、人际交往的扩大，都有利于增强生活的乐趣、信心和勇气。截瘫后体育活动以保持关节正常的结构和功能为

基本内容，例如经常变换体位、穿戴夹板、被动运动和牵引活动等。在下地活动之前，应在床上做体操（上肢主动性活动、下肢被动性活动）、床上坐起练习以及做"截瘫操"。对于截瘫病人，可做些适当的增强上、下肢和躯干的肌力练习，以恢复体力；到一定时期，可以做些基本的联合动作，例如扶床站立—靠墙站立—扶双杠站立—扶拐杖站立—扶要站立—自己站立，开始需有人照料，时间由5分钟逐渐延长，由双腿站立过渡到单腿站立。在站立的基础上，再练习行走：扶双杠站立，轮换做两腿的提腿、抬腿、摆腿、左右转动骨盆。两手扶住双杠，练习移步行走；站在行走车内，一边扶车移动下肢，一边带动行走车前进，车后边有一座位，可以休息；架拐杖行走，由"四点步"过渡到"摆动步"。截瘫病人必须做一些一般发展练习，尽力做日常生活中力所能及的活动，这都有重要的康复保健作用。

五、脑瘫人的健身体育

脑瘫分为身体和精神上的障碍，轻者经过康复训练后，生活能够自理，严重者一生都需要监护。脑瘫病人临床上分为痉挛型、强直型、手足徐动型、共济失调型等四种类型。体育是脑瘫病人康复的重要内容，国外学者提出的14种疗法是：按摩，被动活动，助力活动，主动活动，抗阻活动，条件性活动，混合活动，复合活动，休息，松弛，松弛位活动，平衡，吩咐患者做握、取、放物品等动作技能练习。脑瘫病人的体育练习有以下基本内容：

1. 协调练习

2. 走、跑练习

先练习增强踝关节肌肉韧带力量的动作；沿直线行走（注意脚型正确），距离逐渐加长，然后过渡到能跑步。

3. 骑三轮车

脑瘫病人手能握把，要将脚固定在脚镫子上，就能蹬车行进，直线或曲线均可。

4. 协调性和准确性练习

如摆放积木和插板练习；按照口令将手和足指向一定方向或放在一定的位置；向一定方向投球、踢球、滚球；与医务人员练接球、玩球、传球等。

5. 游戏性练习

对于不能步行的患者，可以集体练习某些游戏性的动作，如在地板上滚圈；俯卧在垫子上成圆形，距离适当，互相传球等。还可以进行"球浴"（用许多颜色不同的小塑料球堆积到一起，患者在护理人员帮助下，在球堆中坐、爬或站）和"水浴"（用特制的浴盆，有人照料做各种肢体活动）。

六、开展残疾人体育应注意的问题

1. 从实际出发开展残疾人体育

应根据残疾人的身心状况，从实际出发开展残疾人体育，以促进他们身心的健康发展。因此，应分析残疾人的情况，选择合适的身体锻炼内容与方法，安排适宜的运动负荷，并应有医务监督与体格检查，以保证身体锻炼能获得良好效果。

2. 不仅要增进健康，而且应促进残疾人心情愉快

残疾人通过身体锻炼不仅要增进健康、增强体质，而且应促进残疾人心情愉快，增强生活的乐趣和信心，促进人际交往、增进友谊。因此，选择锻炼的内容，除了个人活动外，还应选择集体娱乐性的活动内容。

3. 注意全面发展身体

残疾人进行身体锻炼，仍应注意全面发展身体，尤其是对心肺等内脏器官和衰退的肢体要坚持经常锻炼。

4. 区别对待

对精神性残疾人的身体锻炼，应区别对待，研究选择适宜的锻炼内容与方法，不能一概要求。

>>> 练习与思考

1. 体育健身的原则是什么？
2. 如何科学控制健身运动量？
3. 简述每次健身三部曲。
4. 何谓示范法？示范法的一般要求是什么？
5. 何谓重复练习法？重复练习法运用要求是什么？
6. 间歇练习法与重复练习法的区别是什么？
7. 简述常用的体育健身器械和杠铃操健身方法。
8. 呼吸方法有哪些？
9. 试述有氧运动锻炼最常用的一些运动项目。
10. 民族传统保健体育养生术有哪些特点？
11. 太极拳的概念与要求是什么？
12. 脑力劳动者的体育健身要求是什么？
13. 开展残疾人体育应注意的问题是什么？

第十一章　人体测量与评价

内容提要

　　本章简要介绍了人体测量与评价的基本知识、正确的测量姿势和测量注意事项。重点阐述了体格（体重、身高、腰围、臀围等）测量、身体机能（心率、血压、肺活量、最大摄氧量等）测量以及身体素质（力量、速度、耐力）测量的基本内容和评价方法。

　　人体测量学是人类学的一个分支学科。主要是用测量和观察的方法来描述人类的体质特征状况。它的主要任务是通过其测量数据，运用统计学方法，对人体特征进行数量分析。通过测量，确定人体的各部位标准尺寸，可以为国防、工业、医疗卫生和体育部门提供参考数据。测量时必须严格按照规定的测点位置和测量项目的定义，使用可靠的测量仪器进行。测量评价的目的在于通过测量获取被测人体各种属性及其特征的信息，通过评价对所收集的信息进行加工处理，而后作出价值判断。测量与评价是一个过程的两个方面。测量是将一些可以测得的物理量、非物理量转换为数值或记号，进行资料汇集、信息收集的过程。评价则是对所获得的信息进行加工处理、通过科学分析作出价值判断，赋予被测量人体某种意义的过程。因此，测量是基础、是前提；评价是结果、是目的。两者密切联系、不可分割。

　　正确的测量姿势：从侧面观察：由头到足的一条垂线，应由耳屏前通过肩峰、股骨大转子后边及膝、踝关节之前直达地面，即上述五个点应在一条垂线上。从后面观察：头部端正，脊柱成一条直线，两肩齐平。从前面观察：两眼平视前方，两侧耳屏上缘和眼眶下缘中点之间的连线呈同一水平面，左右髂前上棘的连线与身体的长轴互呈直角。

　　测量注意事项：①身体测量时除头部及坐高取坐姿外，其他一律取直立姿势。②一般测量右侧肢体。③测量前必须检验校正测量仪器。④测试人员的视线应垂直于测量仪器上的标度部分，不可斜视。⑤测量长、宽、围度时以 cm 为单位，皮脂厚度以 mm 为单位，体重以 kg 为单位。⑥测量中，应注意尽量减少测量误差。⑦使用带尺测量围度时，带尺的位置应与人体的中轴相垂直，同时不可用力过大。⑧用直角规或弯角规进行测量时，应将直角规的两直脚或弯角规两弯脚的圆端轻轻靠在测量点上，不可用力压于测量点。

第一节　体格的测量与评价

体格测量是指人体整体及各部位的长度、宽度、重量所进行的测量。

一、人体体格的主要测量点

人体测量点主要是通过骨结节、隆凸和骨骺的边缘等骨性标志确定的，也有一些是依据皮肤的皱褶、皮肤特殊结构和肌性标志确定的。人体体格的主要测量点如下：

（1）头顶点：头正中线最高点。

（2）头后点：头后正中线最向后突出的点。

（3）头侧点：头两侧最向外突出的点，位耳屏上。

（4）枕外隆凸点（枕后点）：枕外粗隆最突出处。

（5）眉间点：两眉间正中点。

（6）耳屏点：耳屏前缘中点。

（7）颏下点（颌下点）：下颌骨最低点。

（8）颈点：第七颈椎棘突最突出处。

（9）喉结节点：喉结节最向前突出处。

（10）胸上点：胸骨柄上缘中点。

（11）胸中点：左右第四肋胸关节上缘连线中点。

（12）胸下点：胸骨体下缘中点。

（13）乳头点：乳头正中点。

（14）脐点：脐部中心点。

（15）肩胛下角点：肩胛下角最低点。

（16）耻骨联合点：耻骨联合上缘正中点。

（17）髂嵴点：髂嵴上缘最向外突出的点。

（18）髂前上棘点：髂前上棘最向前突出的点。

（19）肩峰点：肩平举，肩上凹陷中点。

（20）桡骨点：直肘，鹰嘴突外侧凹陷处。

（21）桡侧茎突点：桡骨茎突最下点。

（22）尺侧茎突点：尺骨茎突最下点。

（23）桡侧掌骨点：握拳时第二掌骨小头桡侧最突出处。

（24）尺侧掌骨点：握拳时第五掌骨小头尺侧最突出处。

（25）指尖点：中指指端向下最突出处。

（26）大转子点：髋关节最外骨点，髋外展凹陷中，随股骨转动而转动。

（27）髌骨中点：髌骨前正中线中点。

（28）胫骨点：膝内侧关节间隙下缘中点。

（29）内踝点：胫骨下端向内最突出处。

（30）外踝点：腓骨下端向外最突出处。

（31）跟点：足跟向后最突出处。

（32）外侧跖骨点：第五跖骨小头向外最突出处。

（33）内侧跖骨点：第一跖骨小头向内最突出处。

（34）趾尖点：最长趾趾端向前最突出处。人体最长趾一般为第1或第2趾。

二、主要体格测量指标的测量

（一）重量测量

（1）体重：是描述人体横向发育，反映人体骨骼、肌肉、皮下脂肪和内脏器官综合发育状况的整体指标。

（2）测量仪器：杠杆式体重计，仪器误差不超过0.1%。

（3）测量方法：测量前应将游码调整至零，使刻度尺呈水平位。令受试者轻上，立于秤台中央。测试者移动游码至刻度尺稳定在水平位后读数并记录，测量误差不超过0.1 kg。

体重主要受饮食和运动时排汗量的影响，一天内人的体重有所变动，一般在上午10时左右测量比较适宜。

（二）长度测量

1. 身高

身高是指人体直立时头顶点至身高计底板之间的垂直距离。

（1）测量仪器：身高坐高计（仪器误差每米不得超过0.2 cm）。

（2）测量方法：测试时，受试者赤脚、呈立正姿势站在身高计的底板上（躯干挺直，上肢自然下垂，脚跟并拢，脚尖分开约60度），脚跟、骶骨部及两肩胛间与身高计的立柱接触，头部正直，两眼平视前方，耳屏上缘与眼眶下缘最低点呈水平。测试者将水平压板下滑，轻压其头顶点，两眼与压板呈水平位读数并记录，测试误差不得超过0.5 cm。记录以厘米为单位，保留小数点后1位。

身高在一天内因受重力的作用会产生一定波动，据研究报道一天内身高的变动在 1.5 cm 左右。清晨起床时最高，夜晚最低，因此以上午测量身高为宜。

2. 坐高

坐高指坐位姿势时头顶点至座板平面之间的垂直距离。

（1）测量仪器：身高坐高计。

（2）测量方法：令受试者坐于身高坐高计座板上，躯干与头部自然正直，保持耳眼水平位，骶骨及肩胛间紧贴立柱。上臂自然下垂，大腿与地面平行并与小腿呈直角，注意不要用手撑座板。测试者将水平压板沿立柱缓慢下滑，轻压受试者头顶部。两眼与压板呈水平位时进行读数并记录。测量误差不得超过 0.5 cm。

（三）宽度测量

1. 肩宽

表示肩的长径。它与体重、胸围等指标有关，是反映体型特征的重要指标之一。

（1）测量仪器：测径规。

（2）测量方法：受试者两足分立与肩同宽，自然站立，两肩放松。测试者在受试者的背面，先用两手拇指沿左右肩胛骨的肩胛冈，自内向外摸到肩峰外侧缘中点，然后用测径规测量两点之间的距离。测量误差不得超过 0.5 cm。

2. 骨盆宽

（1）测量仪器：测径规。

（2）测量方法：受试者自然站立，两足分开与肩同宽，两肩放松。测试者站在受试者前面，用食指摸到髂嵴点（骨盆最宽处），用测径规量取两测点间的距离。

（四）围度测量

围度是用来评价身体发育的常用指标。这些指标的大小受年龄、性别、劳动和生活条件等因素的影响，经常参加体育锻炼的人，肌肉较为发达，身体各部的围度比一般人要大（除腰围外）。

1. 胸围

胸围的大小反映呼吸器官、胸部肌肉和脂肪的发育情况。

（1）测量仪器：每米误差不超过 0.2 cm 的带状皮尺。

（2）测量方法：受试者两足分立与肩同宽，两上肢自然放松下垂。测试者面对受试者将带尺上缘经背部肩胛骨下角下缘绕至胸前。男性和乳房未发育的女性，带尺的下缘可经乳头点测量，而乳腺已发育的女性，则带尺下缘应经乳头上方的胸中点（第四胸肋关节）测量。单位厘米，精确到小数点后一位数。测试误差不得超过 1 cm。

注意事项：①测量时要注意受试者背部的带状皮尺是否折转，位置是否正确，最好两人测量，一人在前，一人在后。②测量时带状尺的松紧度要适宜。③要量取呼气之末、吸气之前的胸围。

2. 腰围

腰围主要反映腹壁肌和腹部脂肪的情况，当腹壁肌肉紧张度降低或腹部脂肪堆积过多时腰围会增加。

（1）测量仪器：带状皮尺。

（2）测量方法：测试者站立在受试者的右侧或对面，将带状皮尺水平放在髂嵴上方3～4横指的位置（相当于腰部最细处）测量。单位厘米，精确到小数点后一位数。测试误差不得超过 1 cm。

注意事项：①注意观察带尺的位置是否呈水平位。②在受试者平稳呼吸时进行测量，不得俯身或挺腰。

3. 臀围

（1）测量仪器：带状皮尺。

（2）测试方法：受测试者两腿靠近并自然站立，两肩放松。双手交叉抱于胸前。测试人员面对受试者，沿臀大肌最粗处将带尺沿水平经背部绕至前方计数。单位厘米，精确到小数点后一位数。测试误差不得超过1cm。

注意事项：①测试时受试者不能挺腹，应在腹部平静状态下测试。②记录员应在受试者背面观察带尺位置是否正确。

三、主要体格测量指标的评价

体格评价可直接用测量获得的数据进行绝对值评价，也可把测量的数据转换为指数来进行评价。"形态指数"是在考虑了人体各部分比例和相互内在关系基础上，把两项或两项以上形态指标的测量值按照一定的数学方法计算得出的相对值。主要有"尺度指数"和"充实度指数"两类。"尺度指数"指尺度指标间形成的指数。"充实度指数"又称"营养指数"，指尺度指标与重量指标间形成的指数。常用的体格评价指数如下所示：

1. 重量指数

体重/身高×100

2. 长度指数

坐高/身高×100

3. 宽度指数

骨盆宽/身高×100

4.围度指数

胸围/身高×100

腰围/臀围

5.营养指数

劳雷尔（Rohrel）指数＝体重×10^7/身高$^{1/3}$

贝利迪西（Pelidisi）指数＝（10×体重)$^{1/3}$×10^3/坐高

利维（Livi）指数＝体重$^{1/3}$×10^3/身高

第二节　身体机能的测量与评价

身体机能是指人的整体及其组成的各系统、器官所表现的生命活动。测量目的是阐明其机能规律、特点及其影响因素。身体机能的测量，应选用简便易行、并能客观地反映人体的正常机能水平及运动前后水平的指标，对所获取的各种生理机能信息给予客观的评价。

一、心血管机能的测量与评价

心血管系统的功能反映一个人的发育水平、体质状况和运动训练的水平。体育运动中常用的测量与评价指标：心率和血压。一般人和经常参加体育锻炼的人及运动员处于安静状态时，其心血管系统机能很难看出显著性差异，只有在进行强度较大的运动负荷时，才能显现出明显的差异。体育运动实践中用心率和血压测量心血管系统机能时，一般采用定量负荷、定量分析的方法。

（一）安静状态时心血管系统机能的测量与评价

1.安静时心率的测量与评价

心率的测量方法：

（1）动脉触诊法

①测量部位：桡动脉（颈动脉、颞动脉）。

②测量仪器：秒表或三针台钟。秒表每分钟误差不得超过 0.2 秒。

③测量方法：令受试者坐于测试者的右侧，右臂掌心向上平放在桌面上。测试者以食指、中指和无名指的指腹触摸受试者腕部桡动脉搏动区，应能明显地感觉的桡动脉搏动后正式计数。测量 10 s 或 30 s 的脉搏数，然后换算为 1 min 脉搏次数。记录单位为 b/min。

（2）听诊法

①测量仪器：听诊器、计时秒表。

②测量部位：心前区（左侧第五肋间心尖部位）。

③测量方法：将听头放在心尖部，清晰地听地心脏搏动声音，记录 10 s 或 30 s 的心脏搏动次数，然后换算成 1 min 心率记录。

④安静状态心率的评价：

根据专家研究，成年人的正常心率为 60～80 次/分钟，60 次/分钟以下为心动过缓，110 次/分钟以上为心动过速。但有训练的运动员心率安静时一般为 40～60 次/分钟，多数可认为是心脏机能储备增强的标志，不宜得出心动过缓的结论。对于心率在 80～110 次/分钟之间，应作具体分析。

2. 安静时血压的测量与评价

（1）安静时血压的测量

①测量仪器：水银血压计或电子血压计、听诊器、袖带（分别为 7 cm、9 cm、12 cm 宽）。测量前，应检查血压计的水银柱是否在零位。若水银柱有气泡应排除。根据受试者上臂长度选用不同宽度的袖带。袖带以覆盖受试者上臂长的 1/2～2/3 处为宜。

②测量方法：令受试者坐于测试者的右侧，右臂自然前伸平放桌面上。使血压计零位应与受试者心脏和右臂袖带处于同一水平，平整地捆扎袖带，松紧适度，肘窝暴露，将听头放其肱动脉上。然后拧紧螺栓打气入袋使水银柱缓慢放气，每次下降 2～4 mmHg 为宜，放气至第一次听到搏动声时，此时水银柱的高度即为收缩压。继续放气，搏动突然从洪亮声变为模糊声时，此时水银柱的高度为舒张压变音点。继续放气至搏动声消失，此时水银柱高度为舒张压的消音点。以 mmHg 为单位记录测量结果。世界卫生组织规定，14 岁以下儿童舒张压以变音点为准，15 岁以上少年和成人的舒张压以消音点为准。

③测量要求：血压高低，明显地受运动和心理活动的影响。因此，在测量安静状态时的血压，要让受试者尽量保持心情平静，测量前不应有激烈的身体运动。

（2）安静时血压的评价

血压正常范围：收缩压在 100～120 mmHg，舒张压在 60～80 mmHg，男性一般略高于女性。

表 10.1　血压范围评价

收缩压/舒张压（mmHg）	评 价
160/95 以上	高血压
140/90	高血压临界值
90/50 以下	低血压

（二）运动负荷状态心血管系统机能的测量与评价

1. 运动负荷心率与血压的测量

（1）运动中心率的测量

①测量仪器：心率发射机和接收机（录音机）。

②测量方法：用酒精棉球清洁粘贴电极部位的皮肤，将两个电极片涂导电膏后分别贴于胸骨体和胸大肌左下方第五肋间处，用橡皮膏固定在皮肤上。发射机固定在备用的腰带上，将引导电极的插头与发射机相连，打开发射机电源开关，调整接收机频率在清晰听到心率时，开始记录心搏次数，可用直接听记的方法，也可用录音磁带录下，重播整理计数。

（2）运动后即刻心率的测量

①测量仪器：同上。

②测量方法：一般在运动后即测 10 s 心率，将测得的心率数乘以 6 即为 1 min 心率。定量负荷后的心率测量，根据要求测量负荷后即刻或第 1、2、3 min 前 30 s 的脉搏数或前 10 s 的脉搏数，按要求依次测量并记录结果后进行分析。有些测量则要求一直到脉搏恢复到水平或稳定在同一水平时停止测量。

（3）运动后的血压测量

①测量仪器：同安静时测量血压的仪器。

②测量方法：运动时，先将袖带和血压计的连接断开，脉压带仍捆扎在受试者右臂。由受试者手托打开气球，负荷后，即刻连接袖带与血压计，（力求 10 s 之内）测出第 1、2、3 min 的血压，并记录读数。以收缩压/舒张压 mmHg 记录之。

（三）采用负荷手段对心血管系统机能的评价方法及参照标准

1. 30 秒 30 次蹲起

测量仪器：秒表、节拍器或事先录制好的录音带及收录两用机。

方法及要求：静坐 5 分钟，测受试者 15 秒心率，乘 4 得 P_1 值。令受试者在 30 秒内每秒一次完成 30 次蹲起后，测即刻 15 秒心率，乘 4 得 P_2 值。休息一分钟后测 15 秒心率，乘 4 得 P_3 值。心功指数 ＝ （P_1＋P_2＋P_3－200）/10。评价：≤0 为"最好"，0～5 为"较好"，6～10 为"一般"，11～15 为"较差"，≥16 为"最差"。

2. 哈佛（Harward）台阶试验

受试者按节拍器每分钟上下台阶（50 cm 高）30 次的负荷，持续运动 5 分钟。上下台阶时腿及躯干要伸直。如因疲劳不能完成 5 分钟运动时，可中途中止，但要记录下持续运动的时间。运动停止后立刻坐下，测量运动后 $1\sim$ 1.5 分钟的 30 秒心率。哈佛台阶试验指数＝$3\,000\times100/5.5P$，其中 P 为 30 秒心率。如果受试者未能完成 5 分钟负荷，可按下式计算：哈佛台阶试验指数＝$100D/5.5P+0.22\times(300-D)$，其中 D 为持续工作时间（秒）。评价标准为：指数在 50 以下为"差"，在 $50\sim80$ 之间为"中"，在 80 以上为"良好"。

3. PWC_{170} 机能试验

令受试者进行两次各 5 分钟的功率自行车运动，两次负荷之间休息 3 分钟。记录每次负荷最后 1 分钟心率（f_1、f_2）。两次负荷均以恒定功率方式进行（分别记为 N_1、N_2），第一次负荷心率应超过 110 次/分钟，第二次负荷心率应接近 170 次/分钟。$PWC_{170}=N_1+(N_2-N_1)\times(170-f_1)/(f_2-f_1)$。$PWC_{170}$ 值代表"以 170 次/分钟稳定心率定量负荷时身体所输出的功率"。PWC_{170} 值越高，表明心血管耐力越好。

（四）心血管综合指标的测量与评价

贝拉克（Barach）能量指数

在坐位测量脉率、血压，贝拉克能量指数＝脉率×（收缩压＋舒张压）/100。若指数在 $110\sim160$，判定为"正常"（平均数为 140）；若超过 200，应进一步做心血管机能检查。

二、呼吸机能的测量与评价

呼吸系统的主要功能是与外界进行气体交换，排除二氧化碳，吸入氧气。人体需氧量取决于身体生理状态，运动强度增大时需氧量相应地发生改变，安静时每分钟需氧量 $200\sim300$ ml，剧烈运动时每分钟需氧量可以增加 20 倍以上。人的摄氧能力有一定限度，一般用最大摄氧量衡量。

（一）肺活量的测量与评价

肺活量是指肺的静态气量，与呼吸深度有关，是不受时间限制的肺充气或排气的容量。肺活量主要提示呼吸机能的潜力。

（1）测量仪器：单浮筒式肺活量计（$0\sim700$ ml）。测量前应备好水，严格掌握标准水线，尽量保持水温一致，校正仪器使浮筒刻度在零位，仪器误差不超过 200ml。

（2）测量方法：受试者面对肺活量计站立，将浮筒刻度调到零位后，受试者预先做 $1\sim2$ 次扩胸或深呼吸的准备动作，然后手握吹气嘴，做最大吸气、尽量补吸气后，对准口嘴做最大呼气。呼气应均匀直至不能再呼气时为止。待浮筒平稳后，读数并记录。每人测量 3 次，取最佳值（单位：ml）。

1. 5 次肺活量试验（洛金塔里试验）

主要用以测定呼吸肌的耐力。

（1）方法：受试者取立位，每 15 秒测量 1 次肺活量，共测 5 次。

（2）注意事项：15 秒时间，既包括吹气时间，也包括休息时间，因此在 75 秒之内测量 5 次肺活量。

（3）评价：5 次测量结果基本接近或逐次增加为机能良好。反之，逐次下降，尤其最后两次显著下降为机能不良。

2. 安静状态下的闭气试验

受试者静坐片刻，而后测定深吸气及呼气之后的闭气时间。前者称斯坦格试验，后者称汉契试验。闭气时须用手捏住鼻孔，以防漏气。

一般男子吸气后的闭气时间为 40 秒左右，女子为 30 秒左右；而呼气后的闭气时间，男子为 30 秒左右，女子为 20 秒左右。经常从事体育锻炼的人，闭气时间可达 1 分钟以上。

（二）最大摄氧量的测量与评价

最大摄氧量是评价循环呼吸机能及人体有氧代谢能力较为有效的指标，普遍用于运动员选材、体质评价以及鉴定人体的运动能力和临床肺功能的检查。它的测定方法，可分为直接测量法和间接测量法两种。

（1）直接测量与评价

采用自动气体分析仪测定。

（2）间接测量与评价

12 分钟跑的距离推测最大摄氧量。

表 10.2　由 12 分钟跑成绩推算最大摄氧量

12 min 跑成绩 m	最大摄氧量 m $l \cdot kg^{-1} \cdot min^{-1}$	12 min 跑成绩 m	最大摄氧量 m $l \cdot kg^{-1} \cdot min^{-1}$
1 000	14	1 800	31
1 100	16.1	1 900	33.1
1 200	18.3	2 000	35.3
1 300	20.4	2 100	37.4
1 400	22.5	2 200	39.5
1 500	24.6	2 300	41.6
1 600	26.8	2 400	43.8
1 700	28.9	2 500	45.9

12 min 跑成绩 m	最大摄氧量 m $l \cdot kg^{-1} \cdot min^{-1}$	12 min 跑成绩 m	最大摄氧量 m $l \cdot kg^{-1} \cdot min^{-1}$
2 600	48	3 300	62.9
2700	50.1	3 400	65
2 800	52.3	3 500	67.1
2 900	54.4	3 600	69.3
3 000	56.5	3 700	71.4
3 100	58.6	3 800	73.5
3 200	60.8	3 900	75.6

库珀（Cooper）研究表明，12 min 跑成绩与每公斤体重的最大摄氧量之间呈高度相关，相关系数达 0.897；日本学者浅见，以日本人为对象的研究结果也证实了它们之间的相关系数达 0.87，在这方面未见明显的种族差异。

第三节　身体素质的测量与评价

身体素质是人体在运动过程中所表现出的速度、力量、耐力、柔韧、灵敏等机能能力素质的总称，是人体各器官系统的机能在运动过程中的综合反映。身体素质不仅是人体运动的基础，也是体质的重要组成部分。所以不论在体育锻炼、体育教学、运动训练或体质监测中，均把身体素质的测定与评价作为重要的指标之一。

一、力量素质的测量与评价

力量是肌肉紧张或收缩时所表现的一种机能能力，通常以肌肉收缩时所做的功或功率来表示。力量（肌力）是保证人体完成各种简单或复杂运动的主要素质。

力量分为静力性力量（肌肉等长收缩时所产生的力量）及动力性力量（肌肉等张收缩时所产生的力量）。以肌肉快速收缩的形式所表现的动力性力量，亦称"爆发力"；肌肉持续工作的能力，称肌耐力。静力性力量、爆发力及肌耐力，均为力量素质的测定内容。

（一）静力性力量的测量与评价

1. 握力的测定与评价

握力主要反映前臂及手部屈肌群的静力力量，是上肢力量的常用指标之一。

（1）测量仪器：指针式握力计。

（2）方法与要求：受试者手持握力计（指针向外），两臂自然下垂，以方便姿势站立，然后以最大力量紧握握力计1次，并读数记录。左右手可交替各测2～3次，各取最大值记录。

（3）注意事项：用力时不准屈臂、挥臂、弯腰或握力计的手接触身体其他部位。

2. 背力的测定与评价

（1）测量仪器：背力计。

（2）方法与要求：受试者自然站立于背力计踏板的指定位置，随后将背力计握柄的高度调至恰使受试者上体前倾30度的位置，或同膝关节齐平的位置。受试者双手紧握把柄，伸直双腿，用最大的力量直臂上位背力计，测2～3次取最大值记录。

（3）注意事项：测试前应做腰背部的准备活动，以免拉伤肌肉。上拉背力计时不得屈膝、屈臂或身体后倒。

3. 腹肌力的测定与评价

一般以1分钟仰卧起坐的次数衡量腹肌力和腹肌耐力。

（1）目的：测量腹肌的力量和耐力。

（2）测量仪器：垫子（或代用物）、秒表。

（3）测量方法：受试者仰卧于垫上，两膝稍分开，屈膝呈90度左右。双手手指交叉紧贴脑后，一同伴压住受试者两脚踝关节处使之固定。起坐时，以双肘触及两膝为成功一次。仰卧时必须两肩胛触垫。测试人员发出"开始"口令的同时，开表计时，记录1分钟内正确完成动作的次数。

（4）注意事项：受试者不得借助肘部撑垫或臀部起落的力量。

（二）下肢爆发力

下肢爆发力指下肢肌肉快速收缩发出的力，是完成许多位移运动必不可少的重要素质。常以立定跳远成绩或原地纵跳成绩衡量下肢爆发力的大小。

1. 立定跳远

（1）目的：测量原地起跳向前跳时两腿的爆发力（适用于7岁以上男女生）。

（2）场地器材：平坦土地或沙坑、量尺。

（3）测量方法：受试者两脚自然开立，站在起跳线后，屈膝摆臂用力向前跳，双足着地。丈量起跳线至最近着地点后沿之间的垂直距离。每人试跳3次，取最好一次的成绩。

2. 纵跳

（1）反映人体爆发力。

（2）测量仪器：电子纵跳仪。

（3）测量方法：测试时，受试者站在纵跳仪踏板上，尽力垂直向上跳起。测试两次，取最大值，记录以厘米为单位，保留小数点后一位。

（4）注意事项：起跳时，双脚不能移动或有垫步动作。落地时，禁止有意收腹屈膝。

（三）上臂肌及肩带肌耐力

引体向上

引体向上主要反映相对于自身体重的上臂屈肌群的动力性力量耐力，适于 12 岁以上男子的上肢力量测定。

（1）测量仪器：受试者悬垂后足能离地的高单杠，杠面应光滑，杠粗以手能握住为准。

（2）测量方法：受试者跳上，双手正握杠，两臂伸直，待身体平稳后，两臂同时用力开始引体，引体向上至下颌过杠，然后伸臂呈悬垂，即为成功 1 次。

（3）注意事项：受试者不得借助身体摆动的力量完成动作。不合乎规格要求的动作不应计数。

二、速度素质的测量与评价

速度素质是指人体快速运动的能力，其表现形式有反应速度、位移速度及动作速度。反应速度是指人体对各种刺激做出反应的快慢；动作速度指完成单个或成套动作的快慢；位移速度指人体通过一定距离所需时间的长短。人类最基本的运动形式，如跑、跳、投等都要求具有良好的速度作为前提。所以，速度素质是人体重要的身体素质指标之一，它对体育锻炼、竞技运动及体质监测等都具有特殊的意义。目前常以 100 米内的短距离跑成绩作为衡量速度素质的主要指标。

（一）位移速度的测试与评价

1.50 米跑

50 米跑成绩，主要反映人体的位移速度。

（1）场地器材：在平坦的地面上，画若干条长 50 米的跑道（跑道宽 122～125cm），地质不限，但需平坦。准备秒表、发令枪（或旗）及口哨等。

（2）方法与要求：受试者至少二人一组，用站立式或蹲距式起跑快速跑至终点。计时员见到起跑信号后开表，当受试者的躯干到达终点线垂直面瞬间停表，以 1/10 秒为单位记录成绩。

（3）注意事项：受试者需穿平底鞋或跑鞋，不准抢跑和串道。违例时可重测。

2.4 秒冲刺跑（计距）

测量快速奔跑的能力（适用于 9 岁以上男女生）

（1）场地器材：不短于 45 米的跑道，准备口哨及秒表。为便于计距员记录跑的距离，可在跑道起点 10 米以后，每隔 1 米画一横线。

（2）测量方法：受试者听信号以任何方式起跑，并用最大速度跑 4 秒。由发令员计时，计距员记录跑的距离。记录以米为单位，取一位小数。

（二）反应速度的测试与评价

选择反应时

反映人体神经与肌肉系统的协调性和快速反应能力。

（1）测量仪器：反应时测试仪。

（2）测量方法：测试时，受试者中指按住"启动键"，等待信号发出，当任意信号键发出信号时（声、光同时发出），以最快速度去按该键；信号消失后，中指再次按住"启动键"，等待下一个信号发出，共有 5 次信号。受试者完成第五次信号应答后，所有信号键都会同时发出光和声，表示测试结束。测试两次，取最好成绩，记录以秒为单位，保留小数点后两位。

（3）注意事项：测试时，受试者不得用力拍击信号键。

三、耐力素质的测量与评价

耐力是指机体长时间进行肌肉活动并对抗疲劳的能力。按其参与活动的器官系统，可分为肌肉耐力和心血管耐力；按其代谢过程的特点，可分为有氧耐力和无氧耐力；按其参与活动的部位，可分为局部耐力和全身耐力；按其自身特点，又可分为一般耐力、速度耐力和力量耐力。耐力是衡量人的体质状况和劳动工作能力的基本因素，也是从事各项运动必不可少的一种运动素质。因此，耐力的测定对于体质的评价及运动员选材和训练有着重要的意义。

12 分钟跑

（1）目的：测量心血管机能。

（2）对象：初中至大学男女均适用。

（3）场地器材：计时秒表、口哨、距离标记。400 米标准田径场，把一圈跑程八等分，每段距离为 50 米。若为 300 米或 200 米田径场，可把一圈跑程六等分或四等分。若无专用田径场，亦可选择一块 100 米长度的平坦地面，进行往返跑。

（4）测量方法：受试者站在起跑线后，每一名受试者需一名计时员（兼计圈员）。发令起跑后，要尽自己最大力量跑完 12 分钟，该受试者 12 分钟内跑的距离即为测验成绩。每名记圈员要记住受试者跑过的圈数。当听到"停跑"信号后，即刻记下受试者的所在点。

测验成绩（米）＝圈数×400＋最后一圈跑的段数×50＋最后一段所跑的米数。例如：12 分钟跑了 5 圈又 3 段，最后一段跑了 8 米，则该受试者 12 分钟跑的总距离是：5×400＋3×50＋8＝2 158 米。

>>> 练习与思考

1. 人体测量的概念是什么？
2. 体格测量指标是指什么？
3. 人体体格的主要测量点包括哪些？
4. 主要体格测量指标的测量包括哪些？
5. 身体机能的测量方法及评价是什么？
6. 身体素质的测量方法及评价是什么？

第十二章　运动中常见损伤的防护与救治

内容提要

本章从论述运动损伤的概念与分类入手，分析了运动损伤发病原因与防护，系统地总结了运动损伤的急救与常见运动损伤的预防及处理。通过培训了解运动损伤的概念、发病原因及预防。掌握运动损伤的急救措施与常见运动损伤处理方法。

第一节　运动损伤的概念与分类

一、运动损伤的概念

体育运动过程中发生的各种损伤即称之为运动损伤。运动损伤不同于一般的工农业生产或日常生活中的损伤，其损伤部位与运动项目以及专项技术特点有关。如体操运动员受伤部位多是腕、肩及腰部，与体操动作中的支撑、转肩、跳跃、翻腾等技术有关；网球运动员与标枪运动员肘部易损伤，故以其运动项目冠名"网球肘"；"足球踝""跳跃膝"等损伤，都与运动项目特点密切相关。运动损伤也常与运动训练水平、运动环境、运动条件等因素有关。

运动损伤对运动者造成的影响是十分严重的，不仅使锻炼者不能参加正常的运动、训练和比赛，影响运动成绩的提高，缩短运动寿命，而且严重者还可使人致残、死亡，给人们带来严重的生理、心理影响，妨碍体育运动的正常开展。因此，我们必须总结、研究运动损伤发生的原因、规律、治疗效果及恢复健康的时间等问题，可以及时有效地防治运动损伤，同时对改善运动条件、改进教学和训练方法、提高运动成绩也起到积极的作用。

二、运动损伤的分类

运动损伤的分类方法很多，介绍以下几种：

（一）按伤口是否与外界相通分类

1. 开放性损伤

指伤处皮肤或黏膜的完整性遭到破坏，受伤组织有裂口与体表相通。如擦伤、刺伤、切伤、撕裂伤及开放性骨折等。

2. 闭合性损伤

指伤处皮肤或黏膜仍保持完整，受伤组织无裂口与体表相通。例如，挫伤、关节韧带扭伤、肌肉拉伤、闭合性骨折等。

（二）按损伤后运动能力的丧失程度分类

1. 轻度伤

受伤后仍能按训练计划进行训练。

2. 中度伤

受伤后不能按训练计划进行训练，需停止患部练习或减少患部活动。

3. 重度伤

受伤后完全不能训练。

这种分类方法较适合运动队或体育院校。因很多损伤并不妨碍日常生活，平时无症状或不明显，但运动时症状加重，严重影响训练成绩提高。例如，早期髌骨劳损，若按此种方法进行分类，应列为中度伤，训练时应减少运动。此分类方法利于正确估计损伤程度和指导训练，且与教练员、教师有共同语言、便于合作，有利于提出合理的预防与训练安排措施。

（三）按损伤后的病程分类

1. 急性损伤

指外力一次作用所致，受伤时间较短的新伤。

2. 慢性损伤

指局部过度负荷、多次细微损伤积累而成的劳损，或者因急性损伤处理不当转化而成的陈旧性损伤。

（四）按运动技术与训练的关系分类

1. 运动技术伤

指与运动项目、技战术动作密切相关的损伤。例如，网球肘、足球踝、跳跃膝等，多为局部组织过劳伤。此类损伤也有少数急性伤，例如，肱骨投掷骨折、体操、技巧运动中的跟腱断裂等。

2. 非运动技术伤

指多为运动中意外伤，如挫伤、骨折、擦伤、韧带扭伤等。

第二节 运动损伤发病原因与防护

一、运动损伤发病原因

（一）运动损伤的直接原因

1. 思想认识不足

运动损伤的发生，常与体育运动参加者、组织者、指导者对预防运动损伤的意义认识不足，缺乏预防运动损伤的基本知识有关。思想上无防伤观念，存在一些错误片面的认识，平时不重视安全教育，在体育教学、运动训练和比赛中没有积极采取各种有效的预防措施。发生运动损伤后，亦不认真分析原因，吸取教训，使伤害事故不断发生。

少数男性青少年运动经验不多，缺少防伤观念，运动中好胜心强，常盲目、冒失地从事力所不及的运动动作，导致动损伤；一些女学生在体育运动中，胆小、害羞、畏难，做动作时恐惧、犹豫、紧张以致"失手"而受伤；少数运动员在比赛中，心存侥幸心理，为取得好成绩，临时选做自己平时无把握的高难动作，导致动作失败、受伤；个别运动员体育道德作风不好，比赛对抗中做一些"小动作"有意伤害对方队员。

以上在思想上不够重视，常是造成运动损伤的重要原因。

2. 违反运动卫生原则

（1）缺乏合理的准备活动，即运动前没有做准备活动或准备活动不充分等问题。准备活动的生理作用在于克服人体生物惰性，使人体迅速进入良好的运动状态。若在神经系统和其他各器官系统的功能活动没有充分动员起来的情况下，就投入紧张的正式运动。由于肌肉的力量、弹性和伸展性较差，身体缺乏必要的协调性，因而容易发生损伤。

在剧烈运动前没有做准备活动或准备活动存在以下问题：准备活动虽然做了，但不充分；准备活动的内容与后面正式活动部分的内容衔接不好；准备活动与正式活动之间，间隔时间过长，以至于准备活动的生理效应已经消退；或准备活动量过大，使人体在未进入正式活动以前已感到疲劳，以上这些问题都可能导致运动损伤的发生。

（2）身体功能和心理状态不良时运动。在睡眠或休息不好、患病受伤或伤病初愈阶段，以及疲劳时肌肉力量、动作的准确性和身体的协调性显著下降，警觉性和注意力减退，反应迟钝，此时参加运动或练习较难的动作，就会发生损伤。运动者的心理状态与运动损伤的发生有着一定的关系，如心情不好、情绪低落或急躁、缺乏锻炼的积极性，都可成为运动损伤的发生原因。

（3）不良气象中运动也常是造成运动损伤的一个原因。在气温过高时运动，易引起疲劳或中暑；气温过低会发生冻伤，或因肌肉僵硬，身体协调性降低而引起肌肉韧带损伤；高温高湿中运动会引起大量出汗，发生肌肉痉挛或虚脱；光线不足，能见度差，影响视力，使兴奋性降低和反应迟钝而导致受伤。

（4）运动中动作粗野或违反规则。在运动中不遵守运动规则，或在教学训练中相互逗闹、动作粗野、故意犯规等，这是对抗性项目中发生损伤的重要原因。

3. 运动负荷量过大

运动实践证明，安排运动负荷时，没有充分考虑到运动者的生理特点，运动负荷超过了运动者所能承受的负担量，不但不能提高运动成绩，反而会引发运动损伤。

（1）局部运动负荷安排不合理

长期局部负荷过大，以致超出了人体组织所能承受的能力。在这种情况下训练，人体组织结构或因过度摩擦、挤压，或因过度牵扯、拉张，引起微细损伤的积累而发生劳损。例如，肌肉劳损、髌骨劳损、疲劳性骨膜炎等。

（2）连续的大运动负荷训练

一段时期连续做大运动负荷的训练缺乏节奏，引起疲劳的积累，表现为过度疲劳。致使运动员身体机能下降，运动能力降低，动作不灵活，协调能力差，全身乏力，厌练。在这种情况下，很容易发生运动损伤。

（3）一次运动量过大

持续长时间剧烈运动，运动员消耗过大，血糖降低，出现急性重度疲劳。此时，可以引起大脑皮层抑制过程破坏，运动员的运动能力、精确度、共济能力均显著下降，警觉性、注意力减退，防御反应迟钝，这些都是引起运动损伤的条件。往往会发生严重的急性运动损伤。

4. 运动训练水平不够

大量运动实践证明，运动员的运动训练水平不够是引起运动损伤的一个很重要的直接原因。运动训练一般包括身体素质、专项技术训练、战略战术训练、心理素质及意志品质培养、自我保护能力训练。如体操运动员肩、踝部肌肉力量不足就很易发生肩、踝部损伤；短跑运动如果腰部及下肢肌肉力量不足，在疾跑练习中就很易发生肌肉拉伤；初学篮球、排球运动的人常见手指间关节、掌指关节韧带扭伤；短道速滑、摩托车运动中"超越"时机、地点选择不当而致伤等。都是由于平时运动训练水平不够而引起的运动损伤。

5. 教学、训练和比赛活动组织方法不当

在教学、训练中，不遵守循序渐进、系统性和个别对待的原则，以及比赛的年龄分组原则；在组织方法方面，如果学生过多，教师又缺乏正确的示范和耐心细致的教导，缺乏保护和自我保护、在非投掷区练习投掷或任意穿越投掷区、组织纪律性差，以及比赛日程安排不当、比赛场地和时间随意变动，允许有病或身体不合格的人参加比赛等，这些都可成为受伤的原因。

6. 场地设备的缺点

运动场地不平整，有小碎石或杂物；跑道不标准，太硬或太滑；沙坑没有掘松或有小石头，坑沿高出地面，踏跳板与地面不平齐；机械维护不良或年久失修，表面不光滑或有裂缝；器械安装不牢固或放置位置不妥当；器械的高低、大小或重量不符合运动者的年龄、性别特点，缺乏必要的防护用具；运动时的服装和鞋袜不符合运动要求。

二、运动损伤的诱因

1. 人体解剖、生理弱点

某些组织所处的特殊解剖位置，在运动时可与周围组织发生挤压和摩擦，如岗上肌受大节结与肩峰的挤压，可致肩袖伤；关节在一定的屈曲位，稳定性下降，关节面间易出现"不合槽"运动而发生捻错与摩擦，像落地时踝关节的稳定性，膝关节半蹲位下发力等，都有损伤的潜在危险。

2. 各运动项目的特点

各项运动都有它自己的技术动作特点，使身体各部位所承受的负担量不同，若训练方法不当，容易引起负担较大部位的受伤，如篮球运动、排球运动中过多的半蹲动作可致髌骨损伤；体操运动过多的支撑可致肩、肘、腕伤；长跑中髂胫束前后滑动、摩擦股骨外侧髁，可致膝外侧疼痛症候群；投掷项目肩关节发生急剧旋转，易引起肩袖和肱二头肌长头肌腱损伤等。

三、运动损伤的预防

（一）预防运动损伤的意义

参加体育运动的目的是增强体质、增进身心健康、促进德、智、体、美全面发展，如果在运动中，不重视运动损伤的预防工作，不采取积极的预防措施，就可能发生各种伤害事故。因此，积极预防运动损伤对广泛开展群众性体育活动、体育教学和运动训练都有重要的意义。

（二）运动损伤的预防原则

1. 加强思想教育

积极开展预防运动损伤的宣传教育工作。

2. 加强身体全面训练，提高机体对运动的适应能力

对不同的运动项目要注意加强易伤部位及相对薄弱部位的训练，提高机能，是预防运动损伤的一种积极手段。

3. 认真做好准备活动

在教学、训练和比赛前，应充分做好准备活动。准备活动的目的是提高中枢神经系统的兴奋性，特别是克服植物性神经的惰性。通过全身各关节、肌肉的活动加速血液循环，使肌肉组织得到充分的血液供应，以利增强肌肉的力量和弹性，并恢复技术动作的条件反射联系，为正式活动做好充分的准备。

4. 合理安排教学、训练和比赛

教学、训练计划的制订和执行应合乎训练原则。教学认真钻研教材，充分备课，应对教学、训练中的重点、难点以及容易发生损伤的动作做到心中有数，事先要采取相应的预防措施，对学生做好预防损伤的教育。教学、训练中要遵循循序渐进和个别对待的原则。学习技术动作应从易到难，由简单到复杂，自分解动作到整体动作。一次课中，难度高、费力大的动作教学应安排在课的前面或中间进行。在教学训练中，应注意结合学生的年龄、性别、健康状况、训练水平等特点个别对待。

5. 加强运动中的保护

运动中适当的保护与帮助可加强锻炼者的信心，避免一些意外事故的发生。保护在体操等项目中尤为重要。体育运动参加者也应学会自我保护的方法，如自高处落地时必须双腿屈膝并拢；当重心不稳快摔倒时，立刻低头，屈肘团身，以肩背着地顺势翻滚，切忌直臂支撑。运动员还必须学会各种保护支持带的正确使用。

6. 加强医务监督，建立和健全自我监督制度

严格实施场地、设备卫生监督，场地、器械和防护用品要定期进行卫生安全检查，对已损坏的场地器械应及时维修，维修前一律禁止使用。禁止穿不适合的服装进行活动。

第三节　常见运动损伤的急救

常见运动损伤的急救，是在运动现场对体育运动者采取迅速合理的急救方法。它不仅能挽救伤员的生命减轻痛苦和预防并发症，而且还可以为进一步治疗及康复创造良好的条件。

一、常见运动损伤现场急救的基本原则

1. 保证生命安全

当体育运动者发生损伤后，保证生命安全是第一位的。仔细迅速地评价体育运动者的伤害情况不仅可以及时挽救其生命，而且还可以防治进一步损伤。如果伤员发生意识障碍，在迅速呼叫急救人员的同时，随即进行重要生命体征检查。检查包括气道、呼吸、循环、功能障碍和暴露。

（1）气道

气道通畅是保证呼吸功能正常的基本条件，则先检查气道的通畅情况。

（2）呼吸

通过听取有无呼吸声音，感觉有无气流通过伤者口鼻或观察胸部有无起伏来做出判断，如果呼吸停止则立即进行人工呼吸。

（3）循环

血液循环是否正常，一般采用检查脉搏的方法。

（4）功能障碍

主要进行神经系统的检查，评价神志水平、瞳孔大小和反应、眼睛运动和运动反应。记录最初的检查结果，以便和后来的检查进行比较。

（5）暴露

应该暴露身体受伤的部位，以便观察出血、骨折和挫伤的病变。上肢应及时暴露，以便测量脉搏。

2. 控制大出血

完成生命体征检查后，要检查有无大出血，在进行心肺复苏的同时要及时处理大出血。当组织被切伤、刺伤、撕裂、挫伤或擦伤时都可能会出血，常为外出血。肌肉拉伤、内脏破裂、肾脏挫伤等常发生内出血。

任何动脉和无法控制的静脉出血都会危及生命，如果伤员发生严重的出血，立即采用下列步骤进行处理。

（1）寻求急救人员的帮助；

（2）用消毒纱布或洁净的棉布覆盖在伤处；

（3）用手直接按在伤处的纱布上；

（4）抬高患肢；

（5）需要时处理休克。经过以上步骤处理后，出血应该停止。

3. 控制可能加重全身状况恶化的情况

在止血的过程中，要注意控制可能导致全身状况加重的情况。在发生骨

折、脊柱损伤、大出血时，除损伤本身带来的影响之外，它还可能导致机体发生更加严重的问题。如果骨折不进行临时固定可能导致骨折断端损伤周围的血管和神经，脊柱损伤后不进行合理固定和搬运可导致脊髓损伤，或者出血无法制止，导致出现失血性休克。

当身体某部位受伤时，在保护好受伤部位的同时，还要注意减少周围组织损伤的可能，特别是发生严重的骨折、切伤时，因为这类损伤可能导致周围组织的损伤。如骨折断端刺伤周围的血管和神经，切伤伤及神经，踝关节扭伤时不仅伤及了韧带，出血和肿胀还会影响周围组织的正常功能，如踝关节扭伤会使周围的皮肤颜色改变和肿胀。

另外，当机体发生损伤、疾病或脱水时，身体为了保证血液、水和氧气对大脑、心脏、肺等生命重要器官的供应而进行血液的重新分配，这时可能会导致身体的一些器官发生损害，从而导致全身性的组织损伤。如除了呼吸心跳停止以外，休克、中暑和体温过低也会对机体产生严重的影响，此时要及时消除。

4.固定受伤肢体

骨折、关节脱位和半脱位、韧带撕裂都要用夹板进行固定，以防组织进一步损伤。

5.处理慢性出血

固定损伤部位后，应及时处理刺伤、裂伤或切伤后的局部出血。

二、休克和休克现场处理

休克是指人体受到强烈的有害因素作用，有效循环血量显著减少的反应，是组织血液灌流不足所引起的代谢障碍和细胞受损的病理过程。

1.原因和机理

凡能引起有效循环血量不足或心输出量减少的各种因素，都能引起休克。在运动损伤中并发休克的原因主要是剧烈疼痛和大量出血。如多发性骨折、睾丸挫伤、脊髓损伤等，由于剧烈疼痛可引起周围血管扩张，使有效循环血量相对减少；或大血管破裂出血、腹部挫伤合并肝脾破裂等，因出血引起血容量突然降低，使有效循环血量不足，但这种情况较少见。此外，心脏病、严重感染、中毒、药物反应等，也可引起休克。疲劳、饥饿、寒冷、酷暑等，都能诱发休克，或加重休克程度。

2.症状及体征

（1）早期。部分患者休克初期可出现轻度烦躁不安，脉搏稍快，体温和血压可正常或稍高，脉压差减少，尿量减少等，此时若积极抢救，则转危为安。

（2）随后伤者由烦躁不安转为精神萎靡，神志障碍，表情淡漠，皮肤苍白冰冷，口渴，气促，血压下降等。

（3）重者可出现无尿，酸中毒，甚至昏迷死亡。医学上多根据血压、脉搏及末梢缺氧等来判断休克程度。轻度休克：收缩压（90～100 mmHg），脉率100～120次/分；中度休克：（70～80 mmHg）；重度休克：低于70 mmHg，脉率120～140次/分。

3. 急救

（1）安静休息

迅速使伤员平卧使之安静，并予以安慰与鼓励，消除其思想顾虑。最好不要采取头低脚高位，因这种位置使颅内压增高，静脉血回流受阻，并使膈肌上升，影响呼吸，不利于休克的治疗。

（2）保暖和防暑

使病人在温暖安静的环境下休息。若为炎热的夏季，要注意防暑降温，以防中暑。

（3）饮水

神志清醒又无消化道损伤的病员，可给以适量的盐水或热茶以减轻伤员口渴。

（4）保持呼吸道通畅

昏迷病人，常因分泌物或舌后缩等原因，引起呼吸道的堵塞。因此要及时清除分泌物及血块，松解衣领，必要时把舌牵出口外。

（5）止痛

骨折、脱位和严重的软组织损伤后，常伴有剧烈疼痛，可给予镇静剂、止痛剂等以减轻痛苦，防止休克加重。

（6）包扎和固定

开放性损伤，要用无菌敷料或清洁的毛巾等将创口敷盖包扎，骨折或脱位的伤员，应进行必要的急救固定。

（7）止血

外出血的伤员应在急救的早期，采用绷带加压包扎法或指压法、止血带法等及时止血。内出血的伤员，应争取尽早送医院处理。

（8）针刺疗法

昏迷的病人可针刺或手指掐点人中、百会、内关、涌泉、合谷等穴位。

以上是一般的抗休克措施，由于休克是一种严重的危及生命的病理状态，所以在急救的同时应迅速请医生或及时送医院处理。对休克患者应尽量避免搬运颠簸。

三、心肺复苏

在一些体育运动的严重意外事故中，如溺水、外伤性休克等，可能出现呼吸或心搏骤停，如不及时抢救，伤员可能会很快死亡。现场急救的最重要的措施就是人工呼吸和胸外心脏按压。

（一）人工呼吸

人工呼吸是借助人工方法来维持机体的气体交换，以改善病员缺氧状态，并排出二氧化碳，为恢复病员自主呼吸创造条件。人工呼吸的方法很多，现介绍最常用的口对口人工呼吸法，此法简便有效，而且可以同时进行胸外心脏按压。操作时，使病员仰卧，松开领口、裤带和胸腹部衣服，清除口腔内异物，把患者口打开盖上一块纱布。急救者一手掌尺侧置于病人前额，使其头部后仰，其拇指和食指，捏住病人鼻孔，以免气体外溢。另一手托起患者下颌，掌根部轻压环状软骨，使其间接压迫食道，以防吹入的空气进入胃内。然后深吸气，张嘴去套住病人的嘴，并紧贴住向里吹气。吹气完后立即松开捏住鼻孔的手，让胸廓及肺部自行回缩而将气体排出，如此反复进行，每分钟吹16～18次，儿童20～24次。

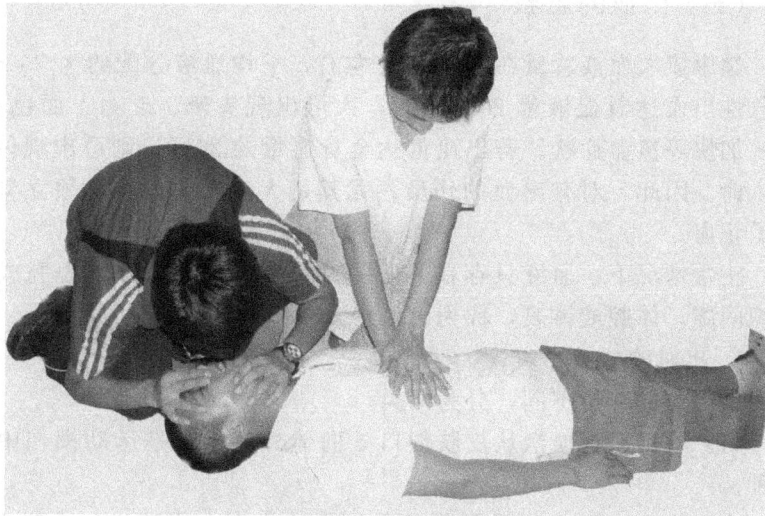

图12.1 人工呼吸和胸外心脏按压

（二）胸外心脏按压

通过按压胸骨下端间接地压迫左右心室腔，使血液流入主动脉和肺动脉，从而有效地建立大小循环，为恢复心脏自主节律创造条件。

其操作为：使病人仰卧于硬板床或地上，急救者一手掌根部置于患者胸骨的中、下 1/3 交界处，另一手交叉重叠于其手背上，肘关节伸直，充分利用上半身的重量和肩、臀部肌肉的力量，有节奏地带有冲击性地垂直按压胸骨，使之下陷 3～4 厘米，间接压迫心脏。压后迅速将手放松使胸骨自行弹回原位，如此反复操作。以每分钟 80～100 次为宜，儿童稍快，可增至每分钟 100～120 次。

操作中，若摸到颈动脉或股动脉有搏动，听到收缩压在 90 mmHg 以上，面色、口唇、指甲及皮肤等色泽转红，扩大的瞳孔再度缩小，则为按压有效，应操作至自主心跳为止。

对呼吸心跳都停止的病员，应同时进行上述两种急救措施，最好由两人配合进行，一人做人工呼吸，一人做胸外心脏按压，按压与吹气比例为30：2。

死亡判断：①呼吸停止；②心跳停止；③瞳孔散大，对光反射消失；④角膜反射消失。若只出现上述 1～2 个征象，并非真死，称假死，不要放弃抢救机会。

（三）出血的急救

健康成人血液总量在 5 000 ml 左右，平均血液分配约为 75 ml/kg。若大量急性出血达总血液量 20％左右，人可出现头晕、乏力、面色苍白、口渴、心跳加快等贫血症状。若出血量达全身血量的 30％，则可出现休克，甚至危及生命。因此，对有出血的伤员，尤其是大动脉出血，必须立刻急救，早期给予止血。

正常情况下，血液只存在心脏、血管内，如果血液从心腔或血管流出到组织间隙，体腔或体表，称为出血。

1. 出血的分类

按出血的部位不同，分为两类。

（1）外出血指血液从皮肤创口处向体外流出，是运动损伤中较为常见的一种。

（2）内出血指血液从损伤的血管内流出后向皮下组织、肌肉、体腔（包括颅腔、胸腔、腹腔和关节腔）及胃肠和呼吸器官内注入。内出血较外出血性质严重，因其初期不易被察觉而容易被忽视。

按受伤血管不同，又可分三类，但一般所见的出血多为混合型出血。

（1）动脉出血

血色鲜红，血液自伤口的近端呈喷射状流出，出血速度快，出血量多，危险性大常因失血过多而出现急性贫血，以致血压下降，呼吸、心跳中枢的麻痹，从而引起心跳、呼吸停止。

（2）静脉出血

血色暗红，血液自伤口的远心端缓慢地向外流出，危险性小于动脉出血。

（3）毛细血管出血

血色介于动脉血和静脉血之间，血液在创面上呈点状渗出并逐渐融合成片，最后渗满整个伤口，常常能自行凝固，一般没有危险性。

2. 止血的方法

（1）加压包扎法

用生理盐水冲洗伤部后用消毒的敷料盖好，之后以绷带加压包扎，此法适用于小静脉和毛细血管出血止血。

（2）抬高伤肢法

抬高受伤肢体使肢体高于心脏，使出血部位压力降低，此法适用于四肢小静脉或毛细血管出血的止血。常在绷带加压包扎后使用，在其他情况下仅为一种辅助方法。

（3）加垫屈肢止血法

前臂、手和小腿、足出血不能制止时，如果没有骨折和关节损伤，可将棉垫或绷带卷放在肘或关节窝上，弯曲小腿或前臂，再用绷带作"8"字形缠好。

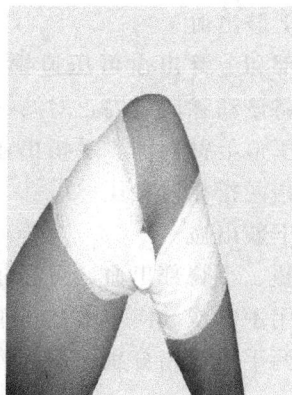

图 12.2　加垫屈肢止血法

（4）指压止血法

用手指压迫体表浅部的动脉于相应的骨面上，阻断血液的来源，可暂时止住该动脉供血部位的出血，此法适用于动脉出血。根据全身动脉的走行分布，在体表有一些动脉搏动点，即为压迫点。

①头部出血

头部前额、颞部出血，要压近颞浅动脉。其压迫点在耳屏前方，用手指摸到搏动后，将该动脉压在颞骨上。

②面部出血

应压迫面动脉，其压迫点在下颌角前面约 1.5 cm 处，用手摸到搏动后将该血管压迫在下颌骨上。

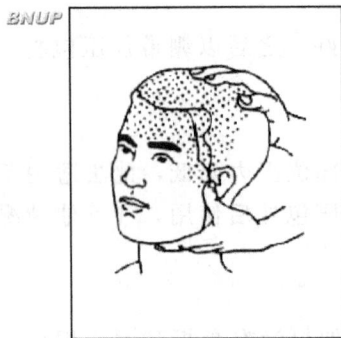

图 12.3　颞浅动脉止血法
（引自《运动医学》P348）

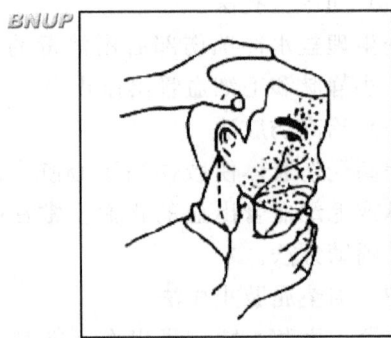

图 12.4　面部动脉压迫部位
（引自《运动医学》P348）

③上肢出血

肩部和上臂出血可压迫锁骨下动脉。压在锁骨上窝，胸锁乳突肌外缘，用手指将该动脉向后内正对第一肋骨。前臂出血可压迫肱动脉。使患肢外展，用拇指压迫上臂内侧。手指出血可压迫指动脉。压迫点在第一指节近端两侧，用拇食指两指相对夹压。

④下肢出血

大腿、小腿部出血，可压迫股动脉。压迫点在腹股沟通皱纹中点动脉搏动处，用手掌或拳向下方的股骨面压迫，足部出血可压迫胫前动脉和胫后动脉，用两手的拇指分别按压于内踝跟跟骨之间和足背皱纹中点。

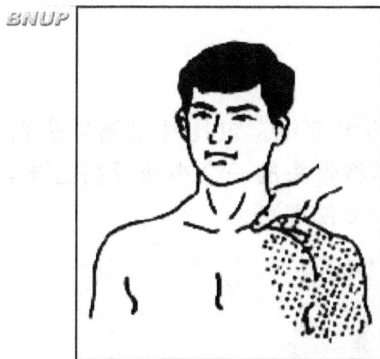

图 12.5　锁骨下动脉压迫部位

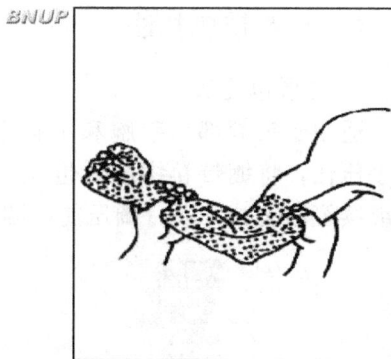

图 12.6　肱动脉压迫部位

（引自《运动医学》P348）

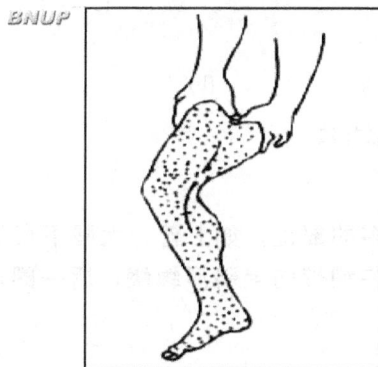

图 12.7　股动脉压迫部位

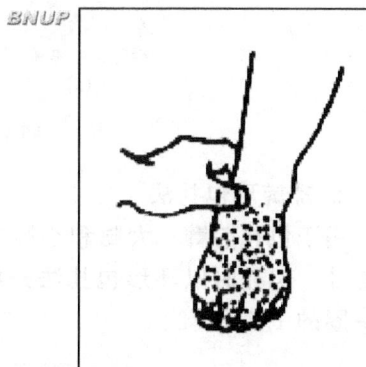

图 12.8　胫前、后脉压迫部位

（引自《运动医学》P349）

四、急救包扎法

　　急救包扎即绷带包扎，是急救技术中不可缺少的重要组成部分，常用的绷带有卷带和三角巾，现场还可用头巾、衣物、毛巾等代替。它可固定敷料和夹板、保护伤口、压迫止血、支持伤肢等作用。在包扎的过程中，动作应熟练柔和，不要轻易地改变伤肢的位置，以免增加疼痛；包扎的松紧度要注意，过紧会影响血液循环，过松将失去包扎的作用；卷带包扎应从伤处远心端开始，近心端结束，末端用粘布或别针固定，若打结固定，打结处应避开伤口。

（一）卷带包扎法

1. 环形包扎法

适用于头额部、手腕和小腿下部粗细均匀部位。包扎时把绷带头斜放，用手压住，将绷带卷绕肢体包扎一圈后，再将带头的一个小角反折过来，然后继续绕圈包扎，后一圈压前一圈，包扎3～4圈即可。

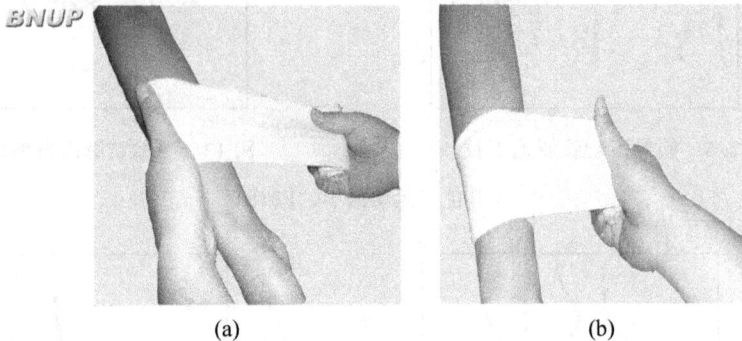

(a)   (b)

图 12.9　环形包扎法

2. 螺旋形包扎法

用于包扎前臂、大腿和小腿粗细差不多的部位，如上臂、大腿下段和手指等处。包扎时以环形包扎法开始，然后将绷带向上斜形缠绕，后一圈压住前一圈的1/3～1/2。

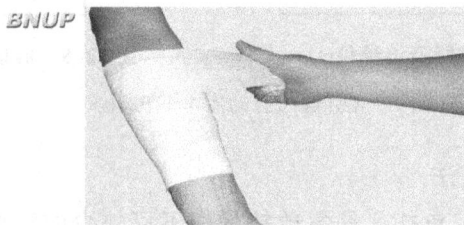

图 12.10　螺旋形包扎法

3. 转折形包扎法

用于包扎前臂、大腿和小腿粗细相差较大的部位。包扎时从环形包扎法开始，然后用一个拇指压住绷带，将其上缘反折，压住前一圈的1/3～1/2，每一圈的转折线应互相平行。

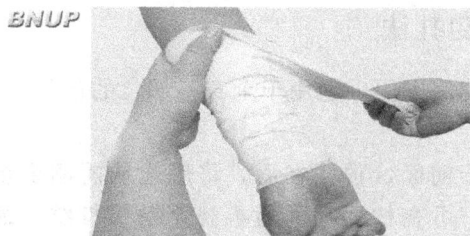

图 12.11　转折包扎法

4.“8”字形包扎法

多用于包扎肘、膝、踝等关节处，包扎方法有两种：

（1）从关节开始，先做环形包扎法，后将绷带斜形缠绕，一圈绕关节的上方，一圈绕下方，两圈在关节凹面交叉，反复进行，逐渐远离关节，每圈压住前一圈的 $1/3\sim1/2$。

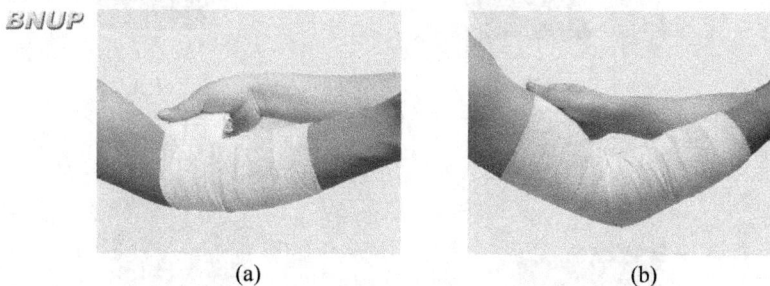

(a)　　　　　　　　　　　　　　(b)

图 12.12　“8”字形包扎法

（2）从关节下方开始，先做环形包扎法，后由下而上、由上而下地来回做“8”字形缠绕，逐渐靠拢关节，最后做环形包扎法结束。

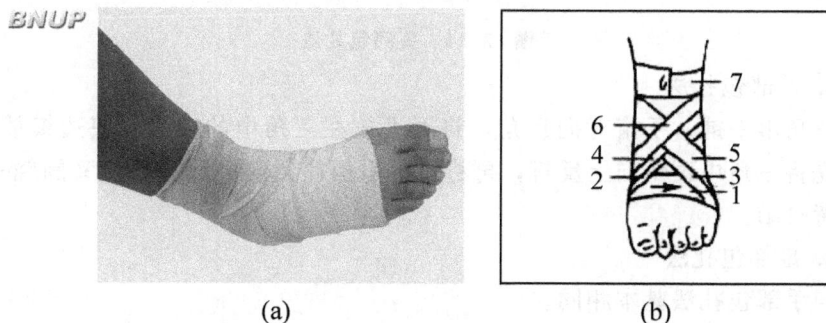

(a)　　　　　　　　　　　　　　(b)

图 12.13　“8”字形包扎法

（引自《运动医学》P351）

（二）三角巾包扎法

三角巾包扎，使用方便，适用于全身各部位的包扎。

1. 头部包扎法

三角巾底边置于前额，顶角在后，将底边从前额绕至头后，压住顶角并打结。若底边较长，可在枕后交叉后再绕至前额打结。最后把头角拉紧并向上翻转固定。

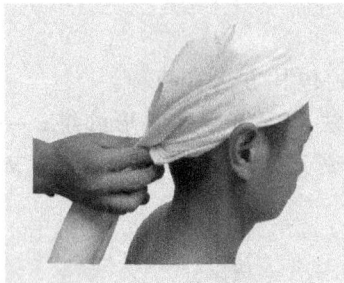 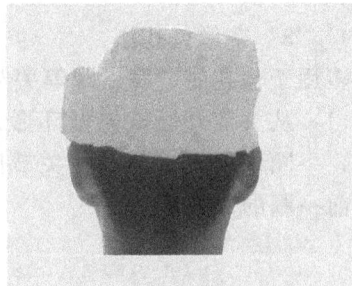

(a)　　　　　　　　　　　(b)

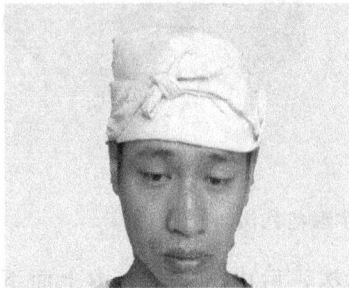 

(c)　　　　　　　　　　　(d)

图 12.14　头部包扎法

2. 手部包扎法

三角巾平铺，手指对向顶角，将手平放在三角巾的中央，底边横放于腕部。先将三角巾顶角向上反折，再将三角巾两底角向手腕背部交叉围绕一圈，在腕背打结。

3. 足部包扎法

与手部包扎法基本相同。

4. 大悬臂带

大悬臂带用于除锁骨和肱骨骨折以外的上肢损伤。将大三角巾顶角放在伤肢后，一底角放在健侧肩上，肘关节弯曲90度放在三角巾中央，下底角上折，包住前臂并在颈后与上方底角打结。最后把肘后的顶角折在前面，用别针固定。

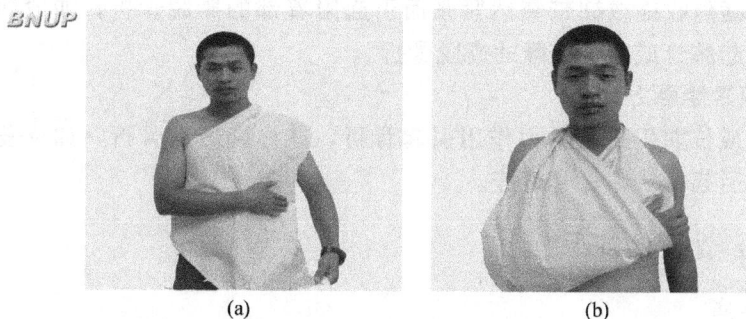

(a)　　　　　　　　　　　　(b)

图 12.15　大悬臂带

5. 小悬臂带

小悬臂带用于锁骨和肱骨骨折。将大三角巾叠成四横指宽的宽带，中央放在伤侧前臂的下 1/3 处，两端在颈后打结。

图 12.16　小悬臂带

五、骨折的急救

在外力的作用下，骨的连续性或完整性遭到破坏称为骨折。在激烈的运动中，特别是对抗强的运动中，骨折并非罕见。

（一）骨折的原因

1. 直接暴力

骨折发生于暴力直接作用的部位，如跌倒时膝盖直接撞击于地面引起髌骨骨折。

2. 传达暴力

在接触暴力较远的部位发生骨折，如跌倒时用手撑地，由跌倒时的冲力所引起的地面反作用力沿上肢向上传导，可引起舟骨可桡骨远端、尺骨与桡骨干、肱骨骨折等。

3. 牵拉暴力

肌肉猛烈收缩或韧带突然紧张而引起附着部的撕脱骨折，如股四头肌猛烈收缩引起髌骨或胫骨粗隆的撕脱骨折。

4. 积累性暴力

多次或长期积累性暴力作用引起骨折，亦称疲劳性骨折，如反复跑跳或长途行军引起第二跖骨骨折等。

（二）骨折的征象

1. 疼痛

发生骨折当时，疼痛较轻，随后疼痛较重，活动时受伤肢体则更痛，持续疼痛可引发休克。

2. 肿胀和皮下瘀血

骨折时骨及周围软组织的血管破裂，发生局部出血和肿胀。若软组织较薄，骨折的部位较浅，血肿渗入皮下，形成青紫的皮下瘀斑，亦可因血液沿肌间隙向下流注，在远离骨折处出现瘀斑。

3. 功能障碍

因疼痛、肌肉痉挛、骨杠杆作用破坏和周围软组织损伤等，肢体不能站立、行走或活动。

4. 畸形

完全骨折时，常因暴力作用和肌肉痉挛，使骨折断端移位，出现伤肢缩短、侧突成角或旋转畸形。

5. 异常活动或骨摩擦音

四肢长骨完全骨折时，骨折处出现类似关节的异常活动，移动肢体时因断端互相摩擦出现摩擦声，这是完全骨折的特有征象。检查时须小心谨慎，以免加重损伤。

6. 压痛和震痛

骨折处有敏锐的压痛，有时轻叩击远离骨折的部位，在骨折处出现疼痛。

7. X线拍片

骨折裂痕、断裂或粉碎，X线拍片是最具有权威性的确诊方法。

（三）骨折的急救原则

1. 防治休克

严重骨折、多发性骨折或同时合并其他损伤，伤员均易发生休克。急救时注意预防休克，若有休克必须先抗休克，再处理骨折。

2. 及时固定

骨折后及时固定可避免断端移动，防止加重损失；固定后伤肢较为稳定与安静，可减少疼痛，便于伤员转运。因此未经固定，不可随意移动伤员，尤其是大腿、小腿和脊柱骨折的伤员。

3. 先止血再包扎伤口

伤员有伤口出血时，应先止血，清洗创面再包扎伤口并固定。

（四）骨折急救的注意事项

夹板的宽窄、长短要适宜，在骨折处上下两个关节都固定。若无夹板时，可用竹片、树枝等代用品。夹板要用绷带或软布包垫，夹板的两端，骨突部和空隙处要用棉花或软布填妥，防止引起压迫性损伤。肢体明显畸形而影响固定时，可将伤肢沿纵轴稍加牵引后再固定。缚扎夹板的绷带或宽布条应缚在骨折处的上下段。固定要牢靠，松紧度适中，过松则失去固定作用，过紧会压迫神经血管。因此，肢体骨折固定时应露出指（趾）端。若发现指（趾）端苍白、发麻、发凉、疼痛或青紫色时，下肢骨折固定后，可把患腿与健腿捆缚在一起。经固定后尽快将伤员送到医院，争取及早整复治疗。

六、关节脱位的急救

两关节面之间失去正常的联系，称为关节脱位。关节脱位可分为损伤性脱位、先天性脱位、习惯性脱位、病理性脱位、开放性脱位和闭合性脱位，以及完全脱位与不完全脱位等。关节脱位同时可伴有关节囊、骨膜、关节软骨、韧带、肌腱等组织的损伤或撕裂，严重时还会伤及神经或伴有骨折。

（一）关节脱位的原因

直接暴力打击引起关节脱位者较为少见，多为间接暴力引起关节脱位。如跌倒时，只要是肩关节处于上臂外展位，用手或肘部着地，都有可能发生肩关节脱位。这在田径、球类、体操等项目中时有发生。

体育运动中，最常见的是肘关节脱位和肩关节前脱位。任何外力只要使肘关节过伸或外展致使肘关节内侧副韧带断裂，都能引起肘关节后脱位。如常见的在跌倒时，肘关节过伸，尺骨鹰嘴又猛烈冲击肱骨鹰嘴窝，使肱骨下端前移尺骨鹰嘴后移，引起典型的肘关节后脱位。

（二）关节脱位的征象

1. 疼痛与压痛

关节脱位开始疼痛较轻，随后因韧带、肌肉和关节囊的损伤、肿胀和周围神经受牵连而疼痛加重，压痛明显。

2. 肿胀

关节周围软组织内血管撕裂出血和软组织损伤后出现炎症反应，关节脱位后不久即出现明显的肿胀。

3. 关节功能丧失

因关节正常结构的破坏，失去了枢纽作用；关节周围软组织的严重损伤、疼痛和肌肉痉挛等，使受伤关节失去了正常的活动功能。

4. 畸形

关节结构的破坏，会使肢体轴线发生改变。因此，受伤肢体与健侧相比，局部外形异常，与健侧不对称，是一种特殊的姿势，即肢体展收、旋转、缩短等畸形，如肩关节脱位时的方肩。

5. 放射线（X光）

X光检查可了解脱位的方向、程度，及有无并发骨折等。

（三）关节脱位的急救

关节脱位的复位，时间越早越易复位，效果越好。关节复位的原则是使脱位的关节端，按原来脱位的途径退回原处。严禁动作粗暴和反复复位，以免加重损伤，造成骨折和血管神经损伤。复位成功的标志是被动活动恢复正常，骨性标志复原，X线检查显示已复位。复位后将关节固定在稳定的位置上，固定期间要加强功能锻炼。没整复条件时应立即用夹板和绷带在脱位所形成的姿势下固定伤肢，保持病员安静，尽快送医院。

1. 肩关节脱位的固定方法

取三角巾两条，分别折成宽带，一条悬挂前臂，另一条绕过伤肢上臂，在健侧腋下打结。

2. 肘关节脱位的固定方法

用铁丝夹板弯成合适的角度，置于肘后，用绷带缠稳，再用小悬带挂起前臂。如无铁丝夹板，可用悬臂带包扎固定。

第四节　常见运动损伤

一、开放性软组织损伤

开放性软组织损伤为外力作用使局部皮肤、黏膜破裂，伤口或创面与外界相通，常有组织液渗出或血液自创口流出的损伤。其治疗目的是修复损伤的组织器官和恢复生理功能。处理复杂的伤情时，首先应解决危及生命和其他紧急问题。对一般开放性软组织损伤可以局部治疗为主，基本处理包括止血、清创、修复组织器官和制动。开放性损伤一般均有不同程度的污染，需进行清洗和消毒，尽量除去伤口中的细菌和其他污染物，然后根据不同损伤类型、部位进行处理。

（一）擦伤

皮肤受到外力摩擦所致的体表损伤是擦伤。主要表现是受伤处皮肤组织被擦破或剥脱，有组织液或血液渗出。

小面积的擦伤，可用生理盐水洗净创面，创面外周用75％的酒精棉球消毒。然后在创面上涂抹红汞或紫药水，待干即可。

大面积擦伤，要用生理盐水冲洗干净，必要时可用消毒的硬毛刷将异物刷净。创面可用双氧水，周围用75％的酒精棉球消毒，然后用凡士林纱布覆盖创面或消炎软膏涂抹，再用无菌敷料覆盖并包扎。若创口较深，污染较重时，应注意抗感染、抗破伤风治疗。要注意的是：面部的擦伤最好不用色素类药物，以免影响美观，可涂抹0.1％的新洁尔灭溶液。关节附近的擦伤，不宜采用暴露疗法，以免创面干裂而影响关节运动；且关节运动也会引起创面破裂，以致出现新的创面。因此，关节附近的擦伤经消毒处理后，宜采用消炎软膏或抗生素软膏涂抹，并用无菌敷料覆盖包扎。

（二）撕裂伤、切伤、刺伤

1. 撕裂伤

撕裂伤是指皮肤和皮下组织遭到钝物打击而发生的撕裂。多见于头部，尤以额部和面部较多见。例如，篮球运动中眉弓被他人肘部碰撞、引起眉际撕裂等。

2. 切伤

锐器切入皮肤所致的皮肤及皮下组织的损伤称为切伤。山口边缘整齐多成直线，出血较多，但周围组织损伤较轻。深切伤可伤至大血管、神经、肌腱等。例如，滑冰时被冰刀切伤。

3. 刺伤

尖锐物刺入人体所致的皮肤及皮下组织器官的损伤。特点为：伤口小、创道深、创底常有污染。例如，田径运动中被钉鞋或标枪刺伤。

撕裂伤、切伤、刺伤这三种损伤，皮肤和皮下组织均有不规则的裂口，虽各有其特点，但病理变化大致一样。故急救处理原则为：止血、清创、缝合、包扎、预防感染与破伤风。

二、闭合性软组织损伤

闭合性软组织损伤是在暴力作用下，局部皮肤、黏膜完整，无裂口与外界相通。其损伤、病变发生在软组织内的损伤，多由钝力或突发性过度负荷所致。如肌肉拉伤、挫伤等。其病理过程分为：组织损伤出血、急性炎症反应、组织再生、瘢痕形成。治疗原则可分为早、中、后三个时期。

（1）早期（伤后 24～48 小时）

此期病理变化的主要特点是组织撕裂或断裂，出现血肿和水肿，发生创伤性炎症。损伤局部表现为红、肿、热、痛和功能障碍。因此，该期的处理原则是止血、制动、镇痛、防肿和减轻炎症。处理方法是伤后立即进行冷敷，加压包扎并抬高患肢，局部休息。

（2）中期（受伤 24～48 小时后）

此期肉芽组织形成，凝块正在被组织吸收，坏死组织逐渐被清除，损伤组织被修复。损伤局部表现为急性炎症已逐渐消退，但仍有淤血、肿胀和功能障碍。因此，此期处理应改善伤部的血液和淋巴循环，提高组织新陈代谢，加速淤血和渗出液的吸收以及坏死组织的清除，促进再生修复，防止和减少粘连形成。处理方法有理疗、按摩、针灸、药物痛点注射、外贴活血膏等。

（3）后期

损伤组织已基本修复，但可能有粘连或瘢痕形成。损伤局部肿胀和压痛已消失，但功能尚未完全恢复，锻炼时仍感到微痛、酸胀或无力，个别严重者出现伤部僵硬或功能受限等。因此，应恢复和增强肌肉、关节功能，若有粘连或瘢痕，应尽量设法分离或软化，且以按摩、理疗和功能锻炼为主。

（一）挫伤

钝性暴力直接作用于人体某处而引起的局部或深层组织的急性闭合性损伤为挫伤又称撞伤。

1. 征象

(1) 单纯性挫伤

指皮肤和软组织（包括皮下脂肪、肌肉、关节囊和韧带）的挫伤。在体育运动中，最常见的挫伤部位是大腿与小腿的前部，尤以股直肌、股外侧肌为多见，故以股四头肌挫伤为例。

有明显直接暴力顶撞大腿前侧的受伤史；疼痛（多为初轻后重，初为广泛性钝痛，仍可活动，经数小时以后，出现剧烈疼痛，伴有功能障碍）；肿胀（伤后即出现皮下组织的局限性血肿，逐渐出现大面积皮下瘀斑，且肿胀扩散）；压痛（伤处压痛明显，皮内或皮下组织中有硬结）。

有个别患者的深部挫伤可继发深部脓肿，也可出现骨化性肌炎。

(2) 混合性挫伤

在皮肤和软组织受到挫伤的同时，还合并有其他组织、器官的损伤为混合性挫伤。例如，胸部挫伤合并肋骨骨折，腹部挫伤合并肝、脾破裂，头部挫伤合并脑震荡或颅内出血等。伤者除有明显的局部症状外，常可发生休克。

2. 处理

(1) 限制活动期

伤后立即制动，这是急救处理的关键。然后局部冷敷、加压包扎、抬高伤肢。有条件的可在加压包扎的同时外敷新伤药或活血消肿的中草药，内服白药、七厘散或止痛药。另外，应注意观察，若伤部肿胀不断发展或皮肤温度较高，应尽快将伤者送往医院进行治疗。

(2) 恢复活动期

受伤 24～48 h 后，可拆除包扎进行按摩、热敷和理疗。在伤情允许的条件下，应有计划地进行主动的功能锻炼，其目的是恢复肌肉力量。

(3) 功能恢复期

逐渐增加抗阻练习和非对抗性的活动，然后逐步过渡到参加体育活动。但活动时应使用保护支持带，以避免再伤。

若混合性挫伤并出现休克的伤员，在进行现场急救的同时，应尽快请医生来处理或将伤员送往医院。

3. 预防

在运动中要注意提高自我保护的能力，使用保护器具；加强职业道德修养，遵守竞赛规则，防止粗野动作。

（二）肌肉拉伤

肌肉被动的过度牵伸或主动的猛烈收缩，超过了肌肉本身所能承担的负荷，而引起的肌肉组织损伤，称为肌肉拉伤。体育运动中常见的拉伤部位是大腿后群肌、大腿内收肌、腰背肌、小腿三头肌等。

1. 损伤原因

(1) 主动拉伤

肌肉猛烈收缩，其收缩力超过了肌肉本身的承受能力，而发生在肌纤维缩短时的原动肌、协同肌损伤。例如，疾跑时用力后蹬，使大腿后群肌拉伤；弯腰抓举杠铃时，骶棘肌猛烈收缩而拉伤。

(2) 被动拉伤

肌肉受力牵伸，超过了肌肉本身的伸展限度，而发生在肌纤维被拉长时的对抗肌损伤。例如，跨栏运动中摆动腿过栏时，发生在大腿后群肌的拉伤；压腿、劈叉时，用力过猛，也会使被拉长的大腿后群肌拉伤。

2. 征象

典型的受伤动作，且大多在损伤时有撕裂感或可听到撕裂声。疼痛（轻者伤处疼痛，可行走。在运动时，特别是重复受伤动作时加剧；重者行走疼痛，并出现跛行）、肿胀（肌腹拉伤时肿胀明显，且不久出现皮下瘀斑）、压痛（伤处压痛明显，肌张力增高，并可触及痉挛的肌肉）。患者在做受伤肌肉的抗阻力收缩时，其损伤部位将出现疼痛。

3. 处理

肌肉微细损伤时，立即冷敷、加压包扎，然后在能使肌肉松弛的位置固定休息，24h后可进行按摩、理疗、痛点药物注射等。疑有肌纤维大部分撕裂或肌肉完全断裂时，经加压包扎、固定伤肢等急救处理后，迅速将伤员送至医院，尽早进行手术缝合。

4. 预防

运动前，准备活动要充分；平时要加强易伤部位的肌肉力量和柔韧性练习；锻炼中要注意观察肌肉反应，若出现肌肉僵硬或疲劳时，可进行按摩并减少运动强度；改正技术动作的缺点，正确掌握跑、跳、投的技术要领；注意锻炼环境的温度、湿度和运动场地情况。

(三) 疲劳性骨膜炎

疲劳性骨膜炎又称应力性骨膜炎，是骨对运动负荷过大的一种反应性炎症。初参加运动训练的青少年较为常见，其好发部位为胫骨、腓骨、跖骨和尺骨、桡骨。

1. 损伤原因

（1）肌肉牵扯学说

有学者认为，在肌肉的反复收缩过程中，使肌肉附着部的骨膜受到牵扯、扭伤或张力增高，导致骨膜与骨质之间的正常联系改变，最终出现肌肉附着部的骨膜松弛、淤血、水肿及骨膜下出血，若出血未能吸收，则出血机化形成纤维组织，继而形成新生骨。如过多的踏跳和后蹬跑，使屈趾肌群和胫骨后肌等反复收缩，引起附着部骨膜的一系列病理性改变。

（2）应力学说

也有学者认为，在跑跳练习和支撑动作中，身体重心与地面或支撑面的反作用力对骨的凸面产生较大的影响，而导致骨膜松弛或分离、淤血、水肿等病理改变，甚至可能发生局部骨质脱钙或断裂。例如，跑跳练习时，身体重力和地面反作用力对胫骨的影响，主要集中在胫骨的前面，使该部骨组织产生应力性损伤。

2. 征象

有典型的运动史、发病史和反复疼痛史。疼痛（初期多在运动后局部出现疼痛，休息后常可消失。若继续进行较大负荷的运动，疼痛逐渐加重。疼痛多为隐痛或牵扯痛；严重时出现刺痛或烧灼感，个别有夜间痛）、肿胀（急性期大多出现局部的凹陷性水肿）、压痛（在局部骨面上可摸到散在压痛点，并可触及单个或串珠样结节，触之锐痛）、后蹬痛、支撑痛（患者足尖向后用力蹬地时出现疼痛，而抗阻屈踝、屈趾时则无疼痛，此为胫、腓骨疲劳性骨膜炎的重要体征。而尺、桡骨疲劳性骨膜炎则出现支撑痛）、X 线检查（早期X 线检查无阳性征象，反复发作的患者逐渐出现骨膜增生、骨皮质边缘粗糙等现象。若后期出现骨质疏松、骨小梁排列紊乱，应注意预防疲劳性骨折的发生）。

3. 处理

早期，应减少局部负荷；局部进行热敷、按摩，休息时抬高患肢，运动时用弹力绷带裹扎局部。经常疼痛或症状严重的患者，应用弹力绷带包扎、抬高患肢休息，并配合中药外敷、针灸、理疗、按摩等。经以上处理后，局部症状无改善，甚至加剧者，应做 X 线拍片检查以排除外疲劳性骨折。

4. 预防

严格遵守循序渐进的训练原则，合理安排运动负荷，避免突然、连续加大局部的负荷。尤其是初参加训练的青少年，更不能过于集中地进行跑、跳和支撑练习；掌握正确的技术动作、合理地选择和使用场地；做好充分的准备活动；运动后可采用热敷或按摩等方法及时消除局部疲劳。

>>> **练习与思考**

1. 试述运动损伤的意义。

2. 发生运动损伤有哪些原因？如何预防？

3. 了解并掌握常用的止血、包扎急救技术。

4. 简述如何正确使用心肺复苏术。

5. 什么叫休克？休克有哪些症状？急救措施有哪些？

6. 试述开放性软组织损伤的特点和急救处理原则。

第十三章 体育健身项目的创新与拓展

内容提要

本章主要介绍了体育健身过程的任务和常用健身项目；并围绕体育健身者对健身项目的需求阐述了体育健身项目创新的原则和依据；对国内外流行的健身项目和传统体育健身项目引进和挖掘拓展。

第一节 体育健身的内涵及过程任务

一、体育健身的内涵

体育健身是指以增强体质，提高生命活力和适应能力，养成文明健康的生活方式为目的，以科学的体育健身知识为基础，并根据健身者自身条件，选择适当的徒手练习或器械练习作为手段，具有有效运动负荷的运动过程。

二、体育健身过程的任务

体育健身过程是指健身者自觉运用体育手段，发挥和挖掘身体潜能，提高身体功能和张力，以达到强身健体为主要目的的锻炼过程。其具有主动性、综合性、长效性和灵活性。对健身者而言，体育健身过程可以承担以下几方面的任务：

1. 促进有机体的正常生长发育和提高机体活动能力，全面改善人的体质状况。

2. 提高人对外环境的适应能力，预防和治疗疾病，提高健康水平。

3. 推迟人体生理性老化，缓解病理性老化过程，延年益寿。

4. 提高审美意识，全面调节人的心理和社会适应能力，改善人的精神生活与社会生活，使人富有朝气和活力。

三、常用健身项目

体育健身项目是健身者根据自身喜爱和条件确定的健身内容，是达到健身目的的手段。不同的体育健身项目对健身者有不同的功效和影响。常用健身项目有健步走、健身跑、游泳、太极运动、柔力球、广播操、健美操、健身舞、三大球、三小球、门球及富有地方特色的民族操舞、空竹等。

第二节　体育健身项目创新的原则和依据

每个人对项目选择的要求不同，健身所取得的效果也不同，向群众推荐的健身项目要做到简单易行、新颖、时尚且符合现代人对身体健康重要意义的认识和需求。

一、体育健身项目创新的原则

科技的发展和人民生活水平的提高，体育项目也在继承与保留、创新与发展中交替进行着，就体育健身项目而言不仅是一种发展和变化，也是为了满足不断变化的体育健身需求而出现的新的体育健身形式。为了使体育健身项目的创新达到预期的目的和效果，必须遵循以下原则：

1. 新颖性：崇尚新颖、追求时尚是现代人共同的心理趋向和共性。只有新颖独特的运动方式才能形成更大的号召力和冲击力，吸引人们去尝试，去实现自我追求和自我价值。

2. 娱乐性：体育健身项目的创新必须充分注意娱乐性的特点。做到既可以增强体育健身者的运动乐趣，缓解体育健身所产生的疲劳，又可以加强体育健身者相互间的交往，促进人际关系的和谐发展。

3. 健身性：充分考虑体育健身者健身时的运动负荷和全面锻炼身体的效果，是健身者通过体育健身获得健身实效。

4. 技能性：体育健身者在追求运动技术学习的过程时，会从中体验获得成功后的乐趣。在不断学习和重复练习的过程中达到强身健体，提高健康水平的目的。

二、体育健身项目创新的依据

（一）体育健身者的健身需求

1. 依据不同的目的和任务创新：由于目的、任务的不同，在设计新兴健身项目动作的结构或艺术加工处理上应有所不同。

2. 依据不同对象的特点创新：在设计新兴健身项目时，首先考虑对象的年龄、技术水平、身体素质条件和个性特点，并要明确项目创新的类型是属于健身类还是健美类，还是两者兼而有之；在确定类型的基础上重点考虑对象的特点。在动作选择和动作结构的排列上，要考虑不同对象的身心特点。

3. 依据美的规律创新：美的规律是人类运用形式规律创造美的形象的经验总结。整齐、层次、和谐、对比、均衡、节奏、多样和统一等都是形式美的表现形式。

（二）以全面发展身体为目标

1. 身体各部位活动全面：为了达到全面发展身体的目的，在创编成套新兴健身活动项目时，要尽可能充分动员整个身体参与运动，使身体各部位的肌肉、关节、韧带及内脏器记得到全面锻炼。

2. 动作的时空变化丰富：与其他的体育项目一样，新兴健身项目的动作也是在一定的时间、空间中进行的。其时间表象（速度、频率、持续时间）和空间表象（方向、路线、幅度、力度）的变化是否丰富直接影响到健身项目的健身效果。

第三节　体育健身项目的拓展

一、体育健身项目的引进

引进和吸收国外流行的健身项目，并将其与我国的实际情况相结合，使之成为体育健身的有效手段，是新兴健身项目创新不可忽略的重要途径。许多新兴健身项目都是在人类更加渴望提高生活质量的基础上产生的，不但内容丰富，简单实用，还把人们的健身需求与提高生存技能紧密结合在了一起。

目前较为流行的引进项目有排舞、肚皮舞、瑜伽、体育舞蹈、踢踏舞、定向越野、搏击、攀岩、踏板、普拉提、街舞、健身大球、动感单车、钢管舞等。将这些引进的项目洋为中用，已成为我国体育健身领域新的活动内容。

二、体育健身项目的挖掘拓展

（一）对传统项目的挖掘拓展

我国是一个多民族的国家，民族体育文化源远流长，对民族、民间传统体育资源的开发要有助于形成具有地方特色的健身项目。

（二）对竞技项目的改良

1. 简化规则：只保留一些能够激发体育健身者运动兴趣、使他们能兴高采烈地"玩"起来的简单规则。

2. 简化技战术：只保留适合体育健身者身心发展特点的基本技术。

3. 修改内容：去掉不利于体育健身者身体、心理、社会适应等方面健康发展的、体育健身者兴趣的、陈旧的内容。

4. 降低难度要求：降低运动幅度和动作难度，不苛求动作的细节，减少器械的重量或改变器械的功能等。

5. 改造场地和器材：使场地和器材适合体育健身者的年龄、性别、身高等特点，满足体育健身者的兴趣和需要。

（三）对拓展的健身项目实施推广

1. 采取自上而下和自下而上的方式进行推广。
2. 选择推广项目，明确推广目标与对象。
3. 拟定推广计划和方案。
4. 评定推广项目的健身效果。

第四节　民族健身操

一、哈尼族健身操

哈尼族历史悠久，支系较多。舞蹈是哈尼族传统文化的重要组成部分和最古老的一种艺术形式。舞蹈动作古朴、细腻，多以前、后、左、右送髋，击掌，木履舞的脚上动作为主。本套操根据哈尼族舞蹈的韵律，结合操化动作创编了由头部运动、上肢运动、体侧运动、体转运动、腹背运动、跳跃运动、整理运动为主要练习部位，运动量由小到大，适合中、青年人群锻炼的民族健身操。通过练习可以提高人们的心肺功能，协调性和韵律感，提升人们对美好生活的向往。

哈尼族健身操动作图解

共 87×8 拍＋4 拍

一组：

2×8　①②前奏

①　　　1—4　　　　　　　5—8

② 　　　1—4　　　　　　　　　　　5—8

①1—4：右脚向前上步，收左脚向上提起，双手斜上举；5—8：左脚后退，收右脚前点地，上体前倾，双手斜后举。

②1—4：向左转体180°，双手至上举，掌心向前；5—8：半蹲，双手打开至侧举。

二组：

6×8

① 　　　1　　　　　　　　　　　　2

　　　3　　　　　　　　　　　　4

①1—：双腿并腿弹动，两手胸前平屈，左手在上；2—：双腿并腿弹动，两手胸前平屈，右手在上；3—4：双腿并腿弹动，双手依次向左右打开；5—8：同1—4，先右手在上。

②同①。

③④同①②，唯第4拍、第8拍向右转体90°。

⑤⑥同③④，唯第4拍、第8拍向左转体90°。

三组：

2×8

① 　　　1—2 　　　　　　　3 　　　　　　　4

①1—2：双腿并腿弹动，双手在右髋处做两次插秧动作；3—：双腿并腿弹动，双手在左肩出做一个花手；4—：双腿并腿弹动，双手在右髋处出做一个花手。

②同①，动作相同，方向相反。

四组：

4×8

①② 　　　1，3 　　　　　　　2 　　　　　　　4

③ 　　　1，3 　　　　　　　2 　　　　　　　4

5—6 　　　　　　　7—8

①1—：原地垫步，双手自然下垂；2—：右脚右肩向上提，左脚屈膝半蹲，左肩下沉；3—4：同1—2，方向相反；5—8：同1—4。

②同①。

③1—4：向前垫步走；5—6：右脚吸腿跳，左手胸前平屈举，右手侧平举；7—8：同5—6，方向相反。

④同③唯1—4后退做。

五组：

4×8

①②   1—2   3—4

5—6   7—8

③   1—4   5—6   7—8

①1—2：右脚向左点地小跳向前绕小臂；3—4：右脚向左弹踢跳两次，击掌两次；5—8：同1—4，动作相同，方向相反。

②同①。

③1—4：右脚开始向前走，小臂向前绕；5—6：右脚向左弹踢跳一次，击掌一次；7—8：同5—6，反向做。

④同③，唯后退做（左脚落地，右脚向后退）。

六组：

2×8

① 　　　1—4　　　　　　　　5—8

①1—4：右脚向右前方45°上步，双腿微屈，双手斜上举；5—8：左脚向左后方后退一小步，双手斜后举。

②同①，动作相同，方向相反。

七组：

4×8

① 　　　1　　　　　　　　2　　　　　　　　3

4　　　　　　　　5—8

①1—：右脚向右前方45°做脚跟点地跳，双手胸前平屈做上下交替翻腕；2—：右脚收回做原地脚尖点地跳，双手胸前平屈做上下交替翻腕；3—：同1；4—：左脚后屈腿，双手体侧击掌；5—8：向左侧送髋点地，双手体前交叉打开。

②同①，动作相同，方向相反。

③同①，唯5—8向左侧送髋点地两次，同时双手体前交叉两次。

④同③，动作相同，方向相反。

八组：

4×8

①   1—4   5   6

②   2   5

①1—4：右脚向右侧点地跳，双手交叉打开（一拍一动）；5—：右脚向右前方45°做脚跟点地跳，双手胸前平屈做上下交替翻腕；6—：右脚收回做原地脚尖点地跳，双手胸前平屈做上下交替翻腕；7—8同5—6。

②1—2：左脚向左后方45°退步，双手自然下垂向左侧摆动；3—4：同1—2，反向做；5—8：同1—4。

③同①，动作相同，方向相反。

④同②，动作相同，方向相反。

九组：

4×8

①   1   2   8

②   1—4

5

6

7

8

①1—7：右脚开始向右做侧并步，右手小臂上举，左手小臂下举，做上下交替；8—：收左脚并右脚，双手放在腹部。

②1—4：向右顶髋点跳 2 次，双手放在腹部；5—8 右脚向左转体 360°，右手小臂上举，左手小臂下举，做上下交替；8—：还原。

③同①，动作相同，方向相反。

④同②，动作相同，方向相反。

十组：

4×8＋4

①   1—4

5—8

②   1—2，5—6

3—4，7—8

③　　　　1—4

④　　　　1—2　　　　　　　3—4　　　　　　　5—8

⑤　　　　1—4　　　　　　　5，7　　　　　　　6，8

①1—4：右脚向右前方45°上步双腿微屈，双手斜上举；5—8：左脚向左后方后退一小步，上体前屈，双手斜后举。

②1—2：右脚向右前方45°上步点地送髋，双手放在腹部；3—4：左脚向左后退一小步点地送髋，手不变；5—8：同1—4。

③1—4：左脚支撑，右脚侧点，向左转体360°，双手屈臂肩侧举。

④1—4：右脚开始向前走步，手臂自然下垂，双手掌面重叠，做插秧动作弹动两次；5—8：右脚支撑，左脚侧点，向右转体360°，双手肩侧屈，掌心向前。

⑤1—4：同④1—4，唯先上左脚；5—6：右脚向左前45°上步，两脚成前后交叉做前后送髋，双手在体前，上下重叠；7—8：同5—6。

十一组：

4×8

①   1   2   3

4   5—6   7—8

③   1   2   3

4   5—6   7—8

①1—：右脚向左前方 45°迈步，两脚成前后交叉，右脚在前，双手重叠向前绕；2—：左脚向左前方 45°迈步，两脚前后交叉，左脚在前，双手重叠向前绕；3—：右脚吸腿转身跳，右手有胸前向后绕；4—：右脚放下并左腿，双手胸前平屈；5—6：左脚在右前方点地跳一次，双手胸前平屈重叠绕两次；7—8：同 5—6，方向相反。

②同①。

③1—：右脚向右后方退一步，两脚成前后交叉，右脚在前，双手重叠向

前绕；2—：左脚向前迈步，两脚前后交叉，左脚在前，双手重叠向前绕；3—：右脚吸腿转身跳，右手由胸前向后绕；4—：右脚放下并左腿，双手胸前平屈；5—6：左脚在右前方点地跳一次，双手胸前平屈重叠绕两次；7—8：同5—6，方向相反。

④同③。

十二组：

8×8

①   1

2—3

4

③   1—4

5

6

⑤   1—3

2

4

⑥

⑧　　1　　　　　　　　　　2—3　　　　　　　　　4

5—8

①1—2：左脚支撑，右脚向前抬起，右腿由左向右摆腿，转体90°，双手体前交叉打开做推门动作；3—4：并腿屈膝原地小跑跳，双手放在臀部上；5—8：同1—4，方向相反。（右脚支撑，左脚抬起，左腿由右向左摆腿，转体180°）。

②同①。

③1—4：右脚点地跳4次，上体前屈，左手前举，右手后举；5—8：右脚向侧点地两次，手的动作不变。

④同③，动作相同，方向相反。

⑤1—：上体前倾两次垫步，双手自然下垂；2—：右腿上提，提右肩；3—4：同1—2，方向相反（左腿上提，提左肩）；5—6：同1—2；7—8：同3—4。

⑥1—2：后屈左腿向下踩踏步，右手上举，左手在体侧；3—4：同1—2，方向相反；5—6：同1—2；7—8：同3—4。

⑦同⑥，在⑥的基础上继续转体踏步走。

⑧1—4：左脚支撑，右脚向前抬起，右腿由左向右摆腿，转体90°，双手体前并掌打开做推门动作；5—8：左脚向右前方做弹踢腿，胸前击掌四次。

十三组:

4×8

①   1—2   3—4

②   1—2   3—4   5—6

7—8

①1—8:右脚开始向前走做插秧动作。

②1—2:吸左腿,双手头上举;3—4:左弓步上体向左后方转,右手胸前平屈,左手斜上举。5—6:以左脚为轴,右转360°,右手胸前平屈,左手斜上举转变为左手胸前平屈,右手侧上举;7—8:交换重心,重心在左脚,吸右腿,双手胸前平屈。

③同①,动作相同,方向相反。

④同②,动作相同,方向相反。

十四组：

10×8

① 　　　1—2　　　　　　　　3—4

5—6　　　　　　　　7—8

② 　　　1—2　　　　　　　　3—4

5—6　　　　　　　　7—8

⑨ 　　　1—2　　　　　　　　3—4

5—6

7—8

①1—8 左脚开始向前走做插秧动作，双手重叠在膝前方，脚上要有弹动。

②1—8 左脚开始向后退步走，头向右转，双手屈臂由体前交叉打开至肩侧举。

③④同①②，唯换方向右转 90°做。

⑤⑥同③④，在③④基础上再换方向右转 90°做。

⑦⑧同③④，在⑤⑥基础上再换方向右转 90°做。

⑨1—2：右脚上步，双手重叠在膝前，体前屈；3—4：吸右腿，双手斜上举；5—8：向前送髋两次。

⑩同⑨，动作相同，方向相反。

十五组：

4×8

①   1—2

3—4

③   1—2

5—6

①1—2：向右小马跳，右手小绕，胸前平屈重叠，右手在上，左手在下；3—4同1—2，方向相反；5—6：同1—2，唯右手大绕臂；7—8：同1—4，唯

一拍一动。

②同①，反向做（向左做小马跳）。

③1—2：点跳左脚前踢，两手叉腰；3—4：同 1—2；5—8：向右侧做侧并步跳两次，两臂在体侧做上下浮动。

④同③，动作相同，方向相反。

十六组：

4×8

① 1—2　　　　　　　　3—4

5—6　　　　　　　　7—8

③ 1—2　　　　　　　　3—4

①1—2：右脚向右前方 45°上步，双手斜上举，微降重心；3—4：右脚后退，双手放下；5—8：半蹲左右送髋，两手上下交替击掌（一拍一动）。

②同①，方向相反（左脚向左前方 45°上步）。

③1—2：左腿开始做吸腿跳，右手胸前平屈，左手侧平举；3—4 右腿开始做吸腿跳，左手胸前平屈，右手侧平举；5—6：同 1—2，7—8：同 3—4。

④同③。

十七组：

4×8

 1

 2

 3

 4

 5

 6

 7

 8

①1—4：右脚向右迈步转体360°，双手肩侧屈；5—8：向左前方送髋两次，双手重叠并掌放在髋部。

②同①，动作相同，方向相反。

③④同①②。

十八组：

4×8

 1—2

 3—4

①1—2：向右前方 45°上步，双手斜上举，微降重心；3—4：右脚后退，上体前屈，双手斜后举；5—8 同 1—4。

②同①，唯右转 90°做。

③同②。

④同②。

十九组：

8×8

① ②

③ 1—2

3—4

5—6

7—8

⑦ 1—2

3—4

5—6

7—8

①②以左脚开始绕"8"字，两手扶在髋部两侧，以肘和肩带着走。

③1—2：右脚侧点，右手前举；3—4：收右脚，双手放在腹前；5—8：左脚开始向左后45°做并步送髋两次，双手放在腹前。

④同③，动作相同，方向相反。

⑤⑥同③④。

⑦1—2：并腿弹动，两手重叠在右侧做两次插秧动作；3—4：同1—2，方向相反；5—6：并腿弹动，两手右上举做翻腕动作；7—8：并腿弹动，两手重叠在左侧做翻腕动作。

⑧同⑦，动作相同，方向相反。

二十组：

1×8

结束① 1—4

5—8

① 1—4：右脚向前上步，上体后仰，双手斜上举；5—8：左脚后退，收右脚点地，上体前屈，双手斜后举。

二、烟盒健身操

《烟盒健身操》取材于彝族民间舞蹈"烟盒舞"。烟盒原是装烟丝的生活用具，直径9厘米左右、上下对扣的竹皮圆盒。舞时一手拿盒，一手拿盖，用食指弹响烟盒底部。烟盒舞属彝族男女青年集体娱乐性舞蹈。本套操选用烟盒舞基本动作"凤点头""上通海下曲汪"等动作进行创编，突出手腕手臂的翻转，舞动灵活。腰部的扭动加大了动作的幅度。整套操动作节奏鲜明、舒展、简单易学，适宜不同年龄层次的锻炼群体，采用器材简单轻便，易于推广。

烟盒健身操动作图解

共 75×8 拍＋4 拍

一组：前奏

4×8

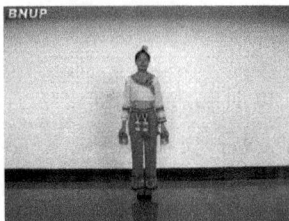

预备① 1—8

1—4

5—8

③ 1—4   5   8

④ 　　　　1—2　　　　　　　　　　3—4

　　　　　5—6　　　　　　　　　　7—8

①预备。

②1—4：并腿站立，双手由内向前绕至前举；5—8：双手由下向侧打开至前举。

③1—4：站立，双手上举；5—8：站立，双手经侧放下。

④1—8：小跳步，双手依次向上弹（右手先向上弹，左手向下弹，两拍一动）。

二组：

6×8

① 　　　　1—2　　　　　　　　　　3—4

　　　　　5—6　　　　　　　　　　7—8

③ 1

2

3

4

5

6

7

8

④ 1

2

5

6

7

8

①1—4：并腿弹动，双手向前后弹动；5—8：并腿弹动，双手由体后向左右弹动。

②同①。

③1—2：跑跳步，双手依次屈臂胸前举；3—：跑跳步，左手胸前平屈，右手侧举；4同3，反向做；5—6：跑跳步，双手经头上举至右手胸前平屈，左手侧举；7—8：同5—6。

④1—：分腿跳，左手侧举，右手胸前平屈，头右转；2—：并腿跳，双手上举；3—4同1—2，反向做；5—：分腿跳，左手叉腰，右手头上举；6—：并腿跳，收右手，双手屈肘胸前举；7—：分腿跳，双手侧举；8—：还原。

⑤同③。

⑥同④，向左转体做。

三组：

5×8

①②　　　1

2

④　　　1

2

5—8

⑤　　1—2

3—4

5—6

7—8

①1—2：右脚向左前方45°上步接左脚侧点步，双手由胸前交叉打开至侧平举；3—4：同1—2，反向做；5—8：同1—4。

②同①。

③同①，后退做（先退右脚）。

④1—4：同③1—4；5—8：右脚向左迈步，左脚向后提起，右手上举。

⑤1—8：小跳步，左手在上，两拍一动。

四组：

8×8

①   1

2

3

4

5

6

7

8

② 1

2

3

4

5，7

6，8

③ 1

2

3

4

5

6

7

8

④ 1

4

5—8

⑤ 1

2

3

4

5

6

7

8

⑥　　1

2

3

4

⑦　　1

2

3

4

5

7

8

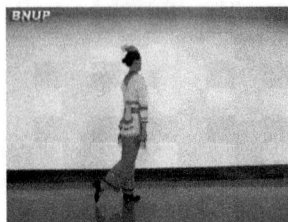

⑧　1

4

8

①1—：后屈右腿跳，左手由体侧至上举，右手下垂；2—：后屈左腿跳，右手由体侧至上举，左手下垂；3—：同1；4—：开合跳，双手侧举；5—：同1；6—：同4—；；7—：同2；8—：还原。

②1—：右脚向右迈步，双手侧举；2—：向右转体，迈左脚，双手胸前交叉；3—：向右转体，收右脚并左脚，双手肩侧举；4—：双手上举；5—：右腿吸腿跳，右手侧举，左手胸前平举；6—：右腿放下，双手上举；7—8：同5—6，反向做。

③1—：后屈右腿跳，左手由体侧至上举，右手下垂；2—：后屈左腿跳，右手由体侧至上举，左手下垂；3—：同1；4—：并腿，双手上举；5—：左脚侧点地，左手由内向外大绕臂，右手不动；6—：收左脚，双手上举；7—8：同5—6，反向做。

④1—4：右脚开始向后踏步，双手向外打开至体前交叉；5—8：原地踏步，双手由内向外绕一圈。

⑤1—2：右脚向前一字步，双手依次上举；3—4：右脚退后一字步，双手经胸前屈臂至下垂；5—6：右脚后退一字步，双手经侧举至上举；7—8：右脚向前一字步，双手经侧举至上举。

⑥1—2：右脚向前上步吸腿，双手经侧举至右手屈臂胸前举，左手斜下垂；3—4：退左脚还原成并腿；5—8同1—4，动作相同，方向相反。

⑦1—4：左脚向左迈步做后交叉步，双手由上举至侧举小绕臂两次；5—8：开合跳，右手由头上绕一圈至前举，左手由肩侧屈举至上举。

⑧1—8：左转360°，左脚开始跑跳步，双手依次向上弹举。

五组：

4×8

① ② 1—2　　　　　　　　　　3—4

5—6　　　　　　　　　　7—8

③ ④ 1　　　　　　　　　　2

3

4

5

6

7

8

①1—8：左右移动重心做侧点步，双手由体后向左右弹举。

②同①，唯第 8 拍还原成预备姿势。

③1—2：并腿弹动，双手依次上举；3—4：并腿弹动，双手依次收至胸前屈举；5—6：并腿弹动，双手依次向侧打开；7—8：并腿弹动，双手依次放下至体侧。

④同③。

六组：

5×8

① 1

2

7

8

②  1

 2

 3

 4

 5

 6

③  1—2

 3—4

④  1—2

 3—4

5—7　　　　　　　　　　　8

⑤　　1—2　　　　　　　　3—4

5—6　　　　　　　　　　　7—8

①1—：左脚后屈腿跳，左手上举，右手下举；2—：分腿跳，双手侧举；3—4同1—2，方向相反；5—6同1—2；7—：右腿后屈腿跳，右手上举，左手下举；8—：还原。

②1—4：右脚开始向右迈步；5—6：右腿吸腿跳；7—8同5—6，方向相反。

③1—2：右脚侧点，右手前举；3—4同1—2，方向相反；5—8同1—4。

④1—2：右脚向前交换步，右手前摆；3—4：左脚向前交换步，左手前摆；5—8：转腰，双手头上绕。

⑤1—8：小跑步，双手依次向上举。

七组：

6×8

①③　　1—2　　　　　　　　　3—4

5—6　　　　　　　　　7—8

② ④　1—2　　　　　　　3—4

5—6　　　　　　　　　7—8

⑤ ⑥　1　　　　　　　2　　　　　　　3—4

①1—8：左脚开始向前走四步，双手依次向前弹。

②1—8：左脚开始向后退，双手依次向后绕；

③④同①②。

⑤1—4：左脚开始向左做并步吸退跳；5—8同1—4，动作相同，方向相反。

⑥同⑤。

八组：

4×8

①   1

2

3

4

5

6

7

8

②   1

2

③   1

2

3

4

5

6

7

8

④ 1

2

3

4

5

6

7

8

①1—：分腿跳，右手上举，左手下垂；2—：并腿跳，左手上举，右手下垂；3—：同1；4—：并腿跳，双手胸前交叉；5—：分腿跳，右手侧举，左手上举；6—：同4；7—：同5；8—：并腿跳，双手上举。

②1—：右腿前踢腿，双手放在体侧；2—：还原；3—4：同1—2；5—8：同1—4，换左腿踢腿。

③1—4：右腿跑跳步，双手胸前屈举；2—：左腿跑跳步，双手胸前平屈；3—：右腿跑跳步，右手前举，左手上举；4—：左腿跑跳步，双手放在体侧；5—8：跑跳步，双手依次上举至下垂；

④1—：右腿跑跳步，双手胸前交叉；2—：左腿跑跳步，双手肩侧屈；3—：右腿跑跳步，右手前举，左手上举；4—：左腿跑跳步，双手放在体侧；5—：右腿跑跳步，双手体前交叉；6—：左腿跑跳步，双手体前交叉；7—：右脚向前弓步跳，双手斜下垂；8—：还原。

九组：

7×8

①②　　1—2

3—4

5—6

7—8

③　④　1—2

3—4

5—6

7—8

⑦　　　1—2　　　　　　　　　3—4

①1—2：左脚向前一步双腿弹动，右手前摆，左手后摆；3—4：同1—2，方向相反；5—8：同1—4。

②同①，动作相同，方向相反。

③1—2：右腿前摆腿，左手前摆，右手后摆；3—4：同1—2．方向相反；5—8：同1—4。

④同③，动作相同，方向相反。

⑤⑥同①②，动作相同，方向相反。

⑦1—2：左脚向前上步，双手胸前交叉；3—4：右脚侧点步，双手侧举；5—8：同1—4，动作相同，方向相反。

十组：

4×8

①　　　1—8

②　　　1—2　　　　　　　　　3—4

①1—8：右转90°，左脚开始做向前的弹簧步，双手依次上举。

②1—2：移重心向前送髋，双手胸前交叉；3—4：重心后移向后送髋，右手前举，左手后举；5—8：同1—4，一拍一动。

③④　同①②，动作相同，方向相反。

十一组：

$3×8+4$

①—④

①1—8：左转 90°向前做小跑步。

②③同①。

④1—4：同①1—4，一个八拍一个方向。

十二组：

$4×8$

①   1

2

3

4

5

6

7

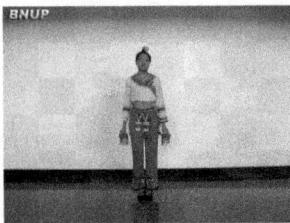

8

② 1

2

3

4

5

6

7

8

③   1   2

④   1   2   5

6   7   8

⑤   1—4   5—8

①1—：左脚跑跳步，双手胸前屈；2—：右腿跑跳步，双手侧举；3—：左腿跑跳步，双手向前绕臂；4—：右腿跑跳步，双手侧举；5—：右腿跑跳步，双手体前交叉；6—：并腿，双手上举；7—：分腿跳，右手侧举，左手前举；8—：还原。

②1—：分腿跳，右手上举，左手下举；2—：并腿跳，双手交换；3—：同1；4—：并腿跳，双手胸前交叉；5—：分腿跳，右手侧举，左手上举；6—：同4；7—8：同5—6，方向相反。

③1—：右脚向前上步，双手胸前交叉；2—：左脚侧点地，双手侧举；3—4：同1—2，方向相反；5—8：同1—4。

④1—4：右脚向前上步，双腿做弹动，双手上下交换；5—8：前后移动重心，双手上下交换。

⑤1—8：小跑跳，双手依次向上举。

十三组：

8×8

① 1—2

3—4

5—6

7

8

② 1—2

3—4

③ 1—2

3—4

⑤　　　1　　　　　　　　　2　　　　　　　　　5

6　　　　　　　　　7　　　　　　　　　8

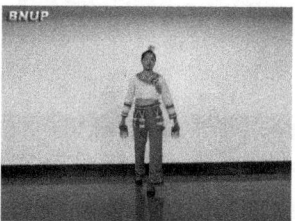

⑥　　　1—2

①1—2：右腿前摆腿，左手前弹，右手后弹；3—4：右腿后摆腿，右手前弹，左手后弹；5—6：同1—2；7—：小跳一次；8—：还原。

②1—2：右脚向前一步，重心前移，左手向前弹，右手向后弹；3—4：重心后移，双手交换；5—8：同1—4。

③1—4：左脚向前上步转体，双手配合摆动绕臂；5—8：同1—4，反向做；

④同③。

⑤1—：左脚向前上步，双手胸前交叉；2—：右脚侧点，左手上举，右手侧举；3—4：同1—2，反向做。

⑥点跳（向前、向后、向侧）。

⑦同⑤。

⑧同⑥，方向相反。

十四组：

6×8

①   1

2

3

4

5—6

7

8

②   1

2

3

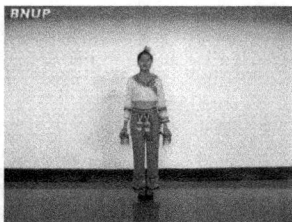

4

③ 1

2

3

4

5

6

7

8

④　　　1　　　　　　　　　　　2

⑤　　　1　　　　　　　　　2　　　　　　　　3—4

⑥　　　1　　　　　　　　　2　　　　　　　　3—4

5—6　　　　　　　　　7—8

　　①1—：右脚跑跳步，双手握拳胸前交叉；2—：左脚跑跳步，双手肩侧屈；3—：右脚跑跳步，右手前举，左手上举；4—：左脚跑跳步，双手下举；5—6：左脚跑跳步两次，双手体前交叉；7—：右脚向前弓步跳，双手斜下举；8—：还原。

　　②1—：左脚吸腿跳，双手胸前平屈；2—：左脚前点，双手斜上举；3—：同1；4—：还原；5—8：同1—4；

③1—：分腿跳，右手上举，左手下举；2—：并腿跳，双手上举；3—：同1；4—：并腿跳，双手胸前交叉；5—：分腿跳，右手侧举，左手上举；6—：并腿跳，双手胸前交叉；7—8：同5—6，反向做。

④1—8：右腿开始踢腿转体（右转90°）。

⑤1—4：向右侧并步跳，双手经侧摆至左手上举，右手下举；5—8：同1—4，方向做。

⑥1—4：同⑤1—4；5—6：并腿，双手上举；7—8：左转90°，左脚后伸点地成弓步，双手胸前交叉。

>>> **练习与思考**

练习与思考：

1. 体育健身过程是什么？

2. 体育健身过程的任务是什么？

3. 体育健身项目创新的原则和依据是什么？

4. 体育健身项目创新的途径有哪几种？

>>> 参考文献

1. 社会体育指导员技术等级制度（1993 年 124 日国家体委第 19 号令发布）

2. 国家体育总局群体司编. 社会体育指导员技术等级培训教材（三级、二级）. 北京：高等教育出版社出版，2005

3. 全名健身大全编委会. 社会体育指导员技术等级培训大纲.

4. 国家体委群体司编审. 社会体育指导员培训教材（补充教材）. 北京：科学普及出版社，1996 年 12 月

5. 国家劳动和社会保障部. 社会体育指导员国家职业标准. 2001 年 8 月

6. 国家体委. 社会体育指导员技术等级制度. 1993 年 12 月 4 日颁布

7. 肖林鹏. 社会体育管理. 北京：北京体育大学出版社，2005

8. 秦椿林，张瑞林. 体育管理学. 北京：高等教育出版社，2002

9. 卢元镇. 全民健身与生活方式. 北京：北京体育大学出版社，2002

10. 何敏学等. 面向 2010 社会体育指导员管理体制的转变与发展 ［J］. 体育学刊 2006，(1)：39—41

11. 肖莲花. 中国社会体育指导员的现状及对策研究 ［J］. 体育文化导刊，2006，(7)：7—8

12. 李树怡，朱越彤，曹玲. 我国社会体育指导员现状调查 ［期刊论文］. 体育科学 1999 (4)

13. 何敏学，都晓娟. 我国社会体育指导员的特点研究 ［期刊论文］. 武汉体育学院学报 2005 (6)

14. 李相如，刘国永. 关于我国两种社会体育指导员制度的比较研究—兼论构建中国社会体育指导员制度体系的设想 ［期刊论文］. 体育科学 2005 (3)

15. 倪同云，白玲，陈琳，杨新利. 完善我国社会体育指导员管理体制的研究 ［期刊论文］. 中国体育科技 2002 (1)

16. 曹湘君. 体育概论. 北京：北京体育学院出版社，1985，9

17. 群众体育学. 体育学院通用教材. 北京：人民体育出版社，1990，6

18. 刘德佩. 体育社会学. 人民体育出版社，1990，6

19. 陆学艺等. 社会结构的变迁. 北京：中国社会科学出版社，1997，12

20. 王雅林. 人类生活方式的前景. 北京：中国社会科学出版社，1997，12

21. 卢元镇. 体育社会学. 北京：高等教育出版社，2001，7

22. 刘德佩. 邓小平理论与中国体育改革. 北京：人民出版社，2001，9

23. 常翠青，葛可佑．运动与营养．北京：北京新华出版社，2009

24. 王维群，徐梅芳，周永平．营养学．北京：高等教育出版社，2001

25. 邓树勋，王建，乔德才．运动生理学．北京：高等教育出版社，2005

26. ［英］罗纳德．J．莫恩，杨则宜（译审）．运动营养．北京人民体育出版社，2000

27. 张均，张蕴琨．运动营养学．北京：高等教育出版社，2000

28. 姚鸿恩，郑隆榆，黄叔怀．体育保健学．北京：高等教育出版社，2000

29. 赵斌，万昌智，陈上越．体育保健学．南宁：广西师范大学出版社，2000

30. 全国体育院校教材委员会．运动医学．北京：人民体育出版社，2000

31. 王安利．运动医学．北京：人民体育出版社，20008

32. 曲棉域，于长隆．实用运动医学．北京：北京大学医学出版社，2003

33. 罗兴华主编．科学健身新概念．花城出版社，2003

34. 杨文轩，陈琦．体育原理．高等教育出版社，2004

35. 体育与健康编写小组．体育与健康．人民体育出版社，1976

36. 纪江红主编．家庭养生百科全书．北京：北京出版社

37. 李洪滋主编．运动与健康（第二版）．北京：化学工业出版社，2008

38. 社会体育指导员职业培训教材（初、中、高级）试题库

39. 社会体育指导员职业培训教材公共理论教材框架目录

40. 人体测量与评价编写组．人体测量与评价．北京：高等教育出版社，1990

41. 全国体育学院教材委员会审定．体育测量与评价．北京：人民体育出版社，1995

42. 孙庆祝主编．体育测量与评价．北京：高等教育出版社，2006

43. 李洁，陈伟仁．人体运动能力监测与评定．北京：人民体育出版社，2005

44. 肖光来．健美操．北京：人民体育出版社，2006

45. 王洪．健美操教程．北京：人民体育出版社，2005

46. 云南少数民族健身操．云南省体育局录制，课题组负责，寸亚玲

47. 刘健和等编．运动竞赛学［M］．成都：四川教育出版社，1990

48. 毕春佑主编．基层体育竞赛指南［M］．北京：人民体育出版社，20001

49. 黄必清主编．奥运会赛制基础［M］．北京：人民体育出版社，2006

50. 张百振主编．体育竞赛裁判学［M］．北京：高等教育出版社，2000

51. 王洪祥主编．体育保健学［M］．北京师范大学出版社，2008